Iris Füssenich, Mathias Menz

Sprachliche Bildung, Sprachförderung, Sprachtherapie

Grundlagen und Praxisanregungen für Fachkräfte in Kitas

Iris Füssenich, Prof. Dr. phil. für den Förderschwerpunkt Sprache und Kommunikation an der Fakultät für Sonderpädagogik der Pädagogichen Hochschule Ludwigsburg

Mathias Menz, Diplom Pädagoge und Sonderschullehrer an der Erich Kästner-Schule für Sprachbehinderte in Reutlingen

Iris Füssenich, Mathias Menz

Sprachliche Bildung Sprachförderung Sprachtherapie

Grundlagen und Praxisanregungen für Fachkräfte in Kitas

Cornelsen

Bei Fragen und Anregungen wenden Sie sich bitte an unsere Berater:
Marketing, 14238 Berlin, Cornelsen Service Center,
Servicetelefon 030/897858929

Weiter Informationen finden Sie im Internet unter:
www.cornelsen.de/fruehe-kindheit

Lektorat: Ingrid Samel, Schriesheim
Umschlaggestaltung: Claudia Adam Graphik-Design, Darmstadt
Layout: Claudia Adam Graphik-Design, Darmstadt; LemmeDESIGN, Berlin
Technische Umsetzung: Torsten Lemme – LemmeDESIGN, Berlin

1. Auflage 2014

Druck und Bindung: Beltz Bad Langensalza GmbH

ISBN 978-3-589-24866-7

Inhalt gedruckt auf säurefreiem Papier
aus nachhaltiger Forstwirtschaft.

Inhalt

Einleitung

Julian sagt mit 3;4 Jahren zu seiner kleinen Schwester: „Linda, wenn du groß bist, dann darfst du auch in den Kindi, aber ich bin dann leider schon in der Schule. Da kannst du ganz viel spielen."
Nach dem Essen holt sich Julian eine Schüssel Obstsalat und meint danach, er würde sich noch einen Nachtisch holen. Als die Mutter ihm sagt, dass der Obstsalat schon der Nachtisch war, antwortet er: „Nein, das war nicht mein Nachtisch, das war mein Hinteressen, und jetzt hole ich mir einen Nachtisch."
Julian spricht wie sein Vater: „Des war et schlecht." Ein paar Sekunden später sagt er: „Ach, das war ja schwäbisch."

Eine pädagogische Fachkraft (E) ist im Gespräch mit Aaron (A), 5;5 Jahre:
E: Wer ist älter? Dein Bruder oder deine Schwester?
A: Thamara und Mama und Papa und Holger.

In einer anderen Situation unterhalten sich Aaron und die pädagogische Fachkraft (E) mit Aarons bester Freundin Safiye (S), 3;7 Jahre, über eine Fernsehserie. Schnell hat die deutlich jüngere Safiye die größeren Gesprächsanteile im Vergleich zu Aaron, der sich wie so häufig zwar ausdrücken will, dem jedoch die passenden Worte fehlen:
A: Gestern hab ich Barbie in Paris angeguckt.
E: Ah, hatte die Barbie schicke Sachen an?
S: Ja, die haben ganz schöne Sachen.
E: Schicke Jacken und schicke Schuhe?
S: Ja.
A: Guck mal die, die andere so lauft, dann wird die, da, was, da kann man tanzen, dann lauft die immer.

Auch in anderen Gesprächen zwischen Aaron und der pädagogischen Fachkraft zeigen sich die Schwierigkeiten des Jungen auf sprachlichen Ebenen:
A: Ich hab noch ein Kuseltiere (für Kuscheltier).
E: Was ist dein Lieblingskuscheltier?
A: Der Bär, der heißt Luis, der will bei Mama und Papa schlafen.
E: Und du?
A: Ja, als ich rank (für krank) war, ich hab mal Kissen gepuckt (für gespuckt) und mein Decke.

Kinder wie *Aaron* brauchen Unterstützung, damit sie ihre sprachlich-kommunikativen Fähigkeiten erweitern. Pädagogische Fachkräfte, die täglich in vielen Situationen den Blick auf Kinder haben, kennen die Kinder nach ihren engsten familiären Bezugspersonen am besten. Sie erleben sie nicht nur im Austausch mit Erwachsenen, sondern haben auch die Chance, die Kinder in kommunikativen Handlungssituationen im Alltag und im Spiel, allein und im Dialog mit Gleichaltrigen zu beobachten. Deshalb haben pädagogische Fachkräfte die Möglichkeit, in freien und angeleiteten Situationen den Kindern durch Förderangebote die Erweiterung ihrer sprachlichen Fähigkeiten zu ermöglichen. Sie werden damit nicht nur zu Expertinnen für die individuellen Stärken und Schwächen der ihnen Anvertrauten, sondern machen den Kindern auch ein Beziehungsangebot und unterstützen sie auf ihrem sprachlichen Weg. Dabei erkennen sie auch, wann Kinder ein ergänzendes Angebot benötigen, um ihre Fähigkeiten zu erweitern. Sie fördern die Kinder mit thematischen Anregungen und schaffen mit wiederkehrenden Ritualen und Routinen eine Umgebung, in der die Kinder im Alltag und im Spiel unterstützt werden. Indem die pädagogischen Fachkräfte in engem und stetigem Austausch mit den Familien der Kinder sind, wissen sie zudem über die Biografien der jungen Lerner Bescheid und können mit diesem Wissen das vielfältige Angebot im Bereich der frühen Bildung und Förderung für diese nutzbar machen.

Alle Kapitel widmen sich unterschiedlichen Phänomenen und Betrachtungsweisen von Sprache. In diesem Buch geht es nicht nur um die kindliche Aneignung von Sprache, die im Folgenden als „sprachliche Bildung" bezeichnet wird, sondern auch um Sprachförderung und Sprachtherapie. Dabei handelt es sich um Kinder, die eine Unterstützung bei der sprachlichen Bildung benötigen. In allen Kapiteln liegt der Blick auf den Kindern und ihren Bezugspersonen. Eine Vielzahl von Beispielen gibt Einblicke in die Fähigkeiten und Schwierigkeiten von jungen Sprach(en)lernern. Der Einfachheit halber werden bei allen Beispielen die Erwachsenen, gleich ob Eltern, pädagogische Fachkräfte oder andere Bezugspersonen in Dialogen mit den Kindern, mit dem Buchstaben E abgekürzt. Es geht in allen Kapiteln um die sprachliche Bildung, Sprachförderung und Sprachtherapie bei Kindern von 0 Jahren bis zur Einschulung.

Die Darstellung in diesem Buch verzichtet weitgehend auf die Angabe von Altersnormen. Die Aneignung von Sprache wird als individueller Bildungsprozess betrachtet und findet im sozialen Kontext einer jeweiligen Lebenswelt statt. Jedes Kind durchläuft Meilensteine der sprachlichen Bildung zu unterschiedlichen Zeitpunkten. Kinder, die mit mehreren Sprachen aufwachsen, stehen genauso im Fokus dieses Buches wie einsprachige Kinder. In ihrer sprachlichen Bildung durchlaufen sie die gleichen Meilensteine, wenn auch häufig in versetzten zeitlichen Phasen.

Jedes Kind erweitert seine sprachlichen Fähigkeiten im Kontext der gemeinsamen Handlungen mit anderen. Dabei unterscheiden sich das Ausmaß und die Intensität dieser Erweiterungen und manche Kinder brauchen gezielt die Unterstützung von Eltern, pädagogischen Fachkräften oder anderen Bezugspersonen. Die Frage, ob und wie ein Kind seine sprachlichen Fähigkeiten erweitert, ist in Folge der Komplexität der menschlichen Sprache sowie der Individualität der sprachlichen Bildung nicht mit einer vorgefertigten Testbatterie zu erfassen. Sprachenlernen ist von enormer Vielfalt in vielerlei Hinsicht und auch kein Soloausflug des Kindes. Der Blick auf das einzelne Kind, seine Kompetenzen, seine Bezugspersonen, seine Biografie, seine Sprache(n) und seine Lebenswelt soll dies im Folgenden deutlich machen.

Kapitel 1 stellt die Basis und den roten Faden des Buches dar. Die wichtigen Begriffe „sprachliche Bildung", „Sprachförderung" und „Sprachtherapie" werden definiert. Die Bedeutung der Erfassung von biografischen Daten, die Sprachenvielfalt, mit der die Kinder aufwachsen, sowie die Erfassung ihrer Lernbiografie und Lebenswelt werden hervorgehoben. Ebenso soll der Blick auf Kinder um die Bedeutung von gemeinsamen Handlungen zwischen Kindern und ihren Bezugspersonen für die Aneignung von Sprache erweitert werden. Daneben haben in diesem und in den folgenden Kapiteln auch die Interaktionen der Kinder untereinander ihren festen Stellenwert. Das Kapitel endet mit einem Leitfaden zur Einschätzung von sprachlichen Fähigkeiten und gegebenenfalls Schwierigkeiten von Kindern.
Kapitel 2 bis 5 gehen vertieft auf die Sprachebenen Pragmatik und Semantik (Kapitel 2), Grammatik (Kapitel 3), Aussprache (Kapitel 4) sowie auf den Übergang vom Sprechen zur Schrift (Kapitel 5) ein. Auch hier verdeutlichen zahlreiche Beispiele mit Blick auf einzelne Kinder und ihre Bezugspersonen die fachlichen Aspekte. Die Kapitel weisen dieselbe Struktur auf:

- „Sprachwissenschaftliche Grundlagen" definieren wichtige Grundkenntnisse zum Verständnis der weiteren Darstellung im Kapitel. Sie dienen gleichermaßen zum einführenden Lesen wie zum Nachschlagen.
- Im Unterkapitel „Sprachliche Bildung" werden Meilensteine der sprachlichen Bildung skizziert, wobei größtenteils auf die Angabe von Altersnormen verzichtet wird, da sprachliche Bildung ein individueller Aneignungsprozess ist.
- Im Unterkapitel „Sprachförderung" geht es um die Begleitung der Kinder mit Sprachförderbedarf durch pädagogische Fachkräfte. Beobachtungsbögen zeigen, wie die sprachliche Bildung beobachtet werden kann und mögliche Schwierigkeiten erkannt werden. Ebenso bietet das Kapitel spezielle Anhaltspunkte zur Förderung.
- Das Unterkapitel „Sprachtherapie" zeigt Beispiele für typische Schwierigkeiten und skizziert das Vorgehen in der Sprachtherapie, bei der Kinder zur Erweiterung ihrer sprachlichen Fähigkeiten gezielt unterstützt werden.

Neben Gemeinsamkeit gibt es Unterschiede zwischen den Kapiteln. Kapitel 2 legt den Schwerpunkt besonders auf die Sprachförderung als begleitendes Handeln der Bezugspersonen bzw. pädagogischen Fachkräfte. Ebenso ist in Kapitel 2 ein Beobachtungsbogen für sehr junge Kinder, also für die frühe sprachliche Bildung zu finden. Kapitel 3 beinhaltet ein Raster für die Analyse grammatischer Fähigkeiten und Schwierigkeiten, insbesondere für die Feststellung von Fähigkeiten und Schwierigkeiten für die Sprachtherapie. Kapitel 4 stellt ausführlich den Therapieverlauf eines Kindes zur Erweiterung des Aussprachesystems dar. Kapitel 5 ist als Übersicht zu verstehen und gibt einen Einblick in die Bedeutung der Schriftsprache im Elementarbereich. Es enthält einen Exkurs zum Thema „Bedeutung der Schrift in Kindertageseinrichtungen". Kinder im Elementaralter gibt es noch keinen Therapiebedarf auf der Sprachebene der Schriftsprache, daher ist im Unterkapitel Therapie die Möglichkeit aufgezeigt, wie die Schrift in die Therapie anderer sprachlicher Ebenen einfließen kann.

Der Spanne von dem Blick auf die Biografien über die Fähigkeiten und Schwierigkeiten der Kinder bis hin zur Sicht auf die pädagogischen Fachkräfte selbst möchte dieses Buch gerecht werden und all jenen Anhaltspunkte bieten, die mit Kindern, Familien oder pädagogischen Fachkräften im Elementarbereich im Austausch stehen. Es richtet sich damit an pädagogische Fachkräfte, Sprachförderinnen, Sprachexpertinnen und Sprachtherapeutinnen, ihre Aus- und Fortbilderinnen, alle in weiblicher sowie männlicher Vertretung, und natürlich an Eltern und alle anderen interessierten Bezugspersonen der Kinder.

Pädagogische Fachkräfte, Sprachtherapeutinnen und Studierende des Förderschwerpunkts Sprache haben uns in gemeinsamen Veranstaltungen ermutigt, dieses Buch zu verfassen: In Seminaren und Fortbildungen nannten sie Beispiele von Kindern, und wir konnten unsere Aussagen erproben und erweitern. Unser Dank gilt ihrer Kompetenz, ihrem Blick auf einzelne Kinder sowie dem Interesse an der sprachlichen Bildung, einer alltagsintegrierten Sprachförderung und -therapie. Wir danken Sigrid Aichele, Katharina Dietze, Michael Gunzenhauser, Agnes Hadaschik, Martina Hielscher-Fastabend, Anneke Kensy, Bettina Jung, Otti Merkel-Wörner, Tanja Rüttnauer, Christoph Schiefele, Kristina Singer und Stephanie Wannenmacher für ihre konstruktive Rückmeldung zum Manuskript. Die Analyse grammatischer Fähigkeiten (vgl. Kap. 3.5.1) wurde gemeinsam mit Bettina Jung verfasst. Frau Suchfort hat uns bei der Erstellung des Literaturverzeichnisses geholfen. Auch ihr danken wir für die Unterstützung. Ein besonderer Dank gilt Jürgen Genuneit, der uns seine Zeit und seine fachliche Kompetenz geschenkt und somit zahlreiche inhaltliche Anregungen und redaktionelle Korrekturen eingebracht hat.

Das Buch ist Julian Mayer, Jakob Riesterer und anderen Kindern gewidmet, die uns einen Einblick in ihre sprachliche Bildung gegeben haben.

Iris Füssenich und Mathias Menz

Reutlingen, im Mai 2013

1 Sprachliche Bildung, Sprachförderung und Sprachtherapie

1.1 Zum Beispiel *Julian, Jameela* und andere Kinder

Julian (2;5 Jahre) wird von seinem Onkel auf seinen heiß geliebten Schnuller angesprochen: „Du bist doch schon ein so großer Junge. Da brauchst du doch keinen Schnuller mehr." Julian zieht die Mundwinkel nach unten und fängt an zu weinen. Ungefähr sechs Wochen später trifft er seinen Onkel mit seinen Eltern in der Stadt. Er sitzt im Kinderwagen, sieht seinen Onkel schon von Weitem, nimmt den Schnuller heraus und lächelt ihn freundlich an. Nachdem sie sich vom Onkel verabschiedet haben, steckt er seinen Schnuller wieder in den Mund. Einige Wochen später begegnen sie sich erneut zufällig. Julian geht sofort auf seinen Onkel zu, lacht ihn an, streckt die Hände nach vorne und sagt: „Kein Schnuller."

Um Kinder in ihrer sprachlichen Bildung zu unterstützen, sind die „wechselseitigen Einflüsse sprachlicher, kognitiver und sozialer Prozesse wahrzunehmen und auf sie einzuwirken" (List 2011, S. 6). Es ist nicht nur darauf zu achten, was Kinder sprechen und verstehen. Auch wenn die Sprache zu erwerben genetisch angelegt ist, benötigen Kinder soziale Anregungen und kommunikative Austauschprozesse, um ihre sprachlichen, kognitiven und sozialen Fähigkeiten zu erweitern. Kinder mit sozial guten Bedingungen benötigen keine spezielle Förderung. Sie brauchen die alltäglichen gemeinsamen Handlungssituationen und auch das Erinnern und die Erweiterung der Handlungsfähigkeit.

Julian zeigt idealtypisch, wie die Erinnerung an eigene Erlebnisse sein Handeln bestimmt. „Schnuller" ist ein wichtiges Thema für ihn. Obwohl er seinen Onkel zwischen den drei Begegnungen weder gesehen noch mit ihm telefoniert hat, erinnert er sich an das erste gemeinsame Gespräch. Aus dieser für ihn negativen Erfahrung zieht er Konsequenzen und gestaltet die weitere Kommunikation mit dem Onkel auf seine Art und Weise. Dass er diese Fähigkeiten entwickeln konnte, setzt gemeinsame Handlungen mit verlässlichen Kommunikationspartnern voraus. Sie passen ihr kommunikatives Handeln an die kindlichen Fähigkeiten an, was in zur Routine gewordenen Alltagssituationen oder Formaten (Bruner 2002) möglich ist, wie sie üblicherweise beim Essen, beim Einkaufen oder beim gemeinsamen Spiel auftreten. „Durch diese gemeinsamen Gespräche werden Kinder dabei unterstützt, ihre Erfahrungen als zeitlich und räumlich organisiertes Weltwissen dem Gedächtnis zuzuführen." (List 2011, S. 10)

Nicht alle Kinder haben diese verlässlichen Austauschprozesse mit festen Kommunikationspartnern in ihrer Erstsprache, so z. B. *Jameela* (Müller 2009):

Zunächst wuchs Jameela mehrsprachig auf: Die Mutter sprach stets Dari (Sprache der Mutter), der Vater stets Urdu (Sprache des Vaters) mit Jameela und ihrem großen Bruder. Als Kommunikationssprache innerhalb der Familie fungierte zunächst eher Urdu (Familiensprache). Die Umgebungssprache Deutsch spielte als Kommunikationsmedium in der Sozialisation Jameelas bis ins Alter von 2;7 Jahren, als ihr großer Bruder in eine Kindertageseinrichtung kam, keine Rolle. Fortan weigerte sich dieser zunehmend, die Familiensprache Urdu zu nutzen, worauf der Vater sein Kommunikationsverhalten änderte. Seither spricht er mit seinen Kindern Deutsch, was er ausreichend beherrscht. Auch die Kinder sprechen seitdem untereinander Deutsch. Lediglich die Mutter hielt - möglicherweise aus kulturellen Gründen - auch zunächst nach der Trennung von ihrem Mann an ihrer Erstsprache Dari fest, gab diese allerdings später wegen Jameelas geringen Lernfortschritten vorerst zugunsten der Umgebungssprache Deutsch auf. Ihre Kenntnisse der deutschen Sprache sind ausreichend bis gut.
Als Jameela 5;10 Jahre alt ist, stellt sich ist die Sprachenkonstellation in der Familie wie folgt dar: Die Erstsprache Urdu (Sprache des Vaters) spielt nunmehr in Jameelas Kommunikationsverhalten keine Rolle mehr. Ihr Vater, den sie regelmäßig besucht, spricht nach wie vor Deutsch mit ihr. Die Erstsprache der Mutter spielt insofern wieder eine größere Rolle, als der neue Lebensgefährte der Mutter als Erstsprache Dari spricht und das Kind mehrsprachig erziehen möchte. Zudem besuchte Jameela mit ihrer Mutter ihren Großvater in Afghanistan. Seitdem ist Jameelas Mutter augenscheinlich aus Kultur- und Identitätsgründen wieder bemüht, dass ihre Kinder ihre Erstsprache Dari erwerben. Sie kommuniziert nun wieder vermehrt mit ihnen in Dari. Nichtsdestotrotz ist die Umgebungssprache Deutsch nach wie vor die überwiegende Kommunikationssprache innerhalb Jameelas Familie. Jameela selbst spricht nur Deutsch mit allen Familienmitgliedern, wobei die Mutter davon überzeugt ist, dass Jameela Dari gut verstehen, jedoch nicht sprechen kann.

Lebensbedingungen, biografische Gegebenheiten, familiäre Umstände, kurzum die Lebenswelt eines Kindes prägen seine Entwicklung entscheidend und wirken sich auf das Lernen aus. Dass die soziale Herkunft einen deutlichen Einfluss auf die Bildungsteilhabe hat, lässt sich wohl kaum leugnen (Schümer 2006). Die Teilhabe an Bildung und am sozialen Miteinander ist ohne Sprache und Kommunikation kaum vorstellbar. Und gerade wenn sich der Blick auf die Sprachfähigkeit richtet, wird deutlich, dass es ohne Zweifel Faktoren gibt, die die sprachliche Entwicklung auch hemmen können. Auf der Suche nach solchen Faktoren im Bildungssystem und in der Didaktik wird oft der Blick zu wenig auf die Kinder und deren Bezugssysteme selbst gerichtet. Dabei ist es jedoch unumgänglich, die biografische Situation eines Kindes mit in den Blick zu nehmen.

Julian ist das einzige Kind einer jungen Familie in guten ökonomischen Verhältnissen. Seine weiteren wichtigen Kontaktpersonen sind Großeltern, die in der Nähe wohnen, und die zweite Großmutter, die einen Tag pro Woche ins Elternhaus kommt, um ihn zu betreuen. Es ist offensichtlich, dass Kinder wie Jameela unter anderen Bedingungen als Julian aufwachsen. Für Jameela gibt es keine feste Familiensprache und keine konstante Erstsprache. Zum anderen wechselte die männliche Bezugsperson und der Großvater wohnt nicht am Wohnort, sondern im Heimatland der Mutter und spricht eine Sprache, die Jameela – so die Aussage der Mutter – selbst nicht mehr spricht. Hinzu kommen kulturelle Unterschiede, auf die sich das Kind einstellen muss.

Ein bisher vernachlässigter Aspekt bei der kindlichen Bildung wird an der Lebensgeschichte von *Jameela* deutlich, nämlich „(...) die Vielfalt unterschiedlicher kultureller Hintergründe von Familien und frühpädagogischen Fachkräften sowie die Mannigfaltigkeit der daraus abzuleitenden Handlungsmöglichkeiten und Besonderheiten für den praktischen Alltag" (Borke/Döge/Kärtner 2011, S. 8). Bei Kindern wie *Jameela* ist nicht nur der familiäre Kontext geprägt von unterschiedlichen Bezugspersonen aus verschiedenen Kulturkreisen, sondern es sind auch die institutionellen Bezugssysteme im Elementarbereich vielfältig und unterscheiden sich in ihren Konzepten:

Jameela besucht vormittags einen Sonderkindergarten und nachmittags sowie in den Schulferien einen Regelkindergarten. Dass Jameela zwei Einrichtungen besucht, liegt daran, dass sie zunächst ab dem Alter von 2;11 Jahren in die Regeleinrichtung ging, in welcher die zuständige Erzieherin nach einem halben Jahr keine nennenswerten sprachlichen Fortschritte erkennen konnte. Hierauf schaltete sie eine interdisziplinäre Frühförderstelle ein, welche dringend riet, im Sonderkindergarten vorstellig zu werden. Seither besucht Jameela diese Einrichtung wegen sprachlich-kommunikativer Auffälligkeiten auf den Ebenen Semantik und Grammatik und hat einen Tagesstättenplatz im Regelkindergarten.

Mit Blick auf die beiden Einrichtungen zeigen sich einige Unterschiede in *Jameelas* Spiel- und Sozialverhalten (Müller 2009):

Im Sonderkindergarten tritt Jameela als offenes, aufgeschlossenes und gut integriertes Mädchen in Erscheinung. Augenscheinlich fällt es ihr leicht, Kontakt zu anderen Kindern aufzunehmen, mit ihnen zu spielen, zu malen oder anderen Tätigkeiten nachzugehen. Für ihre Kindergartenkameraden fungiert sie als vertrauenswürdige und stets hilfsbereite Ansprechpartnerin. Sie selbst bemüht sich bevorzugt um ihre beste Freundin Emilia, mit welcher sie die meiste Zeit im Sonderkindergarten verbringt.
Des Weiteren ist beobachtbar, dass Jameela sich gewissenhaft an Regeln im alltäglichen Zusammenleben mit anderen hält und diese auch von anderen einfordert. So erinnert sie an Routinehandlungen, welche den Tagesablauf des Sonderkindergartens strukturieren und prägen - wie beispielsweise das Sprechen des Tischverses und die Begrüßungs- und Verabschiedungszeremonien - oder achtet darauf, dass der Ämterplan, der bestimmte Dienste regelt, die die Kinder übertragen bekommen, wie Küchendienst, Getränkedienst etc., eingehalten wird. Generell zeigt sie sich im Sonderkindergarten selbstständig und unabhängig, nimmt aktiv, engagiert und interessiert am Kindergartenalltag teil und tritt oftmals als Initiatorin gemeinsamer Handlungen mit anderen Kindern in Erscheinung.
Mit Blick in den Regelkindergarten kann der Eindruck eines kontaktfreudigen, aufgeschlossenen Mädchens nicht länger uneingeschränkt aufrechterhalten werden. Wäh-

rend Jameela im Sonderkindergarten gut integriert scheint, nimmt sie im Regelkindergarten nur selten Kontakt zu anderen Kindern auf. Es liegt die Vermutung nahe, dass ihre eingeschränkten sprachlichen Fähigkeiten hier Einfluss auf ihr Spiel- und Sozialverhalten nehmen und sie sich den (verbalen) Anforderungen nicht gewachsen fühlt. Diese Überlegungen können dadurch untermauert werden, dass die ohnehin seltene Kontaktaufnahme dann nicht verbal erfolgt, sondern durch bloßes Dazugesellen, was von den anderen Kindern oftmals ignoriert wird. So zieht Jameela sich während freier Spielphasen aus der Gemeinschaft zurück, wirkt in sich gekehrt, nimmt nur selten an gemeinsamen Handlungssituationen mit anderen Kindern teil – vielmehr bevorzugt sie es, alleine zu spielen. Sie vermittelt den Eindruck, verunsichert zu sein und die an sie gestellten Anforderungen noch nicht leisten zu können. Bietet der Kindergarten jedoch Angebote wie Basteln, Malen oder Musizieren an, beteiligt sie sich hier motiviert und engagiert. Zurückzuführen ist dies vermutlich auf den für sie notwendigen situationsstrukturierenden Rahmen, der ihr Handlungssicherheit und -orientierung offeriert. Trotz dieser im Vergleich zum Sonderkindergarten veränderten Verhaltensweisen vermittelt Jameela den Eindruck, den Kindergarten gerne zu besuchen.

Auch wenn es eher ungewöhnlich ist, dass ein Kind wie *Jameela* gleichzeitig zwei Einrichtungen des Elementarbereichs besucht, gibt es in Kindertageseinrichtungen zahlreiche Kinder, die ergänzend zum Bildungs- und Förderangebot der Einrichtung von Fachdiensten betreut werden. Es gibt Kinder, die von bis zu fünf Fachdiensten gleichzeitig gefördert werden. Dies sind meist Fachdienste wie Interdisziplinäre Frühförderstelle, Logopädie, Ergotherapie und ergänzende Sprachförderangebote. Kinder mit griechischer Erstsprache besuchen darüber hinaus oft eine griechische Schule. Als Beispielkinder werden *Alexis* und *Ben* aufgeführt.

	Sprachen	Fachdienste
Alexis 5;6 Jahre	Griechisch Deutsch	Sprachförderung Logopädie Griechische Schule Interdisziplinäre Frühförderung
Ben 4;9 Jahre	Deutsch	Logopädie Ergotherapie Physiotherapie Integrationshilfe Sprachförderung im Kindergarten

Auch diese Kinder erleben zahlreiche Bezugspersonen mit unterschiedlichen Formaten, auf die sie sich jeweils einstellen müssen. *Julian* dagegen wird ab dem dritten Lebensjahr eine Kindertageseinrichtung besuchen und vermutlich dort einen konstanteren institutionellen Rahmen vorfinden, in den er sich besser einbringen kann als *Jameela* oder Kinder, die von mehreren Fachdiensten ergänzend gefördert werden.

1.2 Begriffsklärung: Sprachliche Bildung, Sprachförderung und Sprachtherapie

Die Fähigkeit, Sprache zu erwerben, beruht auf einer genetischen Veranlagung der Menschen und wird durch Anregungen der Umwelt ermöglicht. Lange Zeit wurde die sprachliche Bildung rein behavioristisch erklärt: Die kindlichen Äußerungen wurden als „defekte Erwachsenensprache" betrachtet. Die aktive Rolle des Kindes wurde kaum gesehen. Andere Spracherwerbstheorien heben den Beitrag des Kindes hervor und sehen die sprachliche Bildung im Kontext von kognitiver und sozialer Entwicklung (List 2011).

Sprachliche Bildung

„Der Begriff ‚sprachliche Bildung' betont die Eigenaktivität des Kindes, das Regelsystem der Umgebungssprache(n) zu erwerben." (Füssenich 2011 b, S. 26) Ähnliche Begriffe sind Sprachentwicklung, Spracherwerb und kindliche Sprachaneignung. Aufgabe von pädagogischen Fachkräften ist es einerseits, einen pädagogischen Rahmen zu schaffen, in dem sich Kinder sprachlich (weiter)bilden können. Andererseits müssen sie ihr eigenes sprachliches Handeln an die Fähigkeiten von Kindern anpassen. Alle Bundesländer haben sich verpflichtet, sprachliche Bildung als Querschnittsaufgabe im Rahmen der Bildungsarbeit in die Konzepte der Kindertageseinrichtungen zu integrieren (Die Bundesregierung 2007).

Um die sprachliche Bildung von Kindern zu verstehen, ist es erforderlich, dass Erwachsene die Perspektive von Kindern einnehmen. Pädagogische Fachkräfte sind bei Fortbildungen immer wieder über die kognitiven Leistungen von Kindern beim Erwerb der Sprache erstaunt. Ihnen wird dann meist erst bewusst, dass Kinder wichtige Bereiche der Sprache rein mündlich erwerben. Aufgrund fehlender Schriftkenntnisse im frühen Alter kennen Kinder z. B. keine Wortgrenzen und hören sie auch nicht (Füssenich 2011 a). Um zu zeigen, welche Leistungen Kinder beim mündlichen Spracherwerb vollbringen, bietet es sich an, Erwachsenen Beispiele dieser gehörten Sprache ohne Wortgrenzen in Schriftform vorzulegen. Ihnen fällt es schwer, diese zu lesen und zu verstehen, beispielsweise: wirgehenheutezufußindenkindi, mustafakannstdumirmalbittedengrünenbechergeben.

Kinder sollen diese Äußerungen verstehen, die zugrunde liegenden sprachlichen Regeln erfassen sowie Laute, Silben, Morpheme, Wörter und Sätze herausfiltern. Vor allem Kinder mit Deutsch als Zweitsprache vollbringen eine unglaubliche Leistung, denn sie beherrschen auch Elemente des Sprachsystems ihrer Erst- bzw. Familiensprache, die meist andere Sprachstrukturen aufweist (vgl. Kap. 3 und 4).

Dass Kinder Sprache rein mündlich erwerben, zeigt sich z. B. auch in den ersten Verschriftungen: Ein Kind schreibt kurz nach der Einschulung (Abb. 1): Ich mag dich. Was sollen wir spielen?

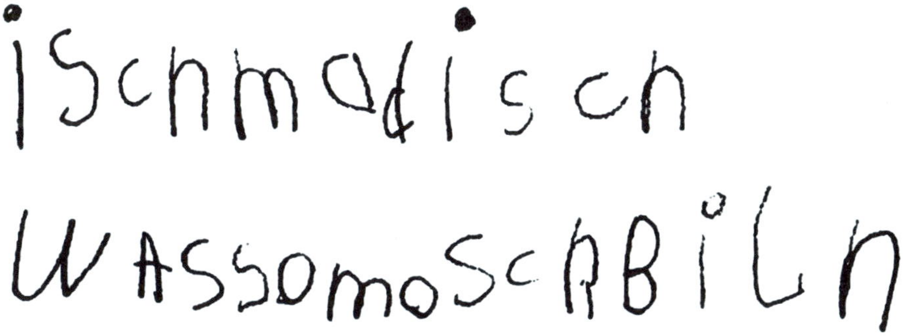

Abb. 1: Schreibprobe kurz nach der Einschulung

Das Kind schreibt ohne Wortgrenzen. Es wird auch nicht deutlich, wen die Schreiberin mit „dich" gemeint hat. Dieser Text zeigt, dass das Kind den Zusammenhang zwischen der mündlichen Sprache und Schrift herstellen kann – auch wenn der Text nicht den Schreibkonventionen der Erwachsenen entspricht. Wenn ein Kind diese Fähigkeiten kurz nach der Einschulung aufweist, verfügt es über beeindruckende sprachliche Fähigkeiten, die sich auch auf anderen Sprachebenen zeigen und die auch schon im Elementarbereich sichtbar sind.

Über einen zweiten Bereich sind pädagogische Fachkräfte bei Fortbildungen ebenfalls oft erstaunt: Für sie gehört meist zur sprachlichen Bildung vor allem der Erwerb der Aussprache, der Grammatik und der Wortschatz. Dass Kinder argumentieren und nach Bedeutungen fragen, ist ihnen weniger bewusst.

Julian hat bereits mit seinen knapp drei Jahren gelernt zu argumentieren: Als seine Mutter zu ihm sagt, er habe nun schon dreimal dasselbe erzählt, antwortet er: „Wir sind doch auch drei." Den Vorschlag, einen seiner vielen Schnuller seinem zukünftigen Geschwisterchen zu geben, lehnt er mit den Worten ab: „Die sind zu groß."

Auch die Argumentationen anderer Kinder sind überzeugend:

Der 2-jährige Thomas ist bei seiner Tagesmutter und möchte gerne nach Hause. Als ihm gesagt wird, dass die Mama noch nicht zu Hause sei, hat er eine Idee: „Dann gehe ich eben langsamer."

Carinas (C) Vater (E) möchte seiner Tochter eine Mütze gegen die Sonne kaufen, was das Mädchen nicht will. Folgender Dialog zeigt Carinas Argumentationsfähigkeit:

E: Diese schöne Mütze willst du nicht?

C: Nein, dann kauf sie dir doch.

An der Kasse in einem Supermarkt steht Markus mit seiner Mutter. Er hat zwei Süßigkeiten in der Hand. Auf die Äußerung seiner Mutter, sie kaufe nur eine, antwortet er: „Die gehören zusammen."

Im Zoo hört Anna, wie eine Erwachsene sagt: „Da sind lauter Affen." Anna widerspricht mit folgenden Worten: „Nein, die sind leise."

Kinder, die bereits im Elementarbereich so argumentieren, haben gelernt, Fragen zu stellen und sich über Sprache zu wundern. Wer Fragen stellt, möchte auch eine Antwort. Eltern ist es manchmal nicht bewusst, wie wertvoll es ist, dass Kinder Fragen stellen.

Lara fährt mit ihrer Mutter Bus. Als die nächste Haltestelle angesagt wird, fragt sie: „Was ist Kirchsteig?" Die Mutter antwortet auf diese Frage zuerst nicht, denn sie hat Ohrstöpsel im Ohr. Das Mädchen stellt seine Frage erneut mit lauterer Stimme. Zunächst meint die Mutter daraufhin, sie wisse dies auch nicht, und erklärt dann, dass es die Bezeichnung für die Haltestelle ist. Die nächste Haltestelle heißt „Schieferpuckel". Erneut fragt das Mädchen, erhält jedoch keine Antwort.

Sprachförderung

Kinder mit Unterstützungsbedarf bei der sprachlichen Bildung benötigen eine Sprachförderung (Füssenich 2011 b). Dies sind vor allem Kinder, die in ihrem Elternhaus beim Erwerb der Sprache(n) nicht ausreichende Angebote erhalten, sowie mehrsprachig aufwachsende Kinder, die beim Erwerb mehrerer Sprachen Unterstützung und vor allem vielfältige Kommunikationsmöglichkeiten in der Zweitsprache brauchen. Ebenso können Kinder mit Entwicklungsrückständen Sprachförderung benötigen.

Die Sprachförderung nimmt in allen Kindertageseinrichtungen einen zentralen Stellenwert ein. Es wird zwischen alltagsintegrierter Sprachförderung und additiver Sprachförderung unterschieden. Sprachfördermaßnahmen, die sich an der sprachlichen Bildung des Kindes orientieren, beginnen bei der Schaffung von Alltags- und Spielformaten (vgl. Kap. 1.6). Hierbei stehen oft der Erwerb von Bedeutungen und die Erweiterung von Kommunikationsfähigkeit im Vordergrund. Pädagogische Fachkräfte müssen Schwierigkeiten bei der sprachlichen Bildung erkennen, um zu entscheiden, ob Kindern das Angebot in der Kindertageseinrichtung für die weitere sprachliche Bildung ausreicht oder ob sie eine Sprachförderung benötigen. Darüber hinaus müssen sie erkennen, ob die Schwierigkeiten anzeigen, dass Kinder sogar eine Sprachtherapie benötigen.

Sprachtherapie

Schwierigkeiten beim Spracherwerb werden laut International Classification of Functioning, Disability and Health (ICF) (WHO 2005) als multifaktoriell beschrieben. Ähnliche Begriffe sind Sprachentwicklungsstörung und Spracherwerbsstörung. Als übergreifendes Ziel einer Sprachtherapie wird die soziale Partizipation genannt.

„In den letzten Jahren hat sich in internationalen Fachkreisen die Bezeichnung ‚Specific Language Impairment (SLI)' bzw. in Deutschland der Begriff ‚Spezifische Sprachentwicklungsstörung (SSES)' ... durchgesetzt" (Dannenbauer 2002, S. 119; auch Grimm 2003/2012). Die Störung sei primärer Natur. Sie sei eine sprachspezifische Entwicklungsstörung, bei der keine anderweitige Primärbeeinträchtigung zu diagnostizieren sind, die ausreichend wäre, das Vorhandensein, die Art und das Ausmaß der sprachlichen Probleme zu erklären. Die Spezifische Sprachentwicklungsstörung gilt als ein eigenständiges Störungsbild. Sie liege bei Kindern vor, wenn sich die nonverbale Testintelligenz im Normalbereich befindet und nicht-sprachliche Ausschlusskriterien vorhanden sind: Es liegen weder sensorische noch schwerwiegende neurologische sowie keine emotionalen Schädigungen und keine geistige Behinderung vor. Diese SSES ist ein Konstrukt und als charakteristisch wird angesehen:

- Verspäteter Sprachbeginn
- Verlangsamter Spracherwerb mit möglicher Plateaubildung
- Sprachverständnis ist größer als die Sprachproduktion
- Formale Merkmale in Syntax und Morphologie sind gestörter als Fähigkeiten auf pragmatischer und semantischer Ebene.
- Es wird davon ausgegangen, dass bei Kindern mit Deutsch als Zweitsprache dieselben Probleme auch in der Erstsprache vorliegen.

Entsprechend der Ausschlusskriterien führt dies bei der Diagnostik im Kontext der Mehrsprachigkeit dazu, dass bei Kindern mit Deutsch als Zweitsprache zunächst das Ergebnis eines nonverbalen Intelligenztests im Vordergrund steht sowie die Fragen nach sozialer Benachteiligung und sozial-emotionalen Entwicklungsstörungen, bevor auf die sprachlichen Fähigkeiten und ggf. Schwierigkeiten in Deutsch und in der Erstsprache geschaut wird (Chilla/Rothweiler/Babur 2010, S. 114). Allerdings ist der Begriff der Spezifischen Sprachentwicklungsstörung nicht unumstritten (vgl. auch Füssenich 2012 b; Schrecker u. a. 2007, S. 193), denn es gibt häufig bei Kindern mit Sprachentwicklungsstörungen auch emotionale Schwierigkeiten und Unterschiede in der Intelligenz. Aus diesem Grund wird im Folgenden nicht weiter auf den Begriff der Spezifischen Sprachentwicklungsstörung eingegangen und nicht auf die damit verbundenen Ausschlusskriterien.

Mehr- und einsprachige Kinder benötigen eine Sprachtherapie, wenn Sprachfördermaßnahmen kaum erfolgreich sind oder wenn Kinder beim Erwerb von Erst- und/oder Zweitsprache eine unausbalancierte Entwicklung zeigen (Baumgartner/Füssenich 2002). Kinder durchlaufen in ausgewählten sprachlichen Bereichen nicht die Phasen, die bei Kindern mit unauffälliger sprachlicher Bildung auftreten. Ebenso können Sprachstörungen im Kontext von organischen Problemen oder Befunden vorhanden sein. Sprachtherapie setzt eine professionelle Diagnose der Fähigkeiten und Schwierigkeiten von Kindern voraus. Eine Sprachtherapie, die sich an der sprachlichen Bildung orientiert, beginnt bei der Schaffung von Alltags- und Spielformaten und bei der Erweiterung der kommunikativen Funktion von Sprache, in die sprachstrukturelle Aspekte integriert werden.

Eine Sprachtherapie ist in der Regel von der Finanzierung abhängig. Zahlreiche Kinder erhalten keine Therapie, obwohl sie gravierende Sprachprobleme aufweisen. Die Heilmittelverordnung schließt zum Beispiel für Kinder Sprachtherapie aus, wenn sich vermeintlich Schwierigkeiten bei der sprachlichen Bildung nur in der Zweitsprache Deutsch zeigen oder wenn sie sich auf soziale Faktoren zurückführen lassen.

1.3 Sprachenportraits von Kindern

Meilensteine der sprachlichen Bildung (vgl. Kap. 2.3.1) orientieren sich meist an Phasen der sprachlichen Bildung von einsprachigen Kindern (Kany/Schöler 2010; Tracy 2007; Szagun 2006). Die sprachliche Bildung und ggf. der Sprachförderbedarf von mehrsprachigen Kindern lassen sich jedoch nicht an altersnormierten Erwerbsphasen von einsprachigen Kindern messen (Füssenich 2010), denn Zeitpunkt des Spracherwerbs sowie Kommunikationsmöglichkeiten in der deutschen Sprache variieren – letzteres trifft auch auf Kinder mit deutscher Erstsprache zu. Die Kontaktdauer mit Deutsch (Schulz/Tracy 2011) ist ebenfalls kein verlässliches, aber ein wichtiges Kriterium. Es gibt Kindertageseinrichtungen, in denen Kinder die deutsche Sprache fast nur von den Erwachsenen hören.

John hat den ersten Kontakt mit Deutsch als Zweitsprache seit dem Besuch der Kindertageseinrichtung. Zu diesem Zeitpunkt ist er bereits vier Jahre alt. Nach einem halben Jahr hat er große Fortschritte gemacht. Gezim hingegen geht seit seinem dritten Lebensjahr in eine Kindertageseinrichtung, die zu 95 Prozent von Kindern mit Deutsch als Zweitsprache besucht wird. Deutsch hört er fast nur von den pädagogischen Fachkräften. Seine Lernfortschritte sind gering.

Weiterhin spielen auch emotionale Faktoren beim Erwerb von Erst- und Zweitsprache eine Rolle. Hinzu kommen weitere außersprachliche Faktoren wie Erziehungsstile, Lebenswelt, Motivation, Wertschätzung der Erstsprachen, kulturelle Identität, Umweltfaktoren und Bildungshintergrund.

Die sprachliche Bildung von mehrsprachigen Kindern und von Kindern mit Sprachförderbedarf oder ggf. der Notwendigkeit einer Sprachtherapie lassen sich nur an individuellen Lernfortschritten messen. Diese sind im Zusammenhang mit den biografischen Daten und im Kontext der Lebenswelt der Kinder zu sehen, die die Bildungs- und Sprachbiografie der Kinder prägt. Sprachliche Bildung ist kein Alleingang des Kindes, deshalb ist auch der Blick auf die Kommunikationspartner des Kindes erforderlich, wozu nicht nur Erwachsene, sondern auch andere Kinder gehören. Menz (2009 a) zeigt am Beispiel eines 5jährigen Jungens auf, wie die Lebenswelt die Sprachbiografie prägt (Abb. 2).

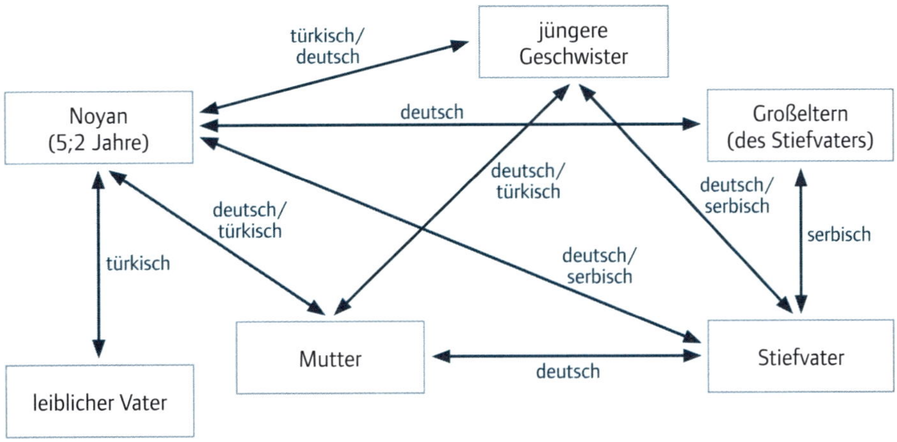

Abb. 2: Sprachbiografie von Noyan (Menz 2009 a)

Frühe Mehrsprachigkeit wird zunehmend als erstrebenswert angesehen und gefördert. Hierunter wird meist der Erwerb von Sprachen mit hohem Prestige verstanden, vor allem Englisch und Französisch. Eine Kollegin lebte mit ihrer Familie längere Zeit in Amerika. Sie erzählte, dass anschließend in Deutschland die Fähigkeit ihrer Kinder, deutsch und englisch zu sprechen, positiv bewertet wurde.

Stephanie Wacker betreute *Cole,* einen Jungen aus Amerika. Bei der Hospitation in der Kindertagseinrichtung stellte sie fest, dass die Erwachsenen mit dem Kind vor allem Englisch sprachen.

„Es entstand daher der Eindruck, dass nicht Cole Deutsch lerne, sondern die anderen Kinder Englisch: In einer Kreissituation sollten verschiedene Tierbilder benannt werden. Cole meldete sich, zeigte auf einen Vogel und rief: ‚A birdie!', woraufhin dies von der Lehrkraft (im Kontext der Kooperation Kindergarten und Schule, Anmerkung I.F.) aufgegriffen und von allen Kindern wiederholt wurde. Das nächste Kind, das an die Reihe kam, suchte sich eine Hundeabbildung aus, welche es stolz mit ‚dog' titulierte. Außerdem wurde Cole bei einem Spiel mit ‚Your turn, Cole!' angesprochen." (Wacker 2010, S. 103)

Diese gut gemeinte Wertschätzung seiner Erstsprache und somit der Mehrsprachigkeit war für den Jungen *Cole* nicht förderlich, denn er mischte beide Sprachen sehr häufig. Wacker sprach mit ihm in der Regel auf Deutsch und wechselte nur in Englisch, „wenn Cole emotional aufgewühlt war oder ich die Notwendigkeit darin sah" (Wacker 2010, S. 104). In der Reflexion mit den pädagogischen Fachkräften wurde deutlich, dass dies bei Kindern mit z. B. türkischer Erstsprache nicht vorkommen würde.

Die Mehrsprachigkeit von Arbeitsmigrantinnen, Asylbewerberinnen und von deutschstämmigen Aussiedlerinnen wurde lange vernachlässigt. Bildungspolitisch wurde erneut erkannt, dass ihre Kinder zu den Bildungsbenachteiligten gehören, und es wird ein erhöhter Förderbedarf in der deutschen Sprache festgestellt. Die Wertschätzung ihrer Erstsprachen erleben Kinder mit „Migrationssprachen“ meist nicht. Da die sprachliche Bildung auch durch emotionale Faktoren geprägt ist und manche mehrsprachige Kinder erfahren, dass ihre Erstsprache nicht zu den Prestigesprachen gehören, weigern sich immer wieder Kinder und auch ihre Eltern, in der Erstsprache zu kommunizieren. Im Alltagsverständnis wird meist von diesen Eltern erwartet, dass sie vor allem Deutsch mit ihren Kindern sprechen.

Es gibt pädagogische Fachkräfte, die Kinder auffordern, nicht in ihrer Erstsprache mit anderen Kindern zu kommunizieren. Auch gibt es Eltern mit Migrationshintergrund, die pädagogische Fachkräfte auffordern, darauf zu achten, dass ihre Kinder nur mit deutsch sprechenden Kindern spielen. Eltern erhalten immer wieder Ratschläge, mit ihren Kindern deutsch zu sprechen, auch wenn sie selbst nur über elementare Deutschkenntnisse verfügen. Eltern hören zum Thema Mehrsprachigkeit sowohl irreführende als auch widersprüchliche Aussagen: So wurde einer Mutter mit Erstsprache Bulgarisch geraten, in dieser Sprache mit den Kindern zu kommunizieren, da ihre Deutschkenntnisse sehr gering waren. Ihre Kinder sollten allerdings auf Deutsch antworten. Adims Eltern hatten wegen der Sprachprobleme mehrere Beratungsstellen aufgesucht. Ihnen wurde nahegelegt, mit ihrem Sohn nur noch deutsch zu sprechen, um seine Fähigkeiten in dieser Sprache vermeintlich zu erweitern. Da die Mutter über geringe Deutschkenntnisse verfügte, wurde die Kommunikation zwischen Mutter und Sohn erheblich erschwert. In der Folge weigerte sich der Junge, Albanisch zu sprechen. Seine Fähigkeiten in der deutschen Sprache erweiterten sich kaum.

Ardians Eltern sprachen mit ihrem Sohn nur deutsch. Im Gespräch mit seiner Mutter, die über gute Deutschkenntnisse verfügt, wurden die Schwierigkeiten ihres Sohnes mit der deutschen Sprache angesprochen, die vor allem im falschen Gebrauch von Artikel, Kasus und Präpositionen bestanden. Die Mutter stellte sofort einen Bezug zur Sprache ihres Mannes her, und es wurde ihr klar, dass der Vater kein gutes Sprachvorbild für den Sohn darstellte und es für das Kind besser wäre, wenn der Vater in der Erstsprache mit ihm kommuniziert.

Die beste Unterstützung bei der sprachlichen Bildung ist, wenn Eltern mit ihren Kindern in ihrer Erstsprache sprechen. Diese Sprache ist meist eingebunden in kulturelle Kontexte und ist emotional besetzt. Kinder lernen die Umgebungssprache – also Deutsch – auch dann, wenn ihre Eltern zu Hause mit ihnen in ihrer Erstsprache sprechen. Die Kinder benötigen darüber hinaus ausreichende Möglichkeiten, auch die Umgebungssprache Deutsch zu erwerben. Mehrsprachigkeit erleben Kinder innerhalb der Familien, wenn ihre Eltern in ihrer Erstsprache und – sofern sie dies können – auch auf Deutsch kommunizieren, wenn sie sich mit Menschen unterhalten, die ihre Erstsprache nicht beherrschen. Oft verändert sich die Bedeutung der Erstsprache durch das Sprachverhalten von Geschwistern, die durch erweiterte Deutschkenntnisse, die sie in Kindergarten oder Schule erwerben, verstärkt auf Deutsch miteinander kommunizieren.

Die Frage nach Erst-, Zweit- und Familiensprache(n) ist insofern bedeutsam, da es Kinder gibt, die mit mehreren Familiensprachen aufwachsen oder die erleben, dass sich die Familiensprache ändert. Manche Kinder verfügen auch über keine Familiensprache.

Bei dem Mädchen Jameela, auf das bereits in Kapitel 1.1. eingegangen wurde, wechselte die Familiensprache: Zuerst war es die Sprache des Vaters, Urdu. Nach der Trennung der Eltern kommunizierte die Mutter mit ihren Kindern vor allem in Dari, der eigenen Sprache. Durch den Kindergartenbesuch des Bruders und bedingt durch die scheinbare sprachliche Überforderung von Jameela war längere Zeit Deutsch die Familiensprache, bis die Mutter erneut Dari zur Familiensprache machte.

Innerhalb der Familie von Simon wurde auf Englisch und auf Deutsch kommuniziert. Die Mutter, eine Philippinin, sprach mit ihrem Sohn meist englisch. Sie beherrschte beide Sprachen nicht auf dem Niveau einer „Mutter"-Sprache. Der Junge konnte beim frühen Fremdsprachenlernen in der ersten Klasse nicht zeigen, dass Englisch seine „Mutter"-Sprache ist.

Bei der Feststellung der Schulfähigkeit fiel auf, dass sich Murat an keine Regeln halten konnte. Er kommunizierte vor allem über Gestik und Mimik. Seine kommunikativen Fähigkeiten waren sehr begrenzt. Er sprach nur in kurzen Äußerungen und verstand meist weder Kinder noch Erwachsene. Im Gespräch mit dem Vater wurde deutlich, dass Murat auch Türkisch, die Sprache seiner Mutter, kaum beherrschte. Um seine drei Kinder auf den Besuch der deutschen Schule vorzubereiten, sprach der Vater von Geburt an nur deutsch mit ihnen. Mit seiner Frau sprach er jedoch türkisch. Da die Mutter aus der Türkei kam und nur Türkisch konnte, war eine Verständigung zwischen der Mutter und ihren Kindern ohne den Vater kaum möglich.

Wie unterschiedlich der Anteil der mehrsprachig aufwachsenden Kinder in Kindertageseinrichtungen sein kann, zeigt die Erhebung in zwei Projekteinrichtungen (Füssenich 2009): In der ersten Einrichtung überwiegen Kinder mit Erstsprachen, die wenig „Prestige" in Deutschland haben, und der Anteil von Kindern mit Deutsch als Erstsprache ist sehr gering.
Die zweite Einrichtung besuchen dagegen mehr Kinder mit Deutsch als Erstsprache. Haben die Mitarbeiterinnen in der ersten Einrichtung in dem Erhebungszeitraum von vier Jahren mit 15 verschiedenen Erstsprachen zu tun, sind es in der zweiten Einrichtung in demselben Zeitraum nur sieben. Es gibt Einrichtungen, in denen noch weit mehr Sprachen der Kinder von Bedeutung sind.

1.4 Sprachenprofile von pädagogischen Fachkräften

„Die praktische Arbeit von frühpädagogischen Fachkräften ist in der Regel dadurch gekennzeichnet, dass dort Kinder und Eltern mit unterschiedlichen kulturellen Hintergründen zusammenkommen. Da jedes System normative Vorstellungen darüber enthält, was richtig oder falsch ist, haben Menschen die Neigung, das, was ihnen unvertraut ist und von ihrem Schema abweicht, als nicht normal und unrichtig abzulehnen. Ein Blick durch die eigene kulturelle Brille birgt also die Gefahr von normativen Bewertungsmaßstäben: Das Verhalten von Kindern wird nach Kriterien bewertet, die möglicherweise nicht denen der Eltern entsprechen." (Borke/Döge/Kärtner 2011) Um Kinder in ihren kulturellen und sprachlichen Lebenswelten zu verstehen, ist eine Reflexion der eigenen kulturellen und sprachlichen Lebenswelt erforderlich. In Fortbildungen für pädagogische Fachkräfte zeigt sich immer wieder, dass der Blick auf die eigene kulturelle Lebenswelt und Sprachbiografie bisher kaum ein Thema in Aus- und Fortbildungen war. Als Einstieg bietet sich folgende Vorgehensweise an:

Wie sehr die Sprache von kulturellen Einflüssen geprägt ist, zeigt das Buch „Fantasien von Kindern aus aller Welt" (Rabkin/Arntzen/Zingel/Wolgast 2001). „Eine Ziege bleibt eine Ziege. Oder? Das muss nicht sein. Eine Ziege kann man auch zu einem Rentier verwandeln. Wowa zum Beispiel hat das gemacht. Er geht in Nordrussland zur Schule. Dort kennt man keine Ziegen – aber Rentiere. Jalielah aus Tunesien hingegen verwandelt die Ziege in ein Kamel, denn sie findet, dass Kamele passender für die Wüste sind. Und bei Ha Tien aus China wird die Ziege zu einem Reh, auf dessen Rücken es viele Länder gibt." (Rabkin/Arntzen/Zingel/Wolgast 2001, S. 6)

Hans-Jürgen Krumm und Eva-Maria Jenkins (2001) stellen Sprachenportraits von Kindern und Jugendlichen dar, die den emotionalen Bezug zu ihren Kulturen und Sprachen zeigen. Ein beeindruckendes Beispiel stammt von Marina. Sie schreibt: „Russisch ist in meinem Herz. Das ist meine Muttersprache. Ich liebe Russisch. Estnisch – meine Hände. Estnisch brauche ich wie die Hände. Ich wohne in Estland und ich muß diese Sprache können. Estnisch ist grün, weil in Estland schöne Natur ist. Deutsch ist in meinem Kopf. Das ist meine Lieblingssprache. Sie ist blau, weil blau ist für mich Traumsprache und ich hoffe, dass ich Deutsch irgendwann gut sprechen kann. Entschuldigung, hier gibt es Fehler." (Krumm/Jenkins 2001, S. 94) Samuel (Krumm/Jenkins 2001, S. 52) schreibt: „Deutsch ist meine Muttersprache. Englisch lernen wir in der Schule. In hebräisch kenne ich nur ein Wort und zwar Schalom (Frieden), das haben wir in Religion gelernt. Mein Papa spricht steirisch. Ich höre oft leute die wienerisch sprechen. Ich betreibe einen japanischen Kampfsport. (Jiu-Jitsu) = Samfte-Kunst. Ich war in Italien, und habe mit einem Eisverkäufer gesprochen." (Abb. 3)

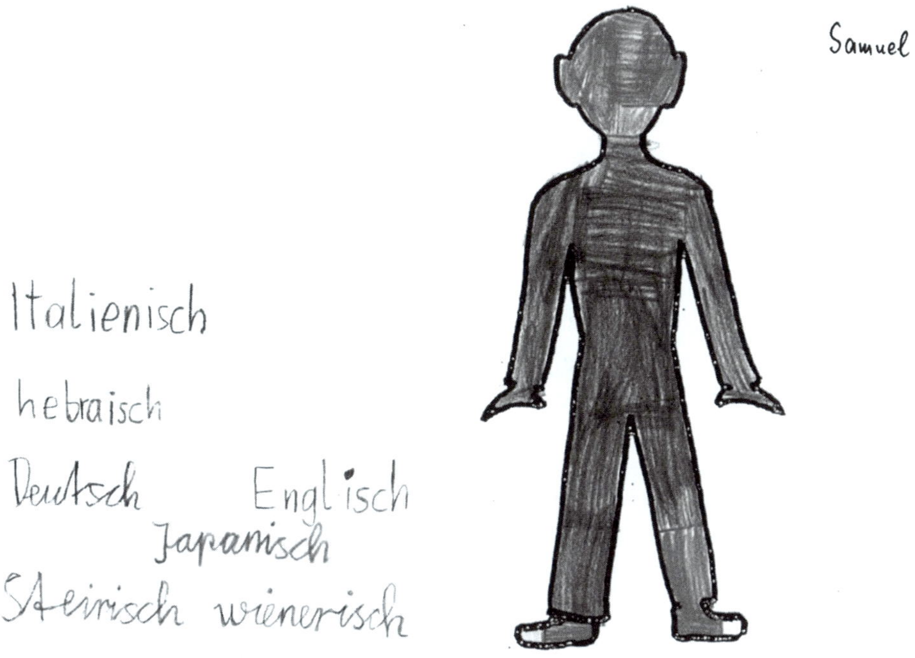

Abb. 3: Sprachenportrait (Krumm/Jenkins, 2001, S. 53)

Über die Reflexion der eigenen Mehrsprachigkeit bietet es sich an, den Bezug zur Mehrsprachigkeit der Kinder herzustellen. Durch die Reflexion und die Wertschätzung der Mehrsprachigkeit von pädagogischen Fachkräften steigt auch die Wertschätzung der Mehrsprachigkeit der Kinder. Wenn pädagogische Fachkräfte nicht selbst mit mehreren Sprachen aufgewachsen sind, können sie sich in Bezug auf Mehrsprachigkeit gut über das Thema Dialekt einlassen, denn Mehrsprachigkeit ist auch vorhanden, wenn Menschen ergänzend zur Standardsprache Dialekt sprechen. Pädagogische Fachkräfte sind oft verunsichert, ob sie überhaupt mit Kindern Dialekt sprechen sollten. Kinder in emotional wichtigen Situationen auch auf Dialekt anzusprechen, ist oft sinnvoll und schafft eine besondere Nähe zu ihnen, z. B. wenn Kinder sich verletzt haben. Durch die Wertschätzung der Dialekte steigt auch die Wertschätzung der Sprachen der Kinder und die der Familien. Manchen pädagogischen Fachkräften fällt es schwer, nur „nach der Schrift" zu sprechen. Sie wissen allerdings, dass Kinder – vor allem auch Kinder mit Deutsch als Zweitsprache – dieses Sprachvorbild benötigen.

Eine pädagogische Fachkraft, die sich noch nie Gedanken über die verschiedenen Sprachen der Kinder gemacht hatte, so sagte sie es in einer Fortbildung, und deren Sprache sehr von Dialekt geprägt ist, betonte an einem weiteren Fortbildungstag, dass sie sich nun sehr bemühe, mit den Kindern Hochdeutsch zu sprechen, aber auch nicht den Dialekt zu leugnen. Sie unterhielt sich in der Pause sehr lange mit einer Kollegin, die über eine andere Erstsprache als Deutsch verfügt.

Kinder lernen als erste Sprache nicht Hochdeutsch oder die Hochsprache. Sie erwerben die Sprache ihrer Umgebung, also meist Umgangssprache oder Dialekt, ergänzt durch die Merkmale der typischen Äußerungen für Kleinkinder wie einfache Wortwahl, besondere Betonung und langsame Sprechweise. Nicht ausgebildete Sprecherinnen sprechen meist kein reines Hochdeutsch. Sie zeigen in der Regel eine regionale Ausprägung, die sich z. B. in der Sprechmelodie, in der Aussprache einzelner Laute oder in der Wortwahl zeigt. Niemand spricht in jeder Situation und mit jedem Kommunikationspartner die gleiche Sprache. Mit Familienmitgliedern sprechen viele Menschen Dialekt oder die Umgangssprache der Umgebung. Dieses Sprachverhalten hat eine emotionale Seite wie auch die Erstsprachen der Kinder. Deshalb ist es wichtig, Kinder auch sprachlich emotional anzusprechen. Darüber hinaus kommen Kinder mit Hochdeutsch über Medien und in Auseinandersetzung mit der Schrift in Kontakt. Sprachförderlich tätig sind Eltern und pädagogische Fachkräfte, die sowohl in der Sprache der Umgebung als auch auf Hochdeutsch mit Kindern kommunizieren. Bei einem Elternabend in einer Kindertageseinrichtung, in der es um das Thema Dialekt ging, sagte eine Mutter nach der Veranstaltung: „Lieber schwäbisch gschwätzt als vornehm hochdeutsch gschwiega." Bereits Kinder nehmen Dialekt wahr. *Julian* imitiert seinen Vater: „Des war et schlecht." Zwei Sekunden später sagt er: „Ach, das war ja schwäbisch!"

Ein eigenes Sprachenportrait zu erstellen, kann für pädagogische Fachkräfte ebenfalls eine gute Möglichkeit sein, über die Bedeutung von Sprachen in der eigenen Lebenswelt zu reflektieren (Abb. 4).

Eine pädagogische Fachkraft mit Erstsprache Sizilianisch erzählte in einer Fortbildung, dass ihre Erstsprache nicht Italienisch, sondern Sizilianisch sei. Die Sprachen würden sich unterscheiden. Außerdem sei sie in Deutschland geboren und aufgewachsen, so dass die deutsche Sprache für sie ebenfalls sehr bedeutsam sei. Im Herzen siedelt sie Italienisch und Sizilianisch an. Deutsch sei ihre Bildungssprache. Sie habe sich für ein Auslandssemester bewusst in Italien (Mailand) entschieden, dort jedoch gemerkt, dass sie sich in ihrer kulturellen und sprachlichen Lebenswelt zwischen Italien, Sizilien und Deutschland bewege. In Mailand habe sie die Rückmeldung erhalten, sie sei keine „richtige" Italienerin. Sie habe verstanden, dass ihre Lebenswelt genau zwischen diesen Kulturen und Sprachen liege.

Zwischen den Kulturen und den Sprachen lebt auch eine andere pädagogische Fachkraft. Wenn sie in die Türkei fahre, würden die Menschen dort hören, dass sie aus Deutschland komme: In Deutschland lebende Türken werden als „Almancı" bezeichnet. Ihr Türkisch unterscheidet sich teilweise in der Aussprache und im Wortschatz vom Türkei- bzw. „Originaltürkisch". Dies würde in zahlreichen Familien zu Konflikten und Identitätsproblemen führen.

Leeres Sprachenportrait zum Ausfüllen

Meine Sprachen (auch Dialekt)

Abb. 4: Leeres Sprachenportrait zum Ausfüllen

Eine weitere pädagogische Fachkraft wählte beim Sprachenportrait die Farbe Blau, um die Bedeutung der deutschen Sprache für sich zu verdeutlichen: Kopf, Hände und Füße habe sie blau gemalt, denn mit Deutsch verbinde sie „Vernunft". Sie brauche die deutsche Sprache als „Handwerkszeug". Als Sprachförderkraft habe sie Vorbildfunktion für Kinder und pädagogische Fachkräfte. Im Herzen siedele sie das Schwäbische an. Das rote Herz symbolisiere ihren emotionalen Bezug zum Schwäbischen. Für eine andere Sprachförderkraft ist das Schwäbische nicht nur im Herzen, sondern überall bedeutsam. Sie spreche und denke auf Hochdeutsch und Schwäbisch. Eine weitere Fachkraft schreibt, sie sei von Kopf bis Fuß deutsch, sie denke und spreche aber auch schwäbisch. Schwäbisch sei auch in ihrem Herzen. Englisch spreche sie, wenn sie ihren Bruder in Amerika besuche. In einigen wenigen Sprachenportraits führen die pädagogischen Fachkräfte die Sprachen der Kinder aus ihrer Kindertageseinrichtung an, die für sie auch bedeutsam sind.

Durch die Auseinandersetzung mit dem eigenen Sprachenportrait erkennen pädagogische Fachkräfte, dass Mehrsprachigkeit selbstverständlicher ist als Einsprachigkeit und dass die sprachlichen Fähigkeiten in verschiedenen Sprachen sich auch verändern je nach aktuellen Kommunikationsmöglichkeiten.

Ausgehend von der Auseinandersetzung mit dem eigenen Sprachenportrait bietet sich ein Blick in die Literatur an. In Fortbildungen wurden exemplarisch zwei Definitionen von Mehrsprachigkeit (Abb. 5) diskutiert und verglichen:

Welche Aussage ist treffend für Ihre Mehrsprachigkeit? Welche Definition ist treffend für die Mehrsprachigkeit der Kinder in Kindertageseinrichtungen?	
„Bilingualismus ist auf der Welt nicht die Ausnahme, sondern die Regel, jedenfalls wenn man ihn im weitesten Sinn definiert, nicht im engen idealen Sinn, der beständigen muttersprachgleichen Beherrschung zweier Idiome. Im engen Sinn bilingual ist fast niemand; im weiteren Sinn ist es fast jeder." (Zimmer 2004, S. 217)	„Ein Mensch kann als mehrsprachig gelten, wenn er oder sie zwei (oder mehr) sprachliche Wissenssysteme so weit erworben hat, dass er/sie mit monolingualen SprecherInnen in beiden Sprachen problemlos kommunizieren kann." (Tracy 2007, S. 49)

Abb. 5: Definitionen von Mehrsprachigkeit im Vergleich

In Fortbildungen gibt es zahlreiche pädagogische Fachkräfte, die noch nie bewusst eine längere Passage in der Erstsprache der Kinder gehört haben, die die Kinder in ihrer Einrichtung sprechen. Wenn sie einen Text hören, steigt in der Regel die Achtung und somit auch die Wertschätzung der Eltern und ihrer Kinder, die Deutsch nicht als Erstsprache sprechen. Die pädagogischen Fachkräfte erkennen, dass die Kinder keine Satz- und Wortgrenzen hören und dass sie einzelne Laute kaum heraushören können. Meist haben sie sich auch noch nicht mit den Unterschieden zwischen Deutsch und den Sprachen der Kinder beschäftigt. Stellt man ihnen exemplarisch einen Sprachvergleich vor (vgl. Kap. 3 und 4), erkennen sie, was Kinder leisten, die mit mehreren Sprachen aufwachsen.

Beeindruckend ist es, wenn pädagogische Fachkräfte selbst mehrsprachig aufgewachsen sind oder über eine andere Erstsprache als Deutsch verfügen. Sie können meist sehr differenziert einige Unterschiede zwischen der deutschen Sprache und ihrer Erstsprache nennen. Manchmal stellen sie auch dar, wie in ihren Familien die Wertschätzung ihrer Erstsprache und die der deutschen Sprache aussehen.

Eine Teilnehmerin einer Fortbildung erlernte die deutsche Sprache erst mit 18 Jahren nach ihrem Umzug nach Deutschland. Sie habe sich die deutsche Sprache selbst beigebracht. Als ihre Tochter sechs Jahre später auf die Welt gekommen sei, habe sie mit ihr nur Deutsch gesprochen, obwohl sie sich mit ihrem Mann auf Russisch unterhalte. Heute sei ihre Tochter acht Jahre alt, und sie würden miteinander Russisch und Deutsch sprechen. Sie lese ihr auch russische und deutsche Bücher vor. Ihr jüngerer Sohn dagegen weigere sich, Russisch zu sprechen. Ihm würde es bedeutend schwerer fallen, zwei Sprachen gleichzeitig zu erwerben.

Eine andere pädagogische Fachkraft mit guten Deutschkenntnissen, aber mit Akzent, erlebt es oft, dass sich Kinder mit Deutsch als Zweitsprache in emotional schwierigen Situationen zu ihr stärker hingezogen fühlen als zu den nur deutsch sprechenden Kolleginnen. Es würden auch Kinder zu ihr kommen, deren Erstsprache sie nicht spricht. Diese Kinder würden sie einerseits als Erwachsene sehen, andererseits würde sie eben nicht so „perfekt“ wie die anderen Erwachsenen sprechen.

Bei Fortbildungen wurde darüber gesprochen, warum Menschen in ein anderes Land ziehen und ihre Heimat verlassen. Als Gründe werden u. a. genannt:

- Ich wollte noch etwas von der Welt sehen.
- In meiner Heimat werde ich aus religiösen/politischen Gründen verfolgt.
- In meiner Heimat ist Krieg.
- Mit meiner Meinung passte ich nicht zur Staats- und Parteimeinung, und ich durfte nicht studieren.
- Ich habe mich verliebt, und nun haben wir beide zwei Zuhause.
- Anfang der 70er-Jahre verlor ich meine Arbeit, also war meine Existenz bedroht.
- Als Rentner unter südländischer Sonne lässt es sich billiger leben.
- Meine Eltern gingen als Gastarbeiter nach Deutschland, und ich wollte nicht ewig bei meinen Großeltern bleiben.
- Ich dachte, ich könnte woanders gebraucht werden und etwas Sinnvolles tun.
- ...

Durch den Blick auf die Mehr- und Einsprachigkeit der Kinder überzeugt es pädagogische Fachkräfte, nach Erst-, Zweit- und Familiensprachen der Kinder zu fragen und sich auch hierüber mit Eltern auszutauschen. Die Frage nach den Erstsprachen der Kinder und vor allem nach den Familiensprachen ist nicht immer üblich, berichten viele Fachkräfte. Es wird jedoch in den Diskussionen der Fortbildungen deutlich, dass letztendlich die Eltern entscheiden, in welcher Sprache sie mit ihren Kindern sprechen, welche Sprache die Familiensprache ist und ob sie ggf. die Familiensprache wechseln (vgl. Mast 2012).

Michelles Mutter berichtet, dass ihre nun 5;10 Jahre alte Tochter in Deutschland geboren ist und inmitten von drei Kulturen aufwächst. Die Mutter stammt aus Polen, der Vater aus Italien. Sowohl die polnische wie auch die italienische Großfamilie leben seit über 20 Jahren in Deutschland. Bis zu ihrem ersten Lebensjahr sprachen die Eltern jeweils in ihren Erstsprachen mit dem Mädchen. Die Familiensprache war von Anfang an Deutsch. Durch den Besuch der Kindertageseinrichtung im Alter von acht Monaten verstärkte sich das deutsche Umfeld für das Mädchen. In der Folgezeit sei es für die Eltern immer schwieriger geworden, mit ihr in ihren Erstsprachen zu sprechen, da sie immer auf Deutsch antwortete. So trafen die Eltern die Entscheidung, nur noch deutsch mit ihrer Tochter zu sprechen. Die Mutter sagte: „Ich hab gemerkt, da kommt nicht wirklich was zurück auf Polnisch. Also haben wir beschlossen, es zu lassen. (...) Für mich ist Deutsch auch eine Gefühlssprache ... Ich lebe auch schon so lange hier." (Mast 2012, S. 57) Michelles Mutter ist bereits mit zwölf Jahren nach Deutschland gekommen und beherrscht die deutsche Sprache sehr gut. Michelles Vater ist in Deutschland geboren. Er spricht nach Aussage seiner Frau „etwas fehlerhaftes Deutsch" mit „falschen Artikeln" und einem geringen Wortschatz. Michelle gebraucht die Sprachen der Eltern nicht aktiv, doch werde sie fast täglich mit ihnen konfrontiert. Die Mutter mache sich manchmal Vorwürfe, dass sie ihre Tochter nicht mehrsprachig erziehe – vor allem in jenen Momenten, in denen Michelle sich zurückzieht, wenn sie von ihren Verwandten in polnischer oder italienischer Sprache angesprochen wird und diese nicht versteht (ebd.). Dass ihr der Erwerb der deutschen Sprache nicht leicht fällt, zeigt Mast beeindruckend auf.

In Fortbildungen gaben pädagogische Fachkräfte an, folgende Kompetenzen erworben zu haben:

- Spracherwerb ist gleich Kulturerwerb.
- Die Sprachbiografie eines Kindes zu kennen, ist wichtig.
- Sich mit der Kultur der Kinder zu beschäftigen
- Mehr über die Sprachbiografie der Kinder zu erfahren
- Kulturelle Vielfalt beachten
- Biografische Daten der Kinder sind wichtig.
- Interkulturelle Kompetenz erwerben

Welche Möglichkeiten bestehen, auf die Kulturen und Sprachen der Kinder in den Kindertageseinrichtungen einzugehen, wird in den nächsten Kapiteln dargestellt.

Zentrale Begriffe zur Mehr- und Einsprachigkeit

Erstsprache (Muttersprache)
ist die Sprache, die zuerst erworben wird und die emotional besetzt ist. Es handelt sich nicht immer um die Sprache, die bevorzugt oder am besten gesprochen wird.

Zweisprachigkeit (L 2)
setzt voraus, dass bereits eine erste Sprache (L 1) in Grundzügen erworben ist.

Zentrale Begriffe zur Mehr- und Einsprachigkeit

Doppelter Erstspracherwerb
ist der gleichzeitige Erwerb zweier Sprachen (fast) von Geburt an bzw. vor dem 3. Lebensjahr.

Natürliche Zweisprachigkeit
ist die (ungesteuerte) Aneignung einer zweiten Sprache ohne formale Unterweisung.

Familiensprache
ist die Sprache, die in der Familie primär gesprochen wird und nach Möglichkeit von allen Familienmitgliedern beherrscht wird. Sie ist emotional besetzt und knüpft an kulturelle Normen an. In zahlreichen Familien gibt es „mehrere" Familiensprachen. In manchen Familien wechselt die Familiensprache. Es gibt auch Kinder ohne feste Familiensprache.

Doppelte Halbsprachigkeit/Doppelte Sprachverarmung
liegt vor, wenn die souveräne Verfügbarkeit der Sprachen betroffen ist. Sprecherinnen verfügen in beiden Sprachen über eingeschränkte kommunikative Möglichkeiten (Luchtenberg 1995, S. 44). Eine Sprachverarmung kann auch bei einsprachigen Menschen vorkommen.

Fremdsprachenerwerb
Sprachen, die hauptsächlich durch Unterricht erworben werden; sie sind meist nicht identisch mit der Landessprache.

Fossilierung
Lerner stagnieren in ihrem (Zweit-)Spracherwerb. Dies zeigen z. B. folgende Äußerungen von erwachsenen Analphabetinnen, die auch in ihrer Erstsprache nicht alphabetisiert sind:

Frau G.: Türkei nicht Schule. 40 Jahre heute. Alleine Doktor gehen. Deutsch nicht wissen. Nix lernen.

Frau E.: 35 Jahre Deutschland. Bisschen verstehen. Ich immer Arbeit. Mein Sohn nix Arbeit heute. Sofort Arbeit. Vertrag Darmfabrik. Extra Buchstaben. Nix weiß.

Frau T.: Nur mit Hand. Ohne Sohn verhungern. Ich Männerarbeit. Deutscher Fernseher nix viel. Nix verstehen. Türkische Programm. Ich bin gut. Alles aufpassen. Ich Männerarbeit.

Code switching (Sprachwechsel)
Elemente der einen Sprache werden in eine andere Sprache eingebracht, was kommunikationsförderlich sein kann, wie das Beispiel zeigt.

K 1: Das ist Palau.

K 2: Nein, das ist Reis.

E: Sagt ihr zu Hause so?

K 1: Ja, meine Mama sagt so.

Code mixing (Mischung von Sprachen)
Es gibt Kinder, die Schwierigkeiten haben, zwischen den Sprachen zu trennen (Wacker 2010):
Cole: He geh mit, but nicht spielen.

In den Kapiteln 3 und 4 werden zu den Sprachebenen Aussprache und Grammatik wesentliche Unterschiede zwischen der deutschen Sprache und dem Russischen und Türkischen dargestellt. Gemeinsamkeiten und Unterschiede zu weiteren Sprachen können bei Bedarf nachgeschaut werden (Abb. 6).

Albanisch:	http://de.wikipedia.org/wiki/Albanische_Sprache
Arabisch:	http://de.wikipedia.org/wiki/Arabische_Sprache
Griechisch:	http://de.wikipedia.org/wiki/Neugriechische_Sprache
Italienisch:	http://de.wikipedia.org/wiki/Italienische_Sprache
Polnisch:	http://de.wikipedia.org/wiki/Polnische_Sprache
Portugiesisch:	http://de.wikipedia.org/wiki/Portugiesische_Sprache
Rumänisch:	http://de.wikipedia.org/wiki/Rum%C3%A4nische_Sprache
Russisch:	http://de.wikipedia.org/wiki/Russische_Sprache
Serbokroatisch:	http://de.wikipedia.org/wiki/Serbokroatische_Sprache
Spanisch:	http://de.wikipedia.org/wiki/Spanische_Sprache
Türkisch:	http://de.wikipedia.org/wiki/T%C3%BCrkische_Sprache

Abb. 6: Links zu Gemeinsamkeiten und Unterschieden von Sprachen

1.5 Alltags- und Spielformate als Voraussetzung für sprachliche Bildung

In den ersten Lebensjahren spielen die alltäglichen Abläufe die Hauptrolle für das Einprägen der Lebenserfahrung, und der Kontakt beschränkt sich meist auf vertraute Personen.

Lukas sprach bis zu seinem dritten Lebensjahr mit den unmittelbaren Nachbarn kein Wort. Wenn sie ihn ansprachen, blieb er stumm und wartete, bis seine Mutter das Gespräch mit ihnen beendet hatte. Kurze Zeit später sprach er immer noch nicht mit ihnen, fragte aber leise seine Mutter: „Wer ist das?" Nach einiger Zeit rief er „Hallo!" und nahm von sich Kontakt zu ihnen auf. Als die Nachbarin ein paar Tage später auf ihn zuging und mit ihm sprach, zeigte er voller Stolz seinen neuen Traktor.

Dieses Beispiel belegt, dass später ungewöhnliche Ereignisse und Routinen hinzukommen, die ins Zentrum der Selbstwahrnehmung treten (List 2011) – so der neue Traktor von Lukas.

Ben – ebenfalls im dritten Lebensjahr – ruft seiner Nachbarin zu, dass er nun Bus fährt. Dies ist für ihn ein besonderes Erlebnis, und es rückt in das Zentrum seiner Wahrnehmung.

Sprachliche Bildung ist nicht die alleinige Leistung eines Kindes, sondern ein dialogischer Prozess, an dem Kinder und die Bezugspersonen gleichermaßen beteiligt sind. Die frühkindliche Kommunikation setzt gemeinsame Handlungen voraus, in denen Kinder und ihre Bezugspersonen ihre kommunikativen Absichten einbringen. Das vorsprachliche kommunikative Handeln zwischen Kind und den Bezugspersonen bildet den Ausgangspunkt für die sprachliche Bildung, wobei Bruner (2002) eine Kontinuität zwischen vorsprachlicher Kommunikation und späteren sprachlichen Fähigkeiten sieht. Dabei passen die Bezugspersonen ihr kommunikatives Handeln an die Fähigkeiten von Kindern an, was in zur Routine gewordenen Alltagssituationen oder Formaten (Bruner 2002) möglich ist, in denen Kinder mit ihren noch begrenzten Fähigkeiten den Handlungsablauf verstehen. Die frühe Kommunikation setzt einen gemeinsamen vertrauten Kontext, die Formate, voraus, auf dessen Hintergrund die Partner ihre kommunikativen Absichten mitteilen. Diese strukturierten, routinemäßigen Abläufe nennt Bruner das Hilfssystem der sprachlichen Bildung. In Ergänzung zu den angeborenen Fähigkeiten, Sprache zu erwerben, steuert das Hilfssystem die sprachliche Bildung.

Bereits im Kleinkindalter vollziehen Kind und Bezugsperson ritualisierte Interaktionsmuster (z. B. Wickeln, Baden, Füttern), die Formate, innerhalb welcher Sprach- und Spielelemente gleichermaßen integriert sind. In diesen immer wiederkehrenden Handlungen findet eine Feinabstimmung zwischen Kind und Bezugsperson statt: Zunächst wird die Erwachsene den vermeintlich aktiveren Part an Handlung und Sprache innehaben, aber nach und nach wird ein Kind immer größere Anteile übernehmen. Mit steigenden Fähigkeiten existiert weiterhin eine Vielzahl routinierter Alltagsinteraktionen, welche den Kindern Orientierungshilfe, Gewohnheit und auch große Freude bereiten (z. B. Rituale beim Essen oder Einschlafen wie das Vorlesen einer Gute-Nacht-Geschichte oder das gemeinsame Anschauen von Bilderbüchern).
Auch im Kindergarten lassen sich eine Menge dieser wiederkehrenden Routinehandlungen feststellen (z. B. Ankommen und Begrüßung durch die pädagogischen Fachkräfte, Essenssprüche, Geburtstagslieder etc.), die je nach Konzeption der Einrichtung unterschiedliche Wertschätzung erhalten. In offenen Gruppen sind sie eher weniger vorhanden, was manche Eltern oder auch Fachdienste oft bedauern.

Bens Mutter ist Ergotherapeutin und kennt die Schwierigkeiten zahlreicher Kinder, Alltagsformate zu erwerben und einzuhalten. Ihr dreijähriger Sohn kommt in eine Kindertageseinrichtung mit einem „offenen Konzept“, dem sie eher kritisch gegenübersteht. Sie sieht jedoch, wie sich ihr Sohn seine eigenen wiederkehrenden Alltagsformate schafft. Sie bringt ihn in die Einrichtung und das Verabschiedungsritual muss immer gleich ablaufen. Danach geht er erst einmal frühstücken.

Auch andere Kinder schaffen sich eigene Formate:

Sarah und Anne sind eng befreundet. Wenn sie in die Kindertageseinrichtung kommen, gehen sie sofort in die Puppenecke, warten aufeinander und spielen dort zusammen. Ist eine von beiden noch nicht da, fragt die andere: „Noch niemand da?“

Zahlreichen Kindern fällt es schwer, sich in diese wiederkehrenden Alltagshandlungen bzw. -formate einzubringen bzw. sie für sich selbst zu schaffen. Dies wird von Fachkräften oft bestätigt.

„Nico ist ein interessierter und freundlicher Junge, der sich gegenüber vertrauten Erwachsenen aufgeschlossen verhält und sich in deren Nähe sehr wohl und geborgen zu fühlen scheint. Er genießt es, Aufmerksamkeit zu bekommen, und fühlt sich wohl, wenn sich jemand mit ihm beschäftigt und sich Zeit für ihn nimmt. Die Kontaktaufnahme zu anderen Kindern fiel Nico sehr schwer und fand fast gar nicht statt. Da er nicht wusste, wie er auf Gleichaltrige zugehen soll, entstanden immer wieder kleine Streitereien, wenn er mit anderen Kindern sein Spielzeug teilen sollte oder diese sich in eine gemeinsame Handlungssituation mit ihm begeben wollten. Während seiner Eingewöhnungsphase wirkte Nico öfter bewusst störend auf Spielsituationen anderer Kinder ein oder tat diesen, meist durch Haareziehen, weh. Insgesamt war Nico es nicht gewohnt, sich an bestimmte Regeln zu halten. Besonders auffallend in dieser Hinsicht war Nicos Essverhalten. Immer wieder warf er mit Besteck um sich, spielte mit Essen oder störte den Essensablauf durch laute Geräusche." (Schiefele 2009, S. 47 f.)

Formate stellen eine Grundlage für Dialoge mit Kindern im Elementarbereich dar. Aufgrund vertrauter Formate können Erwachsene die sprachlichen Merkmale betonen, die Kinder schon wahrnehmen und die ihren Fähigkeiten entsprechen. Formate weisen häufig den Charakter von Spielen auf. Sie sind reich an kommunikativen Austauschprozessen und stehen im engen Zusammenhang mit der kindlichen sprachlichen Bildung. „Man führt ein Spiel ein, gibt einen Rahmen, der sicherstellt, dass die Schwächen des Kindes aufgefangen und korrigiert werden können, und entfernt den Rahmen in dem Maße, in dem die Struktur ‚auf der anderen Seite' stehen kann. Dieses Übergabeprinzip ist so allgegenwärtig, dass wir es kaum bemerken." (Bruner 2002, S. 51 f.) Kinder erfahren dadurch Rollentausch und die Bezugspersonen sind in sprachlicher und nicht-sprachlicher Hinsicht Vorbild. Somit stellt Bruner einen engen Zusammengang zwischen der sprachlichen Bildung von Kindern und dem kindlichen Spiel her.

Wenn bei der Beherrschung von Alltagsformaten Schwierigkeiten in der Feinabstimmung zwischen Kindern und ihren Bezugspersonen bestehen, benötigen Kinder auch Unterstützung bei der Weiterentwicklung ihrer Spiel- und Sprachfähigkeit. Zahlreiche Kinder zeigen diese Schwierigkeiten beim Spielverhalten.

Ayla wird oft im Alleinspiel beobachtet. Sie malt und puzzelt, ohne Kontakt zu anderen Kindern aufzunehmen. Beim Memory-Spiel hält sie sich oft nicht an Regeln: Sie deckt meist mehr als zwei Karten auf und hält sich nicht an die Spiel-Reihenfolge.
Jonas kennt die Abläufe von Regelspielen. Ein gemeinsames Spiel mit anderen Kindern ist dennoch kaum möglich. Bekommt er nicht die gewünschten Karten, beendet er das Spiel.

Um sprachliche Fähigkeiten und Schwierigkeiten im Kontext der Spielfähigkeit besser verstehen zu können, ist es an dieser Stelle hilfreich, einen kurzen Blick auf einige Grundlagen aus der Spielpädagogik zu richten und wichtige Begriffe zu erläutern.

Wissenswertes aus der Spielpädagogik

Alleinspiel
meint das Spiel ohne Spielpartner. Häufig wird diese Spielform bei sehr jungen Kindern beobachtet. Aber auch bei älteren Kindern kommt es vor, dass Kinder ein Spielthema mit Spielgegenständen für sich allein spielen.

Parallelspiel
meint das Nebeneinanderspiel von jüngeren Kindern. Beide Spieler haben das gleiche Spielthema und ähnliche Spielgegenstände, eine gemeinsame Handlung zwischen den Kindern findet jedoch nicht statt.

Symbolspiel
meint das Spiel, bei dem Gegenstände für den Spielzweck umgedeutet werden, d.h., sie werden symbolisch verwendet. Beispielsweise wird eine Banane als Telefonhörer benutzt.

Regelspiel
meint das Spiel mit regelgeleitetem Ablauf, an den sich die Spielpartner halten müssen. Es wird häufig mit Spielsteinen und Spielkarten am Tisch gespielt. Auch Spiele im Sitzkreis oder im Freien, die nach Regeln gespielt werden (zum Beispiel „Der Fuchs geht um" oder „Verstecken"), zählen zu den Regelspielen.

Rollenspiel
meint das Spiel, bei dem mehrere Kinder für ein bestimmtes Thema in andere Rollen schlüpfen und die Realität fiktiv verändern. Gegenstände werden dabei häufig symbolisch verwendet und das Spielthema muss mit Hilfe von metasprachlichen Äußerungen hergestellt und eingehalten werden. Für das Gelingen des Spiels ist es wichtig, dass alle Mitspielenden auf das gleiche Spielthema und den gleichen Spielverlauf zurückgreifen.

Spielscript
Ein Script ist eine Art mentales Gerüst oder ein „Drehbuch" für den Spielablauf. Das Script beruht auf Erfahrungswissen, das sich die Kinder aus der Welt erschließen. Sie haben erfahren, wie ein Arztbesuch abläuft, und können daher aus ihrer Sicht im Spiel ein Script für das Arztspiel erstellen. Dabei ist es wichtig, dass das Script allen Mitspielenden zugänglich gemacht wird, dafür stehen ihnen metakommunikative Äußerungen zur Verfügung.

Zur Spielentwicklung
Einige Psychologen beschreiben eine Entwicklungsfolge von verschiedenen Spielphasen. Bühler, Groos und Piaget waren die ersten Vertreter der Idee, eine genaue Entwicklungsfolge der Spielphasen aufzustellen (Einsiedler 1999, S. 22). So konnten sie beobachten, dass junge Kinder über-

Wissenswertes aus der Spielpädagogik

wiegend *Alleinspiele* und später *Parallelspiele* durchführen, die im Laufe der Zeit symbolisch werden, weshalb aus dem *Symbolspiel* das *Rollenspiel* und hieraus das *Regelspiel* wird, das bei Schulkindern dann den Höhepunkt seiner Beliebtheit hat. Wie bei vielen anderen Phasenmodellen gibt es auch zu dem Spielentwicklungsphasenmodell einige Kritikpunkte, beispielsweise dass dabei das Alleinspiel als anspruchslose, sozial unreife Tätigkeit betrachtet und damit verkannt wird. Das Alleinspiel weist häufig schon bei jungen Kindern auf eine zielgerichtete Tätigkeit hin, beispielsweise das Konstruktionsspiel mit Baumaterial, das keinesfalls anspruchslos ist (Einsiedler 1999). Ebenso hat sich gezeigt, dass es bei der Förderung sinnvoll ist, für Kinder, die Schwierigkeiten mit der komplexen Rollenspielform haben, auf das Format des Regelspiels vor dem Rollenspiel zurückzugreifen. Es ist daher nicht zwangsläufig anzunehmen, dass bei der Entwicklung der Spielfähigkeit die Regelspielphase die Rollenspielphase ablöst. Auch Kinder im späteren Schulalter haben zeitweise noch großes Interesse an Rollenspielen, obwohl sie sich laut Entwicklungsfolge in der Phase der Regelspiele befinden.

Über Regelspiele und das Regelhafte im Rollenspiel

Ein Format, so wie Bruner (2002) es beschreibt, enthält wiederkehrende routinemäßige Anteile. Diese lassen sich bei Regelspielen, die nach gleichbleibenden Regeln gespielt werden, finden. Die Kinderspielforschung bemerkt, dass es charakteristisch für das Rollenspiel ist, dass es frei und spontan ist und für die Spielenden ohne Anstrengung auskommt (Garvey 1978, S. 12). Auch das Rollenspiel der Kinder hat einen großen Anteil an gleichbleibenden Abläufen. Beispielsweise müssen beim Rollenspiel „Arztbesuch" zunächst die Rollen verteilt werden: Mindestens ein Kind spielt den Arzt und ein anderes erleidet als Patient eine Krankheit oder Verletzung. Der Patient geht infolgedessen zum Arzt, wird behandelt, bekommt Medikamente und geht anschließend nach Hause. Das so ablaufende Rollenspiel enthält zudem gleichbleibende Äußerungen, ohne die ein Spielverlauf nicht möglich wäre: „Guten Tag! Wie fühlen Sie sich?", „Haben Sie sich verletzt?", „Jetzt sind sie wieder gesund!" und Ähnliches. Der Ablauf des Spielformats, der auch als Spielscript bezeichnet wird, muss sprachlich von den Spielenden hergestellt und eingehalten werden. Kinder verwenden in ihrem Spiel hierfür metasprachliche Äußerungen, die wie Regieanweisungen zu sehen sind.

Andresen (2002 a) unterscheidet hierbei zwischen expliziter und impliziter Metakommunikation. Bei der expliziten Metakommunikation verlassen die Kinder während des Spiels kurz den Spielrahmen und sprechen über den Verlauf des Spiels, wohingegen sie bei der impliziten Metakommunikation den Spielrahmen weiterentwickeln, ohne die Spielebene zu verlassen und dabei in ihrer Rollenidentität bleiben. (Andresen 2002 b, S. 40 f.) Metakommunikative Äußerungen finden häufig im Konjunktiv statt, wie zum Beispiel die Äußerung der fünfjährigen Fabienne im Krankenhausspiel: „Im Spiel wär des Krankenhaus schon fertig. Du wärst der Doktor. Der muss dann die Verletzten holen." (Menz 2008, S. 78)

Gerade die Notwendigkeit des Einsatzes von metakommunikativen Äußerungen für das Gelingen von Rollenspielen macht diese Spielform für Kinder äußerst anspruchsvoll. Die Spielform des Regelspiels hingegen bietet für Kinder meist einen einfacheren Zugang, um sich an regelhafte Abläufe in Spielen mit anderen zu gewöhnen. Auch in Regelspielen sind sprachliche Handlungen notwendig, häufig jedoch für die Kinder klarer und einfacher herzustellen: Die Regeln müssen besprochen werden; es muss geklärt werden, wer anfängt und wer dann weitermacht usw.

1.6 Schaffung von Alltags- und Spielformaten

In Fortbildungen wird immer wieder deutlich, dass pädagogische Fachkräfte davon ausgehen, Sprachförderung beginne mit dem Blick auf Sprache. So heißt es auch im Orientierungsplan für die baden-württembergischen Kindertageseinrichtungen: „Sprechen lernt man aber nur durch Sprechen." (Orientierungsplan für Bildung und Erziehung in baden-württembergischen Kindergärten und weiteren Kindertageseinrichtungen 2011, S. 92) Sprache wird nicht alleine durch Sprechen erworben, sondern ist als sprachliche Bildung in Alltags- und Spielformate mit vertrauten Personen eingebunden. Sprachliche Bildung, Sprachförderung und Sprachtherapie sind nur möglich, wenn Kinder und ihre Kommunikationspartner in gemeinsamen wiederkehrenden Alltags- und Spielformaten handeln (WiFF 2011). Kinder benötigen ebenfalls den Umgang mit anderen Kindern, denn sie können eher miteinander symmetrische Beziehungen eingehen, „weil sie sich bezüglich Vorwissen, Status und verfügbarer Macht über den anderen kaum voneinander unterscheiden". (Völkel 2010, S. 8) Deshalb ist es wichtig, Spielformate mit gleichberechtigten Spielpartnern herzustellen, damit Kinder diese Formate auch im Spiel mit anderen Kindern einbringen können.

... am Bespiel eines Memory-Spiels

Angebote zur sprachlichen Bildung und auch zur Sprachförderung beginnen bei der Auswahl von Alltags- und Spielformaten und bei der Reflexion des eigenen Sprachverhaltens. Um diese Aussage zu konkretisieren, wurde ein Memory-Spiel ausgewählt und bei Fortbildungen im Rollenspiel erprobt. Pädagogische Fachkräfte wollten zuerst nicht glauben, dass Kinder folgende sprachlichen und nichtsprachlichen Bereiche durch dieses Spielformat erwerben können. Weiterhin ermöglicht das Spiel einen Blick auf das Spiel- und Kommunikationsverhalten von Erwachsenen und ihre Fähigkeit, Kinder zu beobachten, um festzustellen, ob sie im Spielformat ihre sprachlich-kommunikativen Fähigkeiten erweitern.

Welche sprachlichen und nichtsprachlichen Fähigkeiten können Kinder durch ein Memory-Spiel erwerben?

- Beherrschung eines Spielformats
- Soziale Kompetenzen: Spielregeln einhalten, verlieren und gewinnen können
- Wortschatzerweiterung: semantisches Feld (z. B. Tiere, Spielsachen)
- Imitationsfähigkeit
  - auf der Handlungsebene
  - sprachlich: z. B. der Fisch, das Schaf, die Kuh, der Eimer, das Schiff, die Schaufel
- Erweiterung des Sprachverstehens
- Sprachliche Strukturierung von Handlungen (z. B. „Ich will noch einmal spielen!")
- Sicherung der Lese- und Schreibrichtung
- Erweiterung mathematischer Kompetenzen: z. B. Mengenerfassung, Zahlbegriff
- Feinmotorische Fähigkeiten
- Konzentration
- Merkfähigkeit

Blick auf das Spiel- und Kommunikationsverhalten von Erwachsenen

- Wie werden die Spielregeln eingeführt: handelnd und sprachlich gemeinsam?
- Wie wird die Reihenfolge des Spiels eingeführt und beibehalten?
- Werden Routineformeln angeboten (z. B. „Wer hat gewonnen?“)?
- Werden kindliche Äußerungen aufgegriffen und erweitert (Modellierungsformen)?
- Werden kindliche Fähigkeiten und ggf. ein Förderbedarf wahrgenommen?
- Erweitert das Kind seine sprachlich-kommunikativen Fähigkeiten?
  - Stellt das Kind Fragen?
  - Bildet das Kind Neuschöpfungen (z. B. „Elefantenstrohhalm“ für „Rüssel“)?
  - Imitiert das Kind Äußerungen von anderen Kindern und Erwachsenen?
- Erweitert das Kind seine sprachlich-kommunikativen Fähigkeiten (nicht)?

Es gibt pädagogische Fachkräfte und auch Sprachtherapeutinnen, die der Meinung sind, Memory zu spielen sei nicht sprachförderlich. In fast allen Einrichtungen wird Klatsch-Memory gespielt: Wenn zwei gleiche Karten aufgedeckt sind, erhält der Spieler die beiden Karten, der zuerst auf den Tisch klopft. Da es bei diesem Spiel nur um Schnelligkeit geht, ist diese Art, Memory zu spielen, nicht sprachförderlich.

Wie kann ein Memory-Spiel für die sprachliche Bildung, die Sprachförderung und die Sprachtherapie genutzt werden? Sprachförderliche Momente beginnen schon bei der Auswahl des Spiels. Erwachsene sind meist erstaunt, welche Vorüberlegungen erforderlich sind. Zahlreiche Memory-Spiele enthalten so viele Karten, dass eine Reduktion der Pärchen sinnvoll ist. Die Anzahl der gewählten Pärchen hängt von den Spielfähigkeiten der Kinder und der Erwachsenen ab. Zu Beginn ist eine Anzahl von zehn bis zwölf Pärchen ausreichend. Wachsen die Spielfähigkeiten von Kindern, wird die Anzahl erweitert. Ist eine Spielrunde zu Ende, kann sie wiederholt werden, was förderlich für Kinder ist.

Manche Abbildungen wie „Rose“ oder „Tulpe“ sind nicht geeignet, denn sie werden oft von Kindern mit dem Oberbegriff „Blume“ bezeichnet und unterscheiden sich dann sprachlich nicht voneinander. Da Begriffe und Wörter vernetzt erworben werden (vgl. Kap. 2), bietet es sich an, Wörter aus einem semantischen Feld zu wählen, z. B. „Tiere“ oder „Spielsachen“, denn Wörter erlangen in jedem Entwicklungsabschnitt eines Kindes eine neue Sinnstruktur. Es ändern sich die Zusammenhänge und Verallgemeinerungen, die hinter den einzelnen Wörtern stehen, und somit entwickelt sich die Wortbedeutung weiter. Erst langsam gewinnen Wörter eine präzise, stabile Gegenstandsbezogenheit, die mit der Sicht von Erwachsenen identisch ist. Die Kategorisierungsfähigkeit ist eine weitreichende sprachlich-kognitive Fähigkeit und Teil der Bedeutungs- und Begriffsentwicklung von Kindern. Kategorisierungen stehen im Zusammenhang mit dem „Worterinnern“. (Lurija 1986, S. 12) Ein Wort, das einer Kategorie angehört, lässt sich schneller und leichter erinnern.

Um Kindern ein strukturiertes Spielformat anzubieten, wurde das Spiel „Rategarten“ (1989) in modifizierter Form entwickelt (Füssenich/Geisel 2008). Am Beispiel von ausgewählten Begriffen zu den semantischen Feldern „Tiere“ und „Spielsachen“ werden Kindern ein Spielformat sowie gleich bleibende Äußerungen angeboten. Im ersten Teil des Spiels werden die semantischen Felder „Spielsachen“ und „Tiere“ eingeführt. Mit den Begriffen eines dieser semantischen Felder kann Memory gespielt werden. Für jedes semantische Feld gibt es zwölf Begriffe. Als Tiere wurden ausgewählt: Biene, Eichhörnchen, Ente, Fisch, Hase, Hund, Katze, Kuh, Maulwurf, Pferd, Schaf und Vogel (siehe Füssenich/Geisel 2008 ‚Semantisches Feld ‚Tiere‘ zum Spiel ‚Rategarten‘ auch im Internet).

Wenn Kinder meinen, die Tiere „Maulwurf“ und „Hase“ hätten nur zwei Beine, weil nur zwei sichtbar sind, sollten andere Abbildungen gewählt werden. Es kann jedoch auch der Unterschied zwischen der Realität und den Abbildungen am Beispiel von Spielhasen und Spielmaulwürfen besprochen werden. Ebenso sollte auf die Realität zurückgegriffen werden, wenn Kinder meinen, der Hase sei groß, weil der Hase auf dem Bild groß ist.

Bei Fortbildungen mit pädagogischen Fachkräften wird Memory in Form eines Rollenspiels gespielt. Meist werden die Tierkarten ausgewählt. Eine Mitspielerin übernimmt die Rolle der Erwachsenen, eine andere die Rolle eines Kindes, dem Memory-Spiel nicht vertraut ist, und eine dritte spielt ein Kind, das bereits über Spielfähigkeit verfügt.

Bei diesen Rollenspielen wurden folgende Spielschritte genauer betrachtet und reflektiert:

- Auswahl von Abbildungen
- Abbildungen klären und benennen
- Wer beginnt das Spiel?
- Welche Möglichkeiten gibt es, wenn Kinder Karten stumm aufdecken?
- Wie werden Spielregeln erklärt?
- Wer hat gewonnen und warum?
- Wer möchte noch einmal spielen?

Auswahl von Abbildungen

Je nach Interesse werden Abbildungen ausgewählt. Wenn es um die Erweiterung des Bedeutungserwerbs geht, sollten Begriffe aus einem semantischen Feld gewählt werden, damit Kinder leichter eine Vernetzung der Begriffe vornehmen können (vgl. Kap. 2).

Abbildungen klären und benennen

Obwohl sich pädagogische Fachkräfte einig sind, über Abbildungen zu sprechen, wird dies bei zahlreichen Spielgruppen dann doch vergessen. Um Abbildungen zu klären und zu benennen, gibt es zwei Möglichkeiten: Ein Spielformat wird eingeführt und beibehalten, wenn alle Spielpartner abwechselnd eine Karte ziehen und sie benennen. Um diese Spielrunde nicht unnötig zu verlängern, reicht es, wenn von jedem Pärchen nur eine Karte gewählt wird.

Abbildungen können auch über das Sprachverstehen gesichert werden: Von jedem Pärchen liegt eine Karte offen auf dem Tisch. Eine Mitspielerin bittet eine andere um eine Karte: „Wo ist die Kuh?" Bei beiden Vorgehensweisen wird gleichzeitig die Spielreihenfolge eingeführt, und die erwachsene Person ist bereits ein Vorbild, indem sie handelt und spricht.

Es lässt sich immer wieder beobachten, dass „Kinder" in eine Abfragesituation gebracht werden, indem ihnen einzeln Karten vorgelegt werden, die sie benennen sollen. Dadurch wird das Spielformat nicht eingehalten und es dauert lange, bis „richtig" gespielt wird. Zahlreiche Kinder sind dann nicht mehr motiviert. Wenn Kinder dieses Abfrageverhalten auf das Spiel mit anderen Kindern übertragen, führt dies zu Schwierigkeiten unter den Kindern. Oft wählen pädagogische Fachkräfte das Benennen der Abbildungen auch als Sprechimpuls, und es wird sehr ausführlich über abgebildete Tiere gesprochen. Manche Kinder werden ausgefragt, was sie alles von einem Tier wissen. Auch bei so einem Vorgehen entsteht kein Spielformat mit gleichberechtigten Partnern.

Wer beginnt das Spiel?

In fast allen Rollenspielen dürfen bei den pädagogischen Fachkräften die „Kinder" mit dem Spiel beginnen und zwei Karten aufdecken. In der Reflexion erkennen sie, dass es besser ist, als Erwachsener zu beginnen, weil dann die spielunerfahrenen Kinder ein Spiel- und Sprachvorbild erhalten. Sofern weitere Kinder mitspielen, können auch diese Kinder das Vorbild für diejenigen Kinder sein, denen das Spielformat noch nicht vertraut ist. Da die Spielfähigkeit wie die sprachliche Bildung kein Alleingang des Kindes ist, muss auch in diesen immer wiederkehrenden Handlungen eine Feinabstimmung zwischen Kind und Bezugspersonen stattfinden: Zunächst sollten Erwachsene bzw. andere Kinder den vermeintlich aktiveren Part innehaben und später den Kindern, wenn sie kompetente Spielpartner sind, die aktivere Rolle überlassen. Damit die Erwachsene auch das sprachliche Vorbild ist, sollte sie die Abbildungen zuerst möglichst kurz benennen und darauf achten, dass sie den Nominativ mit bestimmtem Artikel wählt, denn zahlreiche Kinder – nicht nur mehrsprachige – zeigen Unsicherheiten beim Bedeutungserwerb und in der Verwendung vor allem von bestimmten Artikeln. Beim Spiel ist bereits zu erkennen, ob Kinder ihr sprachliches Vorbild imitieren, ob sie die Abbildungen kennen und benennen können und ob sie die entsprechenden Artikel äußern.

In einigen Fortbildungsgruppen wurde lange darüber diskutiert, ob die Erwachsenen und auch die Kinder in vollständigen Sätzen sprechen müssten. Der Hinweis, dass in der mündlichen Sprache nicht der Satz, sondern die Äußerung die Einheit ist und dass die eigene Sprache sich zuerst den Fähigkeiten des Kindes anpassen sollte, überzeugt meistens (vgl. Kap. 2). Die pädagogischen Fachkräfte stimmten zu, dass zahlreiche Kinder mit dem Bedeutungserwerb und den Artikeln Schwierigkeiten haben. Bei zunehmenden Spiel- und Sprachfähigkeiten von Kindern erweitert sich auch das Sprachangebot an die Kinder.

Welche Möglichkeiten gibt es, wenn Kinder Karten stumm aufdecken?
Alle pädagogischen Fachkräfte kennen Kinder, die trotz eines optimalen Spiel- und Sprachangebots immer Karten stumm aufdecken. Es bietet sich an, Modellierungsformen einzusetzen, z. B. die Handlung eines Kindes sprachlich zu begleiten: „Das ist die Katze." Auch die Alternativfrage „Ist das die Katze oder der Hund?" (vgl. Kap. 2.4.1) kann einem Kind zeigen, dass in diesem Spielformat das Handeln sprachlich begleitet wird. Bei manchen Kindern ist es erforderlich, einige Spielrunden abzuwarten, bis sie sich am Spiel- und Sprachhandeln der Mitspielerin orientieren. Bei diesem Spielformat zeigt sich, welche Abbildungen Kinder kennen, welche sie zu Beginn nicht kennen und welche sie durch das Spiel kennen lernen.

Den Erwachsenen fiel es im Rollenspiel nicht leicht, ihr Spielverhalten sprachlich zu begleiten und immer den entsprechenden Begriff mit bestimmtem Artikel zu äußern, um ein Spiel- und Sprachvorbild für Kinder zu sein. Hierüber waren sie selbst erstaunt. Manche zeigten auch durch ihr nonverbales Verhalten, dass dies für sie keine echte Spielsituation war, sondern eine Fördersituation, in der sie das Spiel benutzten. Sie schauten z. B. nur das „Förderkind" an und hatten auch manchmal Schwierigkeiten, die Spielreihenfolge einzuhalten, weil sie nur auf dieses „Kind" fixiert waren.

Wie werden die Spielregeln erklärt?
Spielpartner benötigen Spielregeln, die sie kennen und auf die sie sich einigen. Beim Memory-Spiel lauten sie:

1. Die Einhaltung der abwechselnden Reihenfolge des Kartenspiels
2. Das Zurücklegen der gezogenen Karten an ihren ursprünglichen Platz
3. Aufgedeckte Karten nicht verraten
4. Bei erfolgreichem Finden eines Pärchens darf derselbe Spieler noch einmal zwei Karten aufdecken.

In einigen Spielen wurden Spielregeln nicht thematisiert und stillschweigend vorausgesetzt. Es zeigten sich dann oft Unstimmigkeiten beim Spiel: Z. B. waren sich einige Spielpartnerinnen nicht einig, wie oft man aufdecken kann, wenn ein Pärchen gefunden wurde. Einige pädagogische Fachkräfte klärten die Regeln vor dem Spiel und merkten dann, dass dies eine Überforderung für manche Kinder darstellte. Andere fragten „Kinder" nach den Regeln. Im Gespräch wurde deutlich, dass es auch Kinder gibt, die die Regeln nicht kennen bzw. sie abwandeln oder die Spielregeln so erklären, dass sie für andere Kinder nicht verständlich sind.

Wer hat gewonnen und warum?
Es gibt verschiedene Möglichkeiten zu klären, wer beim Spiel gewonnen hat. In manchen Kindertageseinrichtungen ist es üblich, dass jeder Spieler seine Kärtchen auf je einen Stapel legt. Wer den höchsten Stapel hat, hat gewonnen. Es wurde gemeinsam überlegt, welche anderen Möglichkeiten es noch gibt, die Gewinner zu bestimmen. Doch welche Einheit wird beim Finden des Gewinners zugrunde gelegt? Es ist das Pärchen, da es beim Memory-Spiel um die gefundenen Pärchen geht. Es gibt auch die Möglichkeit, dass eine Spielerin ihre Pärchen nebeneinander in eine Reihe legt und die

anderen Spielerinnen ihre Pärchen in einer anderen Reihe darunter legen. Es wird anschließend mit Kindern besprochen, welche Spielerin mehr bzw. weniger Pärchen hat, d. h., welche Reihe länger bzw. kürzer ist. Es besteht die Möglichkeit, dass jede Mitspielerin ihre Pärchen zählt. Wer die meisten Pärchen hat, ist Gewinner. Wenn Pärchen aus Kindersicht von links nach rechts gelegt und gezählt werden, ist die Lese- und Schreibrichtung berücksichtigt. Erwachsene zählen meist von links nach rechts. Doch wenn Kinder ihnen gegenübersitzen, sieht es für diese aus, als würden die Mitspielerinnen von rechts nach links zählen.

Wer möchte noch einmal spielen?
Bei fast allen Spielen ist die Sprache handlungsbegleitend wichtig. Es gibt aber auch bei allen Spielen Spielschritte, die nur sprachlich geklärt werden können. Dies sind beim Memory-Spiel folgende:
- Wer teilt die Karten aus?
- Wer fängt an?
- Wer hat gewonnen?
- Wer möchte noch einmal spielen?

Andreas (A) konnte zu Beginn des Spiels diese Handlungsschritte sprachlich nicht strukturieren. In einem gemeinsamen Spiel mit einer Erwachsenen (E) erwarb der Junge diese Handlungskompetenz. Die Erwachsene bestimmte im ersten Spiel, wer beim nächsten Spiel anfing. Bei den folgenden Spielen stellte sie dem Jungen die Fragen: „Willst du anfangen?“ bzw. „Wer darf beginnen?“ Beim sechsten Spiel bestimmte der Junge selbst, wer die nächste Runde einleitet.

1. Spiel	E:	Du darfst anfangen!
2. Spiel	E:	Willst du anfangen?
	A:	Ja.
3. Spiel	E:	So, Andreas, wer fängt an? Du oder ich?
	A:	Ich.
4. Spiel	E:	Wer darf anfangen?
	A:	Du.
5. Spiel	E:	Und die letzte Karte kommt in die Mitte.
	A:	Du komme.
6. Spiel	A:	Du anfange.

Bei den ersten Spielen wählte die Erwachsene konstante wiederkehrende Äußerungen, in den Situationen, die sprachlich geklärt werden, und überließ dem Jungen zunehmend die Entscheidung. Nachdem Andreas mit den Spielregeln und dem Handlungsverlauf vertraut war, konnte er die Initiative übernehmen. Er hatte somit gelernt, dass Sprache auch die Funktion hat, Handlungen zu strukturieren (vgl. Kap. 2) und dass sie nicht nur handlungsbegleitend ist. Seine Äußerungen entsprechen grammatisch zwar nicht der Erwachsenennorm, erfüllen aber eine wichtige kommunikative Funktion, die erst einmal wichtiger ist als grammatische Korrektheit:
Du.

Du anfang(en).
Ich komm.
Du kann net.
Du wonnen.
No mal.
Du ha gewonnen.

Kinder, die eine Unterstützung bei der sprachlichen Bildung benötigen, brauchen eine Strukturierung von Alltags- und Spielformaten, damit sie ihre Fähigkeiten weiterentwickeln können. Dies setzt voraus, dass Erwachsene ihr eigenes sprachliches Handeln reflektieren und sich sprachunterstützend äußern. Einige typische Stolpersteine im sprachlichen Handeln von Erwachsenen sind im folgenden Überblick dargestellt.

Stolpersteine	Besser ist …
Das Spiel enthält zu viele Pärchen.	Weniger Pärchen auswählen. Lieber noch einmal spielen.
Abbildungen werden nicht besprochen, oder Bildkarten werden Kindern einzeln vorgelegt, und sie müssen sie benennen (Abfragesituation). Es müssen von jedem Pärchen beide Karten benannt werden, so dass es lange dauert, bis das Spiel beginnt. Spiele werden als „Sprechanlass“ missbraucht. Kinder dürfen mit dem Spiel beginnen und erhalten somit kein Spiel- und Sprachvorbild.	Abbildungen klären: 1. Um Abbildungen zu sichern, nehmen alle Spieler abwechselnd eine Karte und benennen sie. 2. Abbildungen können auch über das Sprachverstehen gesichert werden: Von jedem Pärchen liegt eine Karte offen auf dem Tisch. Eine Mitspielerin bittet eine andere z. B. mit der Frage um eine Karte: „Wo ist die Kuh?“ 3. Die Rolle als gleichberechtigte Spielpartnerin einführen und beibehalten.
Erwachsene achten bei ihren sprachlichen Äußerungen nicht auf die bestimmten Artikel oder verwenden verschiedene Wörter, so dass sich der Artikel jedes Mal ändert, z. B. der Hund, das Hündchen, die Hunde.	Sich vor dem Spiel Äußerungen überlegen und sie konsequent verwenden, z. B.: „Das ist die Katze“ oder „der Hund“.
Spielregeln werden vor dem Spiel rein sprachlich erklärt. Kind wird abgefragt, ob es die Spielregeln kennt.	Spielregeln während des Spiels erklären, auch wenn die mitspielenden Kinder meinen, sie kennen die Regeln. Oft sind sie doch nicht bekannt, oder es gibt verschiedene Spielvarianten.
Situationen, in den Handlungen sprachlich strukturiert werden, werden nicht als sprachförderliche Situationen gesehen.	Kindern modellierende Äußerungen anbieten, um Spielschritte sprachlich zu strukturieren.
Die Klärung, wer gewonnen hat, wird nicht als Situation erkannt, in denen Kinder sprachliche und nichtsprachliche Fähigkeiten erwerben können.	Mit Kindern gemeinsam nach Möglichkeiten suchen, wie festgestellt wird, wer gewonnen hat, und diese Möglichkeiten gemeinsam begründen.

… am Beispiel eines Einkaufsspiels

In zahlreichen Veröffentlichungen (Best u. a. 2011) und auch in Fortbildungen wird die Bedeutung von Dialogen mit Kindern für die sprachliche Bildung, für die Sprachförderung und auch für die Sprachtherapie betont. Doch wie sieht es mit der Dialogfähigkeit der Erwachsenen im Umgang mit Kindern aus?

Voraussetzung für die Interaktionen zwischen Kindern und pädagogischen Fachkräften ist ein Vertrauensverhältnis, das sich auf Seiten des Kindes langsam entwickelt und auch zuerst über nonverbale Kommunikation stattfindet (vgl. Kap. 2). Kinder zum Sprechen aufzufordern oder zum Nachsprechen zu drängen, kann nicht erfolgreich ein, wenn sprachliche Bildung ernst genommen wird. Dementsprechend beginnt die Unterstützung der sprachlichen Bildung bei der Reflexion des Kommunikations- und Sprachverhaltens der erwachsenen Kommunikationspartnerin. Remsperger (2012; 2007) stellt als Hilfe die „Teaching Storys“ aus Neuseeland (Carr 2001) dar, in denen Erwachsene das eigene Sprachhandeln anhand von Fragen reflektieren können. Die Methode der „Teaching Storys“ kann frei übersetzt werden als Bildungs- und Lerngeschichten der pädagogischen Fachkräfte. Zur pädagogischen Arbeit gehören nicht nur die Bildungs- und Lerngeschichten der Kinder (Leu u. a. 2007), sondern auch die der Erwachsenen, die die Beziehung zu den Kindern reflektieren. Der enge Zusammenhang zwischen den Bildungs- und Lerngeschichten beider Gruppen wird an hypothetisch gestellten Fragen von Kindern an die Erwachsenen sichtbar:

1. Kennst du mich und meine Interessen?
2. Kann ich dir vertrauen?
3. Ermunterst du mich, über Neues nachzudenken und Unbekanntes auszuprobieren?
4. Hörst du mir zu und reagierst du auf mich?
5. Unterstützt du mich dabei, ein Teil der Gruppe zu sein?

In Fortbildungen wurde die vierte Frage „Hörst du mir zu, und reagierst du auf mich?“ aufgegriffen und am Beispiel eines Einkaufsspiels (Füssenich/Heidtmann 1984) diskutiert. Das Beispiel ist von Angela Möllmanns und Heiko Rodenwaldt (1982) übernommen und wurde geringfügig in der Transkription verändert. Das Einkaufsspiel findet zwischen einer Erwachsenen als Verkäuferin und einem Kind, das die Rolle des Einkäufers übernimmt, statt. Die Aufnahme wird vorgespielt und die pädagogischen Fachkräfte verfolgen den Ablauf anhand der Transkription (Abb. 7).

	K	Guten Tag!		Ein/Zwei Kasten Eier/	Dut.
1	E		Guten Tag, Herr Werner! Wie geht's Ihnen denn?		Wie geht's Ihnen denn, Herr
	K		Hm.	Ja.	Danke schön. Und dann
2	E	Werner. Gut geht's Ihnen.	Zwei Kartons Eier brauchen Sie?	Bitte schön.	
	K	noch fünf Bonbons/		Ja.	Und dann wollt
3	E		Jaa. Haben Sie denn inzwischen bereits fünf Kinder?	/_1Ja?1_/	

	K	ich fünf Tuchen backen. Jaa. Jaa. Für jeden Tind ein
4	E	/_2Fünf Kuchen?2_/ Für jedes Kind einen Kuchen?
	K	danzen Tuchen. Jaa. Jaa. ((lacht)).
5	E	Alle zusammen? (Hm.) Das ist ja ein Ding. Und dafür brauchen Sie die ganzen Eier?
	K	Und dann eine Dode Fanta/Zwei Doden. Und dann. eine /und ein/ und ein Tasten Butter.
6	E	Zwei Dosen / _3Fanta. (Hm)..3_ / Hier so
	K	Ja. Das wär alles. Nein.
7	E	eine Dose Margarine? Hm. Das ist schon alles? Brauchen Sie denn sonst nichts mehr?

Das Einkaufsspiel setzt die Erwachsene fort, obwohl das Kind bereits durch die Äußerung „ Das wär dann alles“ mitteilt, das es nicht mehr einkaufen will. Das Kind kündigt noch zwei weitere Male das Gesprächsende an, indem es erneut „Das wär dann alles“ äußert. Das Kind „muss“ sich weiterhin unterhalten, denn es wird gefragt, was es am Wochenende macht: „Was machen Sie denn jetzt am Wochenende?“ Es antwortet und erzählt, dass es kochen muss, weil die Kinder krank sind. Es lässt sich somit weiterhin auf das Spiel und auf das Thema der Erwachsenen ein, äußert aber keine Ankündigung des Spielendes mehr, sondern verabschiedet sich abrupt, in dem es sagt: „Auf Wiedersehen“.

/_1 anzweifelnd
/_2 erstaunt
/_3 spricht langsam

Abb. 7: Auszug aus dem Transkript eines Einkaufsspiels zwischen einer pädagogischen Fachkraft und einem Kind (Möllmanns/Rodenwaldt 1982, vgl. auch Füssenich/Heidtmann 1984)

In fast allen Fortbildungen wird im Gespräch zuerst das sprachliche Handeln des Kindes angesprochen: Es ist auffällig, weil einige Wörter falsch ausgesprochen werden, z. B. meint das Kind „Reis“, sagt aber „Heis“. Manche Wörter werden nicht korrekt verwendet, z. B. sagt das Kind „Kasten“ anstelle „Päckchen“. Dagegen wird das Sprachverhalten der Erwachsenen fast nur positiv hervorgehoben: Es ist sprachförderlich, denn die Erwachsene ist auf das Kind eingegangen und hat es zum Sprechen animiert. Selten wird positiv von den sprachlichen Fähigkeiten des Kindes gesprochen.

Anschließend werden in den Fortbildungen die **Grundlagen der Gesprächsführung** besprochen: Ein Gespräch ist eine mündliche Kommunikation zwischen zwei oder mehreren Personen, die abwechselnd die Sprecher/Zuhörer-Rolle übernehmen. Als dialogfähig bezeichnen Dietrich Boueke und Wolfgang Klein (1983) Personen, die über die Fähigkeit verfügen, sprachliche Äußerungen innerhalb eines Handlungskontextes zu äußern und die der Kommunikationspartner zu verstehen. Dazu gehört auch die Fähigkeit, Interaktionsmuster zu kennen und entsprechend anzuwenden. Dies sind vor allem die Regeln der Gesprächsführung (Henne/Rehbock 2001).

Jede Kommunikation findet als Abfolge von aufeinander bezogenen Äußerungen statt. Als Teilnehmer der Kommunikation sind abwechselnd Sprecherin, Adressat und ggf. weitere Sprecherinnen involviert. Das wichtigste formale Merkmal von mündlichen Gesprächen ist der Wechsel des Gesprächsbeitrags von einer Sprecherin zur nächsten (Sprecherwechsel). Die Grundeinheit eines Gesprächs ist die Äußerung. Sie kann minimal sein, unter Umständen ist sie auch nichtverbaler Art, da sie auch z. B. durch Nicken ausgedrückt werden kann. Eine Äußerung kann aber auch aus mehreren Sätzen bestehen. Jede Äußerung hat mindestens eine kommunikative Funktion, z. B. eine Bitte äußern (vgl. Kap. 2.2).

Sofern sich Gesprächspartner auf ein gemeinsames Gespräch einlassen, ist die Abfolge von Redebeiträgen ein weiteres Merkmal von Gesprächen. Mit dem Begriff „Gesprächssequenz" werden Gesprächsschritte mehrerer Gesprächspartner zu Einheiten zusammengefasst. Damit ist gemeint, dass auf eine bestimmte Äußerung, z. B. auf eine Begrüßung, eine Begrüßung folgt und somit die Gesprächsbereitschaft der Kommunikationspartner gesichert ist. Wer auf einen Kommunikationsappell reagiert, ist bereit zu kommunizieren und bereitet somit den nächsten Gesprächsschritt vor: die Einführung eines gemeinsamen Themas. Das Ende eines Gesprächs erfordert mindestens zwei Gesprächssequenzen. Die Ankündigung des Gesprächsendes erfolgt über eine vorbereitende Äußerung. Die Gesprächspartnerin hat daraufhin die Möglichkeit, durch eine vergleichbare Äußerung mitzuteilen, dass sie das Gespräch fortsetzen möchte. Macht sie dies nicht, endet ein Gespräch, indem sich die Gesprächspartner verabschieden. Werden diese Regeln der Gesprächsführung nicht eingehalten, führt dies auf Seiten der Kommunikationspartner oft zu Verunsicherungen. Abb. 8 gibt einen Überblick über Gesprächssequenzen. Beispiele aus den Einkaufsspielen von Angela Möllmanns und Heiko Rodenwaldt (1982) zeigen, wann diese Regeln der Gesprächsführung eingehalten bzw. wann sie verletzt werden.

Gesprächssequenzen	eingehalten	nicht eingehalten
Sicherung der Kommunikationsbereitschaft	E: Guten Tag, Herr Werner. K: Guten Tag.	E: Guten Morgen, Frau Paulus. K: -----
Einigung auf ein Thema	K: Ja, ich komme dann morgen noch mal her. E: Morgen habe ich zu.	E: Ich habe Sie ja schon lange nicht mehr gesehen. K: Tie teuer it dat?
Korrespondierende Äußerungen	E: Was darf es sein? K: Bonbons	K: Zwei Kasten Eier. E: Zwei Kartons Eier. K: Ist das mehr? E: Was brauchen Sie sonst noch?
Ankündigung eines Gesprächsendes	E: Haben Sie schon alles eingekauft? K: (nickt)	K: Mehr nicht. So das genügt. E: Ja, brauchen Sie denn nicht noch Reis?
Gesprächsende	K: Auf Wiedersehen. E: Auf Wiedersehen.	E: Auf Wiedersehen. K: ------

Abb. 8: Regeln der Gesprächsführung

Bei dem abgedruckten Einkaufsspiel kündigt das Kind dreimal das Spiel- und Gesprächsende mit der Äußerung „Das ist alles“ an. Doch diese Ankündigung des Spiel- und Gesprächsendes wird von der erwachsenen Mitspielerin nicht akzeptiert. Das Kind muss jedes Mal das Spiel und das Gespräch fortsetzen. Es lernt hinzu und beendet danach ohne vorherige Ankündigung das Spiel und somit das Gespräch, in dem es „Auf Wiedersehen“ sagt..
Nach der Besprechung der Gesprächsregeln erkennen die pädagogischen Fachkräfte, dass im Einkaufsspiel die Erwachsene kein gutes Modell für den Erwerb von Gesprächsregeln ist. Bei Fortbildungen schließt sich immer eine lange Diskussion an und zeigt die Betroffenheit der Erwachsenen, wenn sie erkennen, dass sie im Umgang mit Kindern die Regeln der Gesprächsführung oft nicht einhalten.

1.7 Kinder in ihrer Lebenswelt

Gemeinsam ist den folgenden Kindern, dass sie zwischen vier und fünf Jahre alt sind und sich einer verpflichtenden Sprachstandsdiagnose unterziehen müssen, wie sie viele Bundesländer vorsehen. Kann ein Verfahren mit einer Momentaufnahme die sprachliche Bildung und die Notwendigkeit einer Sprachförderung oder ggf. einer Sprachtherapie erfassen?

Adims Äußerungen sind nicht immer verständlich: „Wenn da in ein sechs ist, muss man ein eine andere Bausachen bauen“ und „Man hat so gedenkt zum gebaut so somit fünf Teile so so so und so ein und so und so. Gedenkt.“. Wenn ihm Begriffe und Wörter fehlen, ersetzt er sie oft durch die Floskel „So, so und so“, was seine Sprache unverständlich macht. Äußerungen von Kindern und Erwachsenen versteht er oft nicht, teilt es aber nicht mit.

Jasmin schaut zusammen mit einer pädagogischen Fachkraft ein Bilderbuch mit Tieren an. Zahlreiche Tiere kennt sie, andere wie den Maulwurf nicht. Sie fragt nicht nach, sondern blättert schnell weiter. Auf die Frage, ob sie das Tier benennen kann, sagt sie: „Weiß ich nicht.“ Kurze Zeit später macht sie das Wühlen des Maulwurfs nach. Es ist offensichtlich, dass sie das Tier kennt, ihr aber das deutsche Wort fehlt. Ob sie die russische Bezeichnung weiß, bleibt offen.

Ardian verfügt über Fähigkeiten in der deutschen Sprache, doch bereiten ihm Artikel und somit auch Kasus und Präpositionalphrasen Schwierigkeiten: „der Haare, der Katze“ und „Meine Mama hat eine schwarzen Tasche“.

Mircos Sprache ist verständlich. Es zeigen sich aber Auffälligkeiten in der Grammatik. Er lässt Satzglieder und Wortarten aus und stellt das Verb in Aussagesätzen ans Ende von Äußerungen: „Mädchen Anna heißen“ und „Du Mutter sagen“.

Der Gemeinsame Referenzrahmen für Sprachen (2009, S. 178) hebt hervor, dass ein „Sprachstandstest (...) überprüft, ob bestimmte Ziele erreicht wurden; er überprüft

also, was unterrichtet worden ist". Die Bezeichnung Sprachstandstest ist im Hinblick auf die Erfassung sprachlicher Bildung und Sprachförderung von Kindern im Elementarbereich nicht passend, weil kein Verfahren alle sprachlichen Fähigkeiten eines Kindes erfassen kann. Auch wenn dieser Begriff suggeriert, dass sich der Sprachstand erheben lässt, muss bedacht werden, dass sprachliche Bildung als dynamischer Aneignungsprozess zu betrachten ist. Verfahren zur Sprachstandserhebung sind hingegen Momentaufnahmen (Ehlich 2009). Die Sprachkompetenz gibt es in Wirklichkeit nicht, sondern es gibt unterschiedliche Kompetenzen in Teilbereichen der Sprache, die sich nicht alle gleich schnell entwickeln (Kieferle 2008).
Um den Stand der sprachlichen Bildung von Kindern einzuschätzen und ggf. die Notwendigkeit einer Sprachförderung oder einer Sprachtherapie festzustellen, wurde ein Leitfaden erstellt (Abb. 9). Nach diesem Leitfaden werden biografische Daten von Kindern erfasst (Spalte A) wie Erst- und Zweit- und Familiensprache des Kindes sowie bei einigen Kindern Kontaktdauer mit Deutsch als Zweitsprache. Ebenso werden Fähigkeiten in der Erstsprache notiert, sofern jemand Auskunft geben kann. Weiterhin wird nach eventuellen Krankheiten, Behinderungen und ggf. besonderen Lebenssituationen gefragt sowie nach dem Tagesablauf des Kindes, der Förderung durch Fachdienste und dem Besuch von vorhergehenden Kindertageseinrichtungen.

Im Sinne der interaktionistischen Theorie von Bruner (2002) ist die sprachliche Bildung nicht die alleinige Leistung eines Kindes, sondern ein dialogischer Prozess, an dem ein Kind und seine Bezugspersonen gleichermaßen beteiligt sind. Deshalb legt die Spalte B den Blick auf pädagogische Fachkräfte: Es wird notiert, wie sich pädagogische Fachkräfte über die Einwicklung eines Kindes austauschen, ob es eine Kooperation mit Eltern und ggf. mit beteiligten Fachdiensten gibt. Eine Reflexion, wie und wann das Kind in der Einrichtung gefördert wird, ist ebenso bedeutsam wie Fragen danach, wie sich die pädagogischen Fachkräfte auf die sprachlich-kommunikativen Fähigkeiten eines Kindes einstellen. Sofern mehrere Fachkräfte die Beobachtung teilen, dass ein Kind keine Erweiterung seiner Fähigkeiten zeigt (Spalte B: Fragen 7, 8), besteht die Notwendigkeit, in Absprache mit den Eltern einen Fachdienst hinzuzuziehen.

Mit Hilfe des Leitfadens soll erkannt werden, auf welcher Entwicklungsstufe sich ein Kind bei der sprachlichen Bildung befindet, ob für ein Kind ein Sprachförderbedarf oder ob ggf. eine Sprachtherapie erforderlich ist (Spalte C). Um die sprachliche Bildung von Kindern zu erfassen, ist ein Blick auf ihre Interessen und die Fähigkeit, sich auf Alltags- und Spielformate einzulassen, erforderlich (Fragen 1 bis 3). Der Unterstützungsbedarf von Kindern zeigt sich in der Regel nicht nur in der Sprache, sondern auch in der Spielentwicklung. Spiele, die nach gleich bleibenden Regeln gespielt werden, sowie ritualisierte und wiederkehrende Abläufe im Alltag sind hilfreich, um zu erkennen, ob Kinder an ihren Fähigkeiten anknüpfen und sie somit erweitern oder ob sie Unterstützung benötigen.

Spalte C zeigt Entwicklungslinien von Kindern auf, die keiner Altersnorm, sondern Entwicklungsstufen entsprechen. Erfasst wird, welche Fähigkeiten Kinder aufweisen und welche Schritte sie als Nächstes erreichen können. Dabei beziehen sie die Fragen 1 bis 11 auf Inhalte der Kapitel 2 und 3, die dort vertieft dargestellt werden. Es geht vor allem um sprachlich-kommunikative Fähigkeiten auf den Sprachebenen Pragmatik und Semantik. Fragen 12 und 13 legen den Blick auf die sprachliche Bildung beim Erwerb der Grammatik (Kap. 3). Nach der Aussprache eines Kindes wird in Frage 14 gefragt, was in Kapitel 4 vertieft wird. Wie Kinder vom Sprechen zur Schrift gelangen, ist Gegenstand von Kapitel 5, und diesen Inhalten widmen sich die Fragen 15 bis 18.

A Erfassung biografischer Daten	B Blick auf pädagogische Fachkräfte	C Blick auf das Kind
1 Was ist die Erst- und ggf. die Zweit- und Familiensprache des Kindes? 2 Seit wann hat das Kind Kontakt mit Deutsch als Zweitsprache? 3 In welchen Sprachen spricht das Kind mit der Mutter, dem Vater, Geschwistern und anderen Bezugspersonen? 4 Wer kann Auskunft über die sprachlich-kommunikativen Fähigkeiten des Kindes in der Erstsprache geben? 5 Besteht Kenntnis über die Lebenssituation des Kindes und seiner Bezugspersonen? 6 Sind organische Fähigkeiten überprüft (Hören, Sehen etc.)? 7 Hat das Kind eine Behinderung, eine chronische Erkrankung etc.? 8 Findet eine Förderung durch Fachdienste (z. B. Logopädie) statt? 10 Hat das Kind schon andere Kindertageseinrichtungen besucht?	1 Wie tauschen sich pädagogische Fachkräfte über die Fähigkeiten und Schwierigkeiten des Kindes aus? 2 Gibt es eine Kooperation mit Fachdiensten (z. B. Logopädie)? Von welchen Fähigkeiten bzw. von welchem Förderbedarf gehen die Fachdienste aus? 3 Gibt es eine Kooperation mit Eltern/Bezugspersonen? Von welchen Fähigkeiten bzw. von welchem Förderbedarf gehen sie aus? 4 Wie und wann wird das Kind in der Kindertageseinrichtung gefördert? 5 Wird die Erstsprache des Kindes in den Kindergartenalltag einbezogen? 6 Wie stellen die pädagogischen Fachkräfte ihr sprachlich-kommunikatives Verhalten auf das Kind ein? Als Sprecherin: … Als Zuhörerin: … 7 Können mehrere Fachkräfte die Beobachtung teilen, dass das Kind	**Pragmatik/Semantik** (Kapitel 1+ 2) 1 Welche Interessen hat das Kind? 2 Beherrscht das Kind Alltagsformate? 3 Beherrscht das Kind Spielformate? 4 Spielt und kommuniziert das Kind mit anderen Kindern? Wenn ja, in welcher Sprache? 5 Stellt das Kind trianguläre Blickkontakte und auch Referenzbezüge her (Bezug zwischen Gegenständen/Personen und der Sprache)? 6 Teilt das Kind seine Wünsche und Bedürfnisse (nonverbal oder verbal) mit? 7 Lässt sich das Kind auf Regelspiele ein, z. B. auf Memory? 8 Kann das Kind Spiele sprachlich strukturieren (sagt es z. B. „Ich bin dran" oder „Ich")? 9 Kann sich das Kind auf symbolische oder Rollenspiele einlassen?

A Erfassung biografischer Daten	B Blick auf pädagogische Fachkräfte	C Blick auf das Kind
11 Wie sieht der Tagesablauf des Kindes aus?	o vermehrt zur Verständigung auf Gegenstände zeigt oder „das da" äußert, statt sie zu benennen? o vermehrt ein ausweichendes Verhalten zeigt, indem es schweigt oder mit Floskeln antwortet? o häufig mit seinen Wörtern nicht das Gemeinte benennt, z. B. statt ‚Löffel' ‚Gabel' sagt? 8. Haben sich die sprachlich-kommunikativen Fähigkeiten des Kindes verändert, seitdem es in der Kindertageseinrichtung ist? o Verändert haben sich … o Nein	10 Erweitert das Kind seine sprachlichkommunikativen Fähigkeiten? o Ja, es stellt Fragen. o Ja, es bildet Neuschöpfungen (z. B. ‚Elefantenstrohhalm' für ‚Rüssel'). o Ja, es imitiert Äußerungen von Kindern und/oder Erwachsenen. o Nein. 11. Kann das Kind entwicklungsangemessen erzählen? **Grammatik (Kap. 3)** 12. Äußert das Kind bestimmte Artikel (der, die, das)? 13. Beherrscht das Kind die Verbendstellung? **Aussprache (Kap. 4)** 14. Ist die Aussprache des Kindes verständlich? **Vom Sprechen zur Schrift (Kap. 5)** 15. Orientiert sich das Kind an Symbolen? 16 Interessiert sich das Kind für Schrift? 17 Kennt das Kind die Lese- und Schreibrichtung? 18 Kennt das Kind einige Buchstaben? Wenn ja, nennt es den Lautwert (z. B. m) oder verwendet es den Buchstabennamen (z. B. ‚eM')?

Leitfaden zur sprachlichen Bildung, Sprachförderung und Sprachtherapie

A. Erfassung von biografischen Daten

Name des Kindes: ______________________________

Alter: ______________________________

1. Was ist die Erst- und ggf. die Zweit- und Familiensprache des Kindes?
   Erstsprache: ____________________ (Deutsch als Erstsprache: weiter mit 5)
   Zweitsprache: ______________________________
   Familiensprache: ______________________________

2. Seit wann hat das Kind Kontakt mit Deutsch als Zweitsprache?

   ____

   ____

3. In welchen Sprachen spricht das Kind mit der Mutter, dem Vater, Geschwistern und anderen Bezugspersonen?
   Mutter: ____________________ Vater: ____________________
   Geschwister: ____________________ Andere: ____________________

4. Wer kann Auskunft über die sprachlich-kommunikativen Fähigkeiten des Kindes in der Erstsprache geben?

   ____

   ____

5. Besteht Kenntnis über die Lebenssituation des Kindes und seiner Bezugspersonen?

   ____

   ____

6. Sind organische Fähigkeiten überprüft (Hören, Sehen etc.)?

   ☐ Ja: ______________________________

   ____

   ☐ Nein: ______________________________

7. Hat das Kind eine Behinderung, eine chronische Erkrankung etc.?

   ☐ Ja: ______________________________

   ____

   ☐ Nein: ______________________________

A. Erfassung von biografischen Daten

8. Findet eine Förderung durch Fachdienste (z. B. Logopädie) statt?

☐ Ja: ______________________________

☐ Nein: ______________________________

9. Hat das Kind schon andere Kindertageseinrichtungen besucht?

☐ Ja: Welche? ______________________________

☐ Nein: ______________________________

10. Wie sieht der Tagesablauf des Kindes aus?

____

____

B. Blick auf pädagogische Fachkräfte

1. Wie tauschen sich pädagogische Fachkräfte über die Fähigkeiten und Schwierigkeiten des Kindes aus?

____

____

____

2. Gibt es eine Kooperation mit Fachdiensten (z. B. Logopädie)? Von welchen Fähigkeiten bzw. von welchem Förderbedarf gehen die Fachdienste aus?

☐ Ja: ______________________________

____

☐ Nein: ______________________________

____

3. Gibt es eine Kooperation mit Eltern/Bezugspersonen? Von welchen Fähigkeiten bzw. von welchem Förderbedarf gehen diese Personen aus?

☐ Ja: ______________________________

____

☐ Nein: ______________________________

____

B. Blick auf pädagogische Fachkräfte

4. Wie und wann wird das Kind in der Kindertageseinrichtung gefördert?

____

____

5. Wird die Erstsprache des Kindes in den Kindergartenalltag einbezogen?

____

____

6. Wie stellen pädagogische Fachkräfte ihr sprachlich-kommunikatives Verhalten auf das Kind ein?

   Als Sprecherin: ______________________________

   ____

   Als Zuhörerin: ______________________________

   ____

7. Können mehrere Fachkräfte die Beobachtung teilen, dass das Kind

   ☐ vermehrt zur Verständigung auf Gegenstände zeigt oder „das da" äußert, statt sie zu benennen?

   ☐ vermehrt ein ausweichendes Verhalten zeigt, indem es schweigt oder mit Floskeln antwortet?

   ☐ häufig mit seinen Wörtern nicht das Gemeinte benennt, z. B. statt ‚Löffel' ‚Gabel' sagt?

8. Haben sich die sprachlich-kommunikativen Fähigkeiten des Kindes verändert, seitdem es in der Kindertageseinrichtung ist?

   ☐ Verändert haben sich ______________________________

   ____

   ☐ Nein: ______________________________

   ____

C. Blick auf das Kind

1. Welche Interessen hat das Kind?

____

2. Beherrscht das Kind Alltagsformate?

   ☐ Ja: ______________________________

   ☐ Nein: ______________________________

C. Blick auf das Kind

3. Beherrscht das Kind Spielformate?

☐ Ja: ______________________________

☐ Nein: ______________________________

4. Spielt und kommuniziert das Kind mit anderen Kindern? Wenn ja, in welcher Sprache?

☐ Ja, Sprache: ______________________________

☐ Nein: ______________________________

5. Stellt das Kind trianguläre Blickkontakte und auch Referenzbezüge her (Bezug zwischen Gegenständen/Personen und der Sprache)?

☐ Ja: ______________________________

☐ Nein: ______________________________

6. Teilt das Kind seine Wünsche und Bedürfnisse (nonverbal oder verbal) mit?

☐ Ja: ______________________________

☐ Nein: ______________________________

7. Lässt sich das Kind auf Regelspiele ein, z. B. auf Memory?

☐ Ja: ______________________________

☐ Nein: ______________________________

8. Kann das Kind Spiele **sprachlich** strukturieren (sagt es z. B. „Ich bin dran" oder „Ich")?

☐ Ja: ______________________________

☐ Nein: ______________________________

9. Kann sich das Kind auf symbolische oder Rollenspiele einlassen?

☐ Ja: ______________________________

☐ Nein:

10. Erweitert das Kind seine sprachlich-kommunikativen Fähigkeiten?

☐ Ja, es stellt Fragen.

☐ Ja, es bildet Neuschöpfungen (z. B. ‚Elefantenstrohhalm' für ‚Rüssel').

☐ Ja, es imitiert Äußerungen von Kindern und/oder Erwachsenen.

☐ Nein.

C. Blick auf das Kind

11. Kann das Kind entwicklungsangemessen erzählen?

☐ Ja: ______________________________

☐ Nein: ______________________________

12. Äußert das Kind bestimmte Artikel (der, die, das)?

☐ Ja: ______________________________

☐ Nein: ______________________________

13. Beherrscht das Kind die Verbendstellung?

☐ Ja: ______________________________

☐ Nein: ______________________________

14. Ist die Aussprache des Kindes verständlich?

☐ Ja: ______________________________

☐ Nein: ______________________________

15. Orientiert sich das Kind an Symbolen? (z. B. von MacDonald's)

☐ Ja: ______________________________

☐ Nein: ______________________________

16. Interessiert sich das Kind für Schrift?

☐ Ja: ______________________________

☐ Nein: ______________________________

18. Kennt das Kind die Lese- und Schreibrichtung?

☐ Ja: ______________________________

☐ Nein: ______________________________

19. Kennt das Kind einige Buchstaben?
Wenn ja, nennt es den Lautwert (z. B. M) oder verwendet es den Buchstabennamen (z. B. ‚eM')?

☐ Ja: ______________________________

☐ Nein: ______________________________

Abb. 9: Kopiervorlage: Leitfaden zur sprachlichen Bildung, Sprachförderung und Sprachtherapie

2 Pragmatik und Semantik: Blick auf Kinder – Blick auf Erwachsene

2.1 Zum Beispiel *Mathis, Irem, Kevin* und andere Kinder

***Mathis,* 3;4 Jahre**

Mathis verfügt über wenige Begriffe, kann sich aber verständlich machen. Er nimmt die pädagogische Fachkraft am Finger und führt sie in die Bauecke. Mit viel Gestik und Mimik und einzelnen Worten gibt er deutlich zu verstehen, dass er mit der Eisenbahn spielen möchte. Das Spiel besteht aus Aufbauen und Zerstören, wobei die pädagogische Fachkraft Ersteres übernehmen soll und er hingegen den Turm mit der Eisenbahn kaputtfährt. In der zweiten Woche hat die pädagogische Fachkraft ein Bilderbuch dabei, das viele Erzählanlässe bietet. Darauf kann sich der lebhafte Junge nicht wirklich einlassen. Uninteressiert blättert er dieses durch, äußert sich kaum dazu und ehe sich die pädagogische Fachkraft versieht, sind die beiden wieder beim Eisenbahnspiel in der Bauecke. Die Handlungen bei diesem Spiel enthalten keine Strukturen und Regeln. Türme werden aufgebaut, dann umgefahren und schon bald wird die Eisenbahn uninteressant – so wie das Bilderbuch zuvor – und er zieht eine Kiste mit Autos hervor. In der dritten Woche geht es um ein Angelspiel. Die pädagogische Fachkraft hat Glück, Mathis ist für dieses Regelspiel motiviert. Er wendet sich diesem zu und angelt ausdauernd verschiedene Fische aus einer Schachtel, die als Meer dient, und später auch Gegenstände, die nicht im Wasser schwimmen. Gemeinsam benennen Mathis und die pädagogische Fachkraft die geangelten Gegenstände und zählen zum Schluss, wer mehr Fische geangelt hat. Dieses Regelspiel soll Inhalt der Förderung in den nächsten Wochen sein. Wörter aus einem ausgewählten Wortfeld (einkaufen) kommen hinzu und werden abwechselnd geangelt und benannt.

Nach mehreren Wochen: Mathis fällt es zunehmend leichter, Regelspiele wie Memory und das Angelspiel sprachlich zu strukturieren („Ich bin dran!“) sowie die Regeln einzuhalten. Nach dem Spiel eines Regelspiels spielen er und die pädagogische Fachkraft bald jede Woche gemeinsam mit einem Einkaufsladen. In den Regelspielen hat Mathis bereits Begriffe von Gegenständen, die es zu kaufen gibt, kennen gelernt. Er spielt am liebsten den Verkäufer, kann aber auch Einkäufer sein. Dann schreibt er begeistert einen Einkaufszettel und klebt kleine Bildchen von den Gegenständen, die er einkaufen möchte, auf ein Stück Papier. Wenn er die Verkäuferrolle innehat, grüßt er mit Handschlag, der Kunde ist schließlich König. Er sagt „Guten Tag!“ oder „Hallo!“, fragt sogar mit kurzen Äußerungen, was der Kunde haben möchte, und bittet zur Kasse. Außerdem bringt er von sich aus weitere Handlungsabläufe in das Spiel mit ein. Beispielsweise wird es nach jedem Einkauf dunkel, der Laden schließt, und nach einer kurzen nächtlichen Ruhe beginnt die zweite Verkaufsrunde. Einmal eingeführte Abläufe fordert er von Woche zu Woche ein.

Mathis hat gelernt, an gemeinsamen Handlungen (Formaten) teilzuhaben und diese sprachlich zu steuern. Er konnte seinen Wortschatz im ausgewählten Wortfeld erweitern und übernahm Äußerungen, die zu einem Einkaufspiel dazugehören, wie „Guten Tag“ und „Auf Wiedersehen“ oder „Was willst du?“. Regelspiele waren dabei eine unumgängliche Hilfe, um *Mathis* allmählich an routinierte, gleich bleibende Handlungsabläufe heranzuführen. Das Spielformat wurde über viele Wochen hinweg gespielt. *Mathis* selbst sorgte gewissenhaft dafür, dass es eingehalten wurde. Von Woche zu Woche kamen neue Elemente hinzu, und *Mathis* übernahm immer größere Anteile des Handlungsablaufes mit immer längeren Äußerungen.

Irem, 4;7 Jahre

Im Spiel Rategarten, in dem Irem (I) mitspielt, werden zunächst die Spielkarten abwechselnd benannt, bevor das eigentliche Ratespiel nach dem Prinzip „Ich sehe was, was du nicht siehst!“ gespielt wird. Irem zieht die Spielkarte, auf der eine Puppe abgebildet ist.

I: Mhm (schweigt lange)
E: Das ist eine Puppe.
I: Puppe!

Irem imitiert die Äußerung der Erwachsenen. Sie fragt aber nicht, wenn sie einen Begriff oder ein Wort nicht kennt. Sie muss noch erkennen, dass das Fragen nach unbekannten Begriffen eine Strategie ist, mit der sie ihr inneres Lexikon erweitern kann. Stattdessen wählt sie die Strategie des Schweigens.

Kevin, 4;9 Jahre

Kevin (K) fragt nach ihm unbekannten Begriffen. Das Beispiel eines Gesprächs während einer Bilderbuchbetrachtung macht dies deutlich:

E: Was ist das?
K: Ein Haus.
E: Und was ist da oben auf dem Haus? (zeigt auf das Dach)
K: Weiß ich nicht.
E: Weißt du, wie das heißt?
K: Nein.
E: Das ist ein Dach.
K: Ein Dach. Und was ist das? (zeigt auf den Kamin)
E: Das ist der Schornstein oder Kamin kann man auch sagen.
K: Kamin ist des.

2.2 Sprachwissenschaftliche Grundlagen von Pragmatik und Semantik

Der Erwerb von Bedeutungen (Semantik) verläuft in alltäglichen Handlungssituationen und in Formaten (siehe Kap. 1.5). Handlungssituationen können mit dem Einsatz von stimmlichen Äußerungen erfolgen oder nonverbal sein. Mit der Fähigkeit, Äußerungen richtig zu verwenden und zu deuten, bildet eine junge Sprachenlernerin zunehmend die Fähigkeit aus, an längeren Dialogen teilzuhaben und Sprache der jeweiligen Situation angemessen zu verwenden, mit anderen Worten: Sie erweitert ihre pragmatischen Fähigkeiten.
Die folgenden Ausführungen stellen die sprachtheoretische Grundlage zur sprachlichen Bildung, zur Sprachförderung und zum Erkennen von Fähigkeiten und Schwierigkeiten der Kinder dar. Sie bildet auch die Basis für ein diagnostisches Vorgehen, von dem die Schritte einer Sprachtherapie abgeleitet werden.

Pragmatische Ansätze

Die folgende Dialogsituation eines Erwachsenen mit einem Kind im Einkaufspiel zeigt, worin die Schwierigkeiten des Kindes liegen:

E: Guten Tag, wie geht es dir?
K: Ich will den Apfel kaufen.

Die Äußerung des Kindes passt zwar in das Format des Einkaufspiels, knüpft aber nicht an die Äußerung des Erwachsenen an, sondern beantwortet eine Frage, die die erwachsene Verkäuferin noch gar nicht gestellt hat. Das sprachliche Handeln des Kindes bezieht sich nicht auf das Thema des fragenden Erwachsenen.

> Die Pragmatik fragt nach der kommunikativen Funktion von Äußerungen und ist damit eine Theorie des sprachlichen Handelns.

„Sprich in vollständigen Sätzen!"

Häufig versuchen Erwachsene, die Sprache von Kindern zu verbessern, indem sie ihnen nahelegen, in Sätzen zu sprechen. Dabei übersehen sie, dass Kinder im Elementaralter nicht mit abstrakten Begriffen wie „Satz" oder „Wort" umgehen können und dass zudem die sprachwissenschaftliche Einheit der mündlichen Sprache „Äußerungen" und nicht „Sätze" sind. „Gute Nacht" ist eine Äußerung, die in bestimmten Situationen meist vor dem Schlafengehen an andere gerichtet wird. Davon abzugrenzen ist die Äußerung „Guten Morgen", die zu einer anderen Tageszeit verwendet wird. Wann eine Sprecherin „Guten Morgen!" und wann sie „Guten Nacht!" sagt, muss sie lernen, wenn sie mit diesen beiden Äußerungen kommunikativ richtig handeln möchte.
Man muss demnach nicht in Sätzen mit Subjekt und Prädikat sprechen, um in einem Gespräch zu handeln, was das folgende Beispiel einer jungen Frau (S1) mit ihrem Lebensgefährten (S2) zeigt. Dieses kurze Gespräch macht deutlich, dass Äußerungen nicht mit Sätzen gleichzusetzen sind:

S1: Schau, der Mond!
S2: Wie schön.
S1: Und so hell.

Die Einheit von Gesprächen ist nicht der Satz, sondern die Äußerung.

Sprechakte

Einer der ersten Forscher, der Äußerungen in Gesprächen untersuchte, war der britische Philosoph *John Langshaw Austin* (1911–1960). Er ist Begründer der Sprechakttheorie.

„Die Sprechakttheorie untersucht nun, was wir mit Worten tun. Sie erforscht, wie mit sprachlichen Äußerungen Handlungen vollzogen werden ..." (Krallmann/Ziemann 2001, S. 71)

Das Äußern von Lauten, Wörtern und Sätzen ist der **Äußerungsakt.** Hinter dem Äußerungsakt steckt der Bezug auf einen Gegenstand oder einen Sachverhalt aus der Alltagswelt. Dieser Bezug heißt **Referenzbezug.** Weiter verfolgt eine Sprecherin durch die Äußerung und den Referenzbezug eine kommunikative Absicht, indem z. B. etwas feststellt, fragt oder beantwortet. Und schließlich kann durch die Äußerung eine Reaktion der Gesprächspartnerin erfolgen. Diese einzelnen Komponenten sind Teilakte eines Sprechakts.

Der dreijährige Julian hält beim Abendessen begeistert Pommes in Richtung seines Vaters und sagt: „Schau mal, wie das groß ist! Fast so groß wie du. Sollen wir mal messen?"

Die Äußerung kann in ihre einzelnen Teilakte zerlegt werden. Neben dem Äußerungsakt, der das stimmliche Hervorbringen von Wörtern und Sätzen mit Hilfe von Aussprache und Grammatik meint, hat die Äußerung einen Bezug zur Alltagswelt (Referenz), nämlich den Verweis auf *Julians* Pommes und auf seinen Vater. *Julian* verfolgt mit der Äußerung eine bestimmte Absicht, er möchte mitteilen, dass er entdeckt hat, dass Pommes so groß sind wie sein Vater, zumindest aus seiner Perspektive. Zudem hat die Äußerung einen Aufforderungsakt: Der Vater wird von *Julian* dazu aufgefordert, eine Messung vorzunehmen.

Äußerungsakt (Aussprache und Grammatik)	Herstellung eines Bezuges zur Alltagswelt (Referenz)	Äußerung einer kommunikativen Absicht
„Schau mal, wie das groß ist! Fast so groß wie du. Sollen wir mal messen?"	Julian verweist mit der Äußerung auf die Pommes in seiner Hand.	Die Äußerung ist eine Mitteilung des Dreijährigen, dass er festgestellt hat, dass die Pommes so groß sind wie sein Vater.

Kommunikative Absichten

Hinter jedem Gesagten steckt eine kommunikative Absicht. Die Äußerung „Es zieht!" kann je nach Situation eine Aufforderung, Bitte, Mitteilung, ein Vorwurf oder eine Ermahnung sein. Um die kommunikative Absicht richtig zu verstehen, muss die Hörerin die Äußerung aufgrund des gemeinsamen Hintergrundwissens sowie des situativen Kontextes verstehen. Die Sprecherin wiederum muss sich sicher sein, dass die Hörerin den gemeinsamen Hintergrund kennt. Für beides brauchen Hörerin und Sprecherin vielfältige gemeinsame Erfahrungen. Außerdem wird häufig die kommunikative Absicht durch die Art der Beziehung bestimmt. Sagt ein Kind „Es zieht!" zur Mutter, handelt es sich in den meisten Fällen nicht um einen Vorwurf oder eine Aufforderung, sondern vielmehr um die Bitte, die Mutter möge das Fenster schließen.

Drei der Motive, weshalb Menschen mit anderen kommunizieren, sind hervorzuheben: Zum einen möchten sie den anderen zu etwas „auffordern". Das tun sie, indem sie dem anderen etwas befehlen, ihn um etwas bitten bis hin zum höflichen Vorschlagen (Tomasello 2011, S. 95 ff.). Das zweite Motiv ist das „Informieren". Hinter der Informationsabsicht steckt meist eine Hilfsabsicht, denn die Informierende geht davon aus, dass ihre Zuhörerin die Information hilfreich oder zumindest interessant findet. Das dritte Motiv schließlich ist das „Teilen von Einstellungen und Gefühlen". Ein Großteil der alltäglichen Gespräche in Familie, Freundeskreis, Kindergarten usw. findet aus eben diesem Grund statt. Kinder teilen sich anderen mit, erzählen von sich, was sie erlebt haben, was sie interessant finden usw. Schon junge Kinder zeigen mit Begeisterung auf einen quiekenden Clown, weil sie ihre Freude mit den Bezugspersonen teilen möchten (ebd., S. 98).

> Mit jeder Äußerung wird eine kommunikative Absicht mitgeteilt. Was eine Sprecherin meint und was die Äußerung für die Hörerin bedeutet, ist abhängig vom situativen Zusammenhang, den gemeinsamen Erfahrungen und der Beziehung zwischen den Gesprächspartnern.

Das Kooperationsprinzip

Eine Äußerung, die aus verschiedenen Sprechakten besteht, erzielt meist die Reaktion einer Gesprächspartnerin. Daher ist naheliegend, dass das Äußern dem Zweck des Austausches mit anderen, also der Kooperation mit anderen, dient. Dieses grundlegende Prinzip nennt Grice (1993) das Kooperationsprinzip. Äußerungsbeiträge müssen nach Grice so formuliert werden, dass sie für den Zweck und Verlauf des Gespräches, an dem Sprecherinnen teilnehmen, hilfreich sind.

> Das grundlegende Prinzip von Kommunikation ist das Kooperationsprinzip. Es besagt, dass wir uns mit anderen austauschen, da wir mit ihnen kooperieren möchten.

Gesprächsregeln und Gesprächsmerkmale

Gespräche sind die Grundeinheit menschlicher Rede. Sie bestehen aus einzelnen Sprechakten, die zur Analyse von Äußerungen herausgearbeitet werden können (Henne/Rehbock 2001). Ein Gespräch besteht aus einzelnen Sprechakten mehrerer Teilnehmerin und wird in der sprachwissenschaftlichen Tradition durch den Paar-Charakter beschrieben. Je nach Gesprächsart sind dies: Frage – Antwort, Behauptung – Entgegnung, Beschuldigung – Rechtfertigung usw. Allgemein sprechen Henne/Rehbock (2001) von Anrede und Erwiderung.
Jedes Gespräch, das aus einzelnen Sprechakten und Äußerungen der Gesprächsteilnehmer besteht, enthält wichtige Regeln und Merkmale (vgl. Kap. 1.6):

- Sicherung der Kommunikationsbereitschaft
- Einigung auf ein Thema
- Sprecherwechsel (turn-taking)
- Korrespondierende Äußerungen, z. B. Frage – Antwort
- Ankündigung eines Gesprächsendes
- Gesprächsende

Semantische Ansätze

Ernst Meumann (1862–1915) befasste sich schon vor über hundert Jahren mit der Bedeutung von Wörtern und beschrieb schon damals die Ebene der Semantik als schwierigsten Bereich der kindlichen Sprachentwicklung (Meumann 1902, S. 1). Schon junge Kinder bilden eine erste Vorstellung von der Bedeutung von Wörtern. Meist sind es Wörter, die für sie bedeutsam sind. So lernt ein Kind früh das Wort „Ball“, weil es dieses Spielzeug attraktiv findet und merkt, dass es den Ball bekommt, wenn es auf ihn zeigt und „Ball“ äußert. Ferner brauchen Kinder eine Vorstellung davon, was ein Ball ist, z. B. dass dieser rund ist und rollt, wenn man ihn anstößt usw. Ein Auto hingegen, obwohl es auch rollt, wenn man es anstößt, verhält sich ganz anders, und es lässt sich allein von der stimmlichen Wortform „Auto“, die aus drei Lauten besteht (au-t-o), oder „Ball“ (b-a-l) nicht daraus schließen, um was es sich dabei handelt. Erst das vielfältige Wissen, das aus Erfahrungen besteht, macht einen Begriff aus und spezifiziert ihn. Und letztlich ist es die Vereinbarung, die die Menschen trafen, wenn sie von dem Gefährt mit vier Rädern sprachen, die das Auto zum Auto macht. Folglich erfahren Kinder beim Bedeutungserwerb die in einer Sprachgemeinschaft verabredeten lautlichen Bezeichnungen von Gegenständen bzw. Sachverhalten.

Zu unterscheiden ist dabei die Bedeutung eines Wortes und der Begriff, der sich hinter einem Wort verbirgt. Im Laufe der sprachlichen Bildung verändert sich die Bedeutung. Ein und dasselbe Wort, das sich auf einen Begriff bezieht (zum Beispiel „Auto“) kann je nach Entwicklung unterschiedliche Bedeutungen haben. Für einen Dreijährigen ist der Begriff „Auto“ unter Umständen nur das ganz konkrete Auto des Vaters, wohingegen ein Schulkind weiß, dass alle Autos unter den Oberbegriff Fahrzeuge zählen, und ein jugendlicher Autofan kennt vielleicht alle Automarken und kennt demnach eine sehr ausdifferenzierte Bedeutung des Begriffs „Auto“.

Die Semantik ist die Theorie der Bedeutungen. Die Semantik untersucht die Beziehung zwischen den Bedeutungen und ihren Referenten, den Begriffen, auf die sie sich beziehen. Der Erwerb semantischer Fähigkeiten wird daher auch Bedeutungserwerb genannt.

Morpheme

Wir sprechen zwar vom Wortschatzerwerb, wenn wir das Erlernen der Wörter meinen, die kleinsten Einheiten, die Kinder bei diesem Erwerb in ihr inneres Lexikon einspeichern, werden aber Morpheme genannt. Ein Morphem kann alleine stehen, wie bei „Haus", in diesem Fall wird es als Hauptmorphem bezeichnet. Neben den Hauptmorphemen gibt es gebundene Morpheme, die weiter in Wortbildungsmorpheme und Flexionsmorpheme unterteilt werden.

Morphem
kleinste bedeutungstragende Einheit des Sprachsystems

Hauptmorpheme
freies, wortfähiges Morphem, auch Lexem genannt, z. B. Haus

Gebundene Morpheme
gibt es nur in Verbindung mit anderen Morphemen. Sie werden unterteilt in:

(1) Wortbildungsmorpheme (lassen sich nach ihrer Stellung im Wort unterteilen):
Präfix: **zer**-brechen
Suffix: des Kind-**es**
Zirkumfix: **ge**-leit-**et**

(2) Grammatische Morpheme (auch Flexionsmorpheme), drücken grammatische Bedeutung aus:
Er geh-**t**

Im Deutschen können Wörter auf verschiedene Arten gebildet werden. So gibt es

- Wörter, die aus einem Hauptmorphem und eventuell einem gebundenen Morphem bestehen, z. B. glück-lich, Kind-er
- Wörter, die aus mindestens zwei Hauptmorphemen bestehen plus eventuell einem oder mehreren gebundenen Morphemen, z. B. zusammengesetzte Wörter: Laubwald, Laub-wäld-er
- Wörter, die aus einem Hauptmorphem und mehreren Wortbildungsmorphemen bestehen, z. B. ver-un-glück-en

Für den Erwerb von Bedeutungen spielen nicht nur Morpheme eine wichtige Rolle, sondern auch ihre Vernetzung im mentalen Lexikon.

Vernetzung semantischer Fähigkeiten

Erwachsene Sprecherinnen verfügen aktiv über einen Wortschatz von tausend Wörtern und passiv von 50 000 bis 250 000 Wörtern (Eisenberg/Linke 1996, S. 21). Wie aber verwenden und beherrschen sie diese enorme Anzahl von Wörtern? Um diese

Frage zu beantworten, genügt die Betrachtung des Einzelwortes nicht. Das Wort wird schließlich nicht als Wort, sondern als Morphem abgespeichert. Die Morpheme müssen sich im Laufe der sprachlichen Bildung so miteinander vernetzen, dass sie miteinander kombiniert werden können.

Nicht nur die Vernetzung der Morpheme im mentalen Lexikon machen die Verarbeitung und Speicherung von tausenden Wörtern möglich, sondern auch die Vernetzungen auf der Bedeutungsebene (Füssenich 2002, S. 65). Bedeutungsrelationen wie Synonyme (Metzger – Fleischer), Bedeutungsähnlichkeit (Schüssel – Schale), Komplementarität (tot – lebendig) und Antonymie (groß – klein) ermöglichen es, das Verhältnis einzelner Wörter untereinander zu klären, Gruppen zu bilden und damit den Wortschatz zu strukturieren (Eisenberg/Linke 1996, S. 24).

Die Vernetzung der Morpheme im mentalen Lexikon ist eine unerlässliche Fähigkeit, um die Vielzahl an Wörtern abzuspeichern und flexibel einsetzen zu können.

Wie eng die beiden Ebenen Pragmatik und Semantik miteinander verbunden sind, zeigt sich deutlich beim Erzählen, also in der konkreten Anwendung von Begriffen, Bedeutungen und deren Vernetzung im mentalen Lexikon sowie der Anwendung von Äußerungen, kommunikativen Absichten, Gesprächsregeln und in vielem mehr.

Erzählen

Was wir alltagssprachlich als Erzählen bezeichnen, hat als Grundlage die Fähigkeit der Sprecherin zum Diskurs. Erzählen umfasst eine Palette an unterschiedlichen Typen der Rede, dazu gehören das Berichten, Mitteilen, Schildern, Beschreiben, Darstellen (Ehlich 2005, S. 118).

Je nachdem, in welcher Situation ein Kinder erzählt, kommen unterschiedliche Erzählformen zum Einsatz und jede Erzählform hat eigene Anforderungen an die Erzählenden. Meist denken pädagogische Fachkräfte beim Thema Erzählen an den morgendlichen Erzählkreis, bei dem ein Kind beispielsweise von sich und seinem Wochenenderlebnissen berichtet. Dieser Erzähltyp wird als „Höhepunkterzählung“ bezeichnet. Von der Höhepunkterzählung unterscheidet sich die „Geflechterzählung“ (Wagner 1986). Im Gegensatz zur Höhepunkterzählung erzählen hier zwei oder mehrere Erzählerinnen von einem gemeinsamen Erlebnis. Die Geflechterzählung ist dialogisch, alle Erzählbeiträge sind dabei gleichberechtigt. Die einzelnen Beiträge müssen nicht in einer Reihenfolge stehen. „Es muss nicht erst dies und dann das und schließlich jenes erzählt werden, damit der Zuhörer folgen kann.“ (Wagner 1986, S. 148) Die Erzählerinnen erinnern sich bei ihrer Erzählung gemeinsam an Erlebtes und erzählen sich gegenseitig davon, getreu dem Motto: „Weißt du noch, damals …?“, oder sie erzählen einer dritten Person, die bei dem Erlebten nicht anwesend war.

Ähnlich, wie wir es aus dem Aufsatzunterricht kennen, beinhaltet die Höhepunkterzählung eine Einleitung, einen Hauptteil und einen Schluss. Bei der Geflechterzählung entfallen diese Elemente. Die Erzählerinnen kennen ja das gemeinsam Erlebte, weshalb beispielsweise in der Einleitung nicht das Vorwissen der Zuhörerin berücksichtig werden muss (ebd.). Die Geflechterzählungen gelten als Voraussetzungen für die weitaus anspruchsvolleren Höhepunkterzählungen.

Eine Höhepunkterzählung ist dadurch gekennzeichnet, dass eine Erzählerin allein über einen Sachverhalt Bescheid weiß. Sie erzählt im Alleingang von ihrem oder einem Erlebnis, eine Geschichte oder Ähnliches. Bei einer Geflechterzählung sind die Erzählpartner gleichberechtigt. Sie erzählen gemeinsam im Dialog von einem Erlebnis, einer Geschichte oder Ähnlichem.

2.3 Sprachliche Bildung auf pragmatisch-semantischer Ebene

Sprachliche Bildung verläuft wie jede Bildung individuell und ist im Zusammenhang mit den biografischen Bedingungen der Kinder zu sehen (vgl. Kap. 1.7), die aktiv das Regelsystem der Umgebungssprache(n) erwerben (Füssenich 2011 b, S. 26). Es geht folglich um den individuellen Prozess, bei dem ein Kind sich im Kontext seiner Lebenswelt Sprache aktiv aneignet. Auch wenn die Eigenaktivität im Vordergrund steht, braucht ein Kind zur Aneignung die Begleitung und Unterstützung der Bezugspersonen. Die Aufgabe von Eltern und „… pädagogischen Fachkräften ist es einerseits, einen pädagogischen Rahmen zu schaffen, in dem sich Kinder sprachlich (weiter)bilden können. Andererseits müssen sie ihr sprachliches Handeln an die Fähigkeiten von Kindern anpassen". (ebd.)

Dem individuellen Prozess der sprachlichen Bildung auf den Ebenen Pragmatik und Semantik stehen Meilensteine der sprachlichen Bildung gegenüber, die ein Kind durchläuft und die im Folgenden beschrieben werden. Dabei ist es nicht sinnvoll, den Meilensteinen Altersnormen der Kinder zuzuordnen. Ebenso wenig sind die Meilensteine als Entwicklungsleiter zu verstehen, die ein Kind chronologisch durchläuft. Vielmehr sind die Meilensteine als Fähigkeiten zu verstehen, die ein Kind zu unterschiedlichen Phasen im Laufe seines sprachlichen Bildung erwirbt. Sie sind miteinander verbunden und bedingen sich teilweise gegenseitig.

2.3.1 Meilensteine der sprachlichen Bildung auf pragmatisch-semantischer Ebene

Die folgenden Ausführungen zu den Meilensteinen der sprachlichen Bildung sind ausführlich auch bei anderen Autorinnen nachzulesen, zum Beispiel bei Szagun (2006); Füssenich (2002, S. 105 ff.); Rothweiler (2001, S. 43 ff.); Meibauer/Rothweiler (1999, S. 9 ff.). Die Meilensteine der sprachlichen Bildung auf der pragmatisch-semantischen Ebene, hier die Sprachproduktion betreffend, im Überblick:

- Herstellen von gemeinsamen Handlungen
- Erwerb der Objektpermanenz und Referenzbezüge
- Triangulärer Blickkontakt und Steuerungsfunktion von Sprache
- Erste 50 Wörter und Wortschatzspurt
- Vernetzung semantischer Fähigkeiten
- Übernahme der Perspektive und Äußerungen von anderen
- Metasprache
- Erzähl- und Zuhörfähigkeit

Herstellen von gemeinsamen Handlungen

Jakob ist neun Monate alt. Sein Vater weiß, dass er eine aus einer kleinen Kaffeedose gebaute Rassel liebt. Jakob ist krank und hat Fieber. Sein Vater versucht ihn aufzuheitern. Er reicht ihm die Dose und begleitet sein Handeln sprachlich und vor allem mimisch, in dem er lacht, ihn anblickt und mit der Rassel laut rasselt, bevor er ihm diese reicht. Dabei gibt er Äußerungen von sich wie „Ja, das gefällt dir" oder „Die Rassel ist toll!". Die Rassel fällt auf den Boden, Jakobs Blick verfolgt die Rassel. Sofort reagiert der Vater und reicht ihm eine andere Rassel, die Jakob aber nicht möchte. Er zeigt dies deutlich, denn er hört auf zu lachen. Er möchte nicht nach der anderen Rassel greifen. Der Vater hebt Jakobs Lieblingsrassel auf und reicht sie dem nun wieder strahlenden Jakob.

Bereits ein Säugling erfährt, dass seine mimischen Verhaltensweisen und Handlungen zu bestimmten Reaktionen der Bezugsperson führen. Bald lernt er, diese zielgerichtet einzusetzen. Das Wahrgenommene interpretiert der Säugling von Anfang an, er versieht es mit einer Bewertung. So entwickelt er allmählich seinen eigenen Standpunkt. Diese Bewertungen vollziehen sich in der Umwelt, in der der Säugling lebt, und im Austausch mit seinen Bezugspersonen. Intuitiv begleiten die Bezugspersonen die Handlungen mit stimmlichen Äußerungen.
In jeder Handlung, ob diese stimmlich oder mimisch-gestisch ist, müssen sich Kommunizierende und Zuhörerinnen auf ein gemeinsames Thema einigen. Dies gilt auch bei Handlungen mit Kleinkindern. Thema kann beispielsweise das Spiel mit einer Rassel sein. Das Handlungsthema findet auf der Grundlage eines gemeinsamen Hintergrundwissens statt. Dies beinhaltet alles, was für die Handlung wichtig ist und was folglich beide Handlungspartnerinnen wissen müssen (Tomasello 2011, S. 86). Der Hintergrund von Jakob und seinem Vater bildet das Wohnzimmer der Familie, in dem die gemeinsame Spielhandlung stattfindet. Zudem weiß der Vater, dass Jakob krank ist und aufgeheitert werden möchte. Dies kann am besten durch Jakobs Lieblingsrassel geschehen.

Jedes Kind darf sich aus einem Säckchen ein Spielzeugauto herausnehmen, um damit zu spielen. Samuel (3;2 Jahre) nimmt sein Auto, geht damit in die Bauecke, kommt aber nicht ins Spiel mit anderen, woraufhin er sein Auto dort liegen lässt und die Bauecke verlässt. Die pädagogische Fachkraft ruft Samuel zu sich: „Samuel, Samuel, komm mal!" Samuel geht zu ihr hin. Sie fragt: „Wo ist dein Auto?" Samuel zeigt in die Richtung der Bauecke.

Die pädagogische Fachkraft ruft *Samuel* zu sich. Sie sichert damit seine Aufmerksamkeit. Nachdem *Samuel* bei ihr ist, fragt sie ihn nach seinem Auto. Es geht um das Auto, das *Samuel* zuvor aus dem Sack gezogen hatte; das weiß *Samuel,* und die pädagogische Fachkraft weiß, dass Samuel es weiß. *Samuel* wiederum weiß, dass die pädagogische Fachkraft weiß, dass er es weiß. Dieser Sachverhalt klingt kompliziert, ist aber wichtig, denn dadurch entstehen gemeinsame Handlungen. Die pädagogische Fachkraft fragt *Samuel* nach eben dem bestimmten Auto, *Samuel* reagiert darauf und zeigt in die Bauecke, in der das Auto liegt. In einem anderen Zusammenhang hätte *Samuels* Zeigen zur Bauecke ganz anders gedeutet werden können, etwa, dass er da spielen möchte oder dass dort ein Kind ist, das ihn geärgert hat. In diesem Fall geht es aber um das Auto, nämlich sein Auto, das er zuvor erhalten hat.

Auch der Blick von *Jakob* auf den Boden hätte anders gedeutet werden können, zum Beispiel, dass er keine Lust mehr hat und sich abwendet. Sein Vater weiß aber, dass die Rassel auf den Boden gefallen ist und dass *Jakob* gern mit ihr spielt. Er reagiert demnach richtig, indem er *Jakob* die zuvor hinuntergefallene Rassel wieder reicht. Die prompte und angemessene Reaktion des Vaters beschreibt die Bindungsforschung als feinfühliges Verhalten. Bestimmte intuitive Verhaltensweisen (Gestik, Mimik) stehen den Eltern hierbei zur Verfügung, das „motherese“ (vgl. Kap. 2.4.1).

Erwerb der Objektpermanenz und Referenzbezüge

Im obigen Beispiel bezieht sich Samuel auf das Auto, das sich zwar im Raum befindet, das er aber nicht direkt wahrnehmen kann. Samuel besitzt demnach die Fähigkeit der Objektpermanenz. Er sieht das Auto nicht, weiß aber, dass es sich in der Bauecke befindet, da er es dort hat liegen lassen. „Mit Objektpermanenz ist das Wissen gemeint, dass Objekte auch außerhalb der eigenen Wahrnehmung vorhanden sind.“ (Füssenich 2002, S. 79) Mit dem Erwerb der Objektpermanenz erlangen Kinder auch das Wissen, dass Dinge außerhalb ihrer Wahrnehmung benannt werden können.

Um die Aufmerksamkeit der pädagogischen Fachkraft auf den Ort zu lenken, an dem sich das Auto befindet, zeigt Samuel in die Bauecke oder Jakob im Beispiel mit der Rassel blickt auf den Boden. Für diese wichtige Fähigkeit, nämlich die Aufmerksamkeit auf etwas zu lenken und damit einen Referenzbezug herzustellen, gibt es mehrere Möglichkeiten. Der Psychologe Bruner (2002) hat diese Möglichkeiten intensiv herausgearbeitet:

1. Bei kleinen Kindern geschieht das Herstellen der Referenzbezüge zunächst durch den Blickkontakt oder das Greifen, wie es *Jakob* im Beispiel mit der Rassel tat.
2. Eine nächste Phase ist erreicht, wenn ein Kind beginnt, auf Dinge zu zeigen. Damit hebt es Dinge hervor, die beachtenswert sind. Wenn Kinder mit diesen Zeigegesten beginnen, haben sie ihre Bezugspersonen als handelnde Akteure verstanden, die bestimmte Ziele haben. Und sie haben verstanden, dass sie mit dem Zeigen die anderen beeinflussen können beziehungsweise die Aufmerksamkeit der anderen auf etwas lenken können, so wie Samuel die Aufmerksamkeit der Erzieherin in die Bauecke lenkte. Die Zeigegesten nutzen Kleinkinder auch noch, wenn sie bereits

erste Worte äußern. Sie begleiten das sprachliche Handeln für eine ganze Zeit ihrer Entwicklung (Tomasello 2011, S. 152, 166).

3. Ein Kind verwendet nach dem Zeigen bald erste deiktische Ausdrücke (dort, hier, da ...), um verstärkt auf etwas aufmerksam zu machen.
4. Die nächste Phase ist schließlich das Benennen von Gegenständen, Personen oder Situationen. Damit bilden Kinder erste Worte und speichern diese in ihrem inneren Lexikon ab.

Triangulärer Blickkontakt und Steuerungsfunktion von Sprache

Nachdem ein Kind die Fähigkeit der Objektpermanenz besitzt und versteht, dass Gegenstände außerhalb seiner Wahrnehmung existieren, ist es in der Lage, sich selbst sowie die Bezugspersonen als intentional Handelnde wahrzunehmen. Das bedeutet, es versteht, dass andere nach bestimmten Zielen handeln. Dies versteht es deshalb, weil es das zielgerichtete Handeln bei sich selbst erlebt und diese Erfahrung überträgt (Tomasello 2006, S. 95). Kinder begreifen, dass sie durch ihr Handeln andere dazu bringen können, die Aufmerksamkeit auf etwas zu richten oder sogar etwas zu tun. Kinder in dieser Phase haben die Steuerungsfunktion von Sprache verstanden.

Nach einigen Wochen forderte der Junge Mathis (vgl. Kap. 2.1) die Regeln im Spiel mit Hilfe von Sprache ein: Sobald er an der Reihe war, äußerte er: „Ich bin dran!" Und noch später sagte er sogar „Du dran", wenn die erwachsene Spielpartnerin an der Reihe war. Mit Hilfe der Steuerungsfunktion von Sprache gelang ihm somit, die Aufmerksamkeit mit Hilfe der Sprache auf die regelhaften Spielhandlungen zu lenken.

Indem jüngere Kinder wie *Samuel* oder *Jakob* auf etwas zeigen oder es später benennen, steuern sie die Aufmerksamkeit der Bezugsperson. Die Voraussetzung, welche die Steuerung der gemeinsamen Aufmerksamkeit erst ermöglicht, ist der trianguläre Blickkontakt. Zuvor war ein Kind lediglich dazu in der Lage, seinen Blick und seine Aufmerksamkeit auf den Gegenstand oder auf die Bezugsperson zu konzentrieren. Durch die Erweiterung zum triangulären Blick ist ein Kind nun dazu in der Lage, die Aufmerksamkeit zwischen sich, dem Gegenstand und der Bezugsperson zu steuern (Zollinger 2008, S. 44; Tomasello 2006, S. 84).

Erste 50 Wörter und Wortschatzspurt

Mit ungefähr 18 Monaten geben viele Kinder durchschnittlich 50 wortähnliche Äußerungen von sich. In einem rapiden Anstieg, dem Wortschatzspurt, wächst das Lexikon danach explosionsartig. Dabei erfolgen die ersten Einträge in das innere Lexikon meist schnell. Obwohl wir vom Wortschatzspurt sprechen, werden Morpheme in das Lexikon eingetragen, die anschließend miteinander kombiniert werden. Auch unterscheiden sich die ersten Wörter von Kindern von Wörtern aus der Erwachsenensprache in vielerlei Hinsicht (Bremer 2009, S. 349). Ein einmal gehörtes Wort bzw. Morphem wird aufgenommen und in Verbindung mit einem Objekt oder einer Handlung oder einer Eigenschaft abgespeichert. Gegenstände werden von Kindern in dieser Phase häufig mit Wörtern bezeichnet, die für Erwachsene zunächst ungewöhnlich erscheinen. Für das Kind sind sie jedoch eindeutig, wie das folgende Beispiel zeigt:

Benjamin liebt Paprikachips und bezeichnet diese noch bis ins Alter von fast drei Jahren als „Bagerba". Da seine Mutter weiß, dass er Chips haben möchte, wenn er „Bagerba!"-rufend vor dem Küchenschrank steht und die Arme greifend ausstreckt, kann sie adäquat darauf reagieren und ihm hin und wieder Chips reichen.

Erste Wörter von Kindern haben häufig eine andere Sinnstruktur als die Wörter, die wir aus unserer Erwachsenensprache kennen, auch wenn sie den gleichen Gegenstand meinen, also sich der gleiche Begriff dahinter verbirgt. Der Psychologe Lurija beschreibt dies ausführlich am Beispiel des Wortes „Kaufhalle", mit dem ein Kleinkind sicherlich einen Ort verbindet, an dem es leckere Schokolade oder Spielsachen zu kaufen gibt. Ein Schulkind versteht vermutlich schon, dass dies ein Ort ist, an dem Lebensmittel eingekauft werden, und eine Erwachsene ist sich dessen bewusst, dass hinter der Kaufhalle ein ökonomisches System steckt (Lurija 1986, S. 65).

Ein und dasselbe Wort, das ein und denselben Gegenstand bezeichnet, verändert also im Laufe der sprachlichen Entwicklung eines Kindes die individuelle Bedeutung (Semantik), seine individuelle Sinnstruktur.

Mehrsprachig aufwachsende Kinder haben die Aufgabe, zu den Begriffen aus ihrer Alltagswelt die dazugehörigen Wörter in mehreren Sprachen zu lernen. Zudem unterscheiden sich die Bedeutung der Wörter und der Begriff, auf den sie sich beziehen, je nach Sprache. Das englische Wort „blue" beispielsweise bezeichnet nicht nur die Farbe Blau, sondern auch den Gemütszustand traurig, wohingegen das deutsche Wort „blau" sich auf die Farbe oder umgangssprachlich auch auf einen alkoholisierten Zustand einer Person beziehen kann. „La casa" im Spanischen bedeutet „das Haus" und kann sich auch auf „die Familie" beziehen, und „la mosca" steht für „die Fliege" oder „die Knete", wobei nicht die Modelliermasse gemeint ist, sondern die umgangssprachliche Bezeichnung für Geld. Nicht selten passiert es Kindern, dass ihnen der jeweilige Begriff in ihrer Umgebungssprache nicht einfällt, wie bei dem deutsch-französisch aufwachsenden Noel:

Noel interessiert sich für Tiere und insbesondere für Insekten. Er erzählt von einem Schmetterling und benutzt in einem Gespräch mit der pädagogischen Fachkraft, ohne es zu merken, das französische Wort „papillon" für Schmetterling.

Alles in allem erweitern Kinder in dieser Phase ihr (mehrsprachiges) Lexikon rapide, indem sie neue Wörter bilden. Kinder verfügen dabei über Strategien, mit denen sie ihren **Wortschatz erweitern.** Einige der Erweiterungsstrategien von Kindern sind im Folgenden aufgeführt (vgl. Füssenich/Geisel 2008; Füssenich 2002):

1. Kinder (K) imitieren Worte von anderen.
   E: Das ist eine Wippe.
   K: Eine Wippe.

… sie etwas nicht verstehen.

… n Sohn: „Schon vor einiger Zeit sagt … was ist eigentlich sondern?'" Darauf- … welchem Satz „sondern" besser passt … nd damit beschäftigt.

… hren Wortschatz aktiv erweitern und … n fragen.

… nbinieren Morpheme miteinander und … pien.

… die sie nicht kennen. Dabei passiert es … n der Sprache, die sie entdecken, über-

… ;chere nicht ein. Er ersetzt es durch

… *eiden* benutzt Noel für das Nomen die … el der Substantivierung, die bei spielen … iase, in der Kinder unbekannte Wörter ersetzen, passiert es häufig, dass … r „überdehnen". Darunter ist zu verstehen, dass sie beispielsweise Hund für alle vierbeinigen Tiere verwenden oder dass sie Wörter „unterdehnen" und als Hund nur den ganz speziellen Hund vom Nachbarn benennen.

5. Kinder bilden Oberbegriffe (Kategorisierung), durch die der Wortschatz miteinander vernetzt wird. Das zeigt folgendes Beispiel aus einer Regelspielsituation mit einem fünfjährigen Kind, in der Spielkarten den Oberbegriffen zugeordnet wurden:
   E: Das ist ein Hund, die leg ich zu den Tieren.
   K: Das ist ein Ball, den leg ich zu den Spielsachen.

Eine besondere Bedeutung bei den ersten bewusst verwendeten Wörtern hat das Wörtchen „nein". (Zollinger 2011, S. 39) In Folge der Erkenntnis eines Säuglings, dass seine Bedürfnisse nicht unbedingt mit denen anderer übereinstimmen, beginnt die Loslösung von der Mutter und damit die Ich-Entwicklung. Ein Kind beginnt zu krabbeln, erkundet die Welt und ihre Grenzen, deren Rahmen meist von den Bezugspersonen mit Hilfe des Wörtchens „nein" gesteckt werden, beispielsweise beim Öffnen von Schränken, Schubladen oder Dingen, die in den Mund gesteckt werden. Ein Kind, das mit unterschiedlichen Formen von nein (mal laut, mal leise, mal lang intoniert, mal mit heftiger Gestik und Mimik versehen) konfrontiert wird, beginnt bald selbst, die Wirkung dieses Wortes zu entdecken, um so ganz allgemein zu erfahren, dass mit Sprache etwas bewirkt werden kann. Dieses kleine besondere Wörtchen hat eine große Wirkung in der sprachlichen Bildung: „Das Wort Mama ist die Mama, das Wort Hund ist Teil vom Hund, und das Wort Auto gehört zum Auto. Das Wort nein gehört aber weder zu dir noch zu mir; es schwebt sozusagen zwischen uns, trennt und verbindet uns: Damit bildet es die Basis für die Mit-Teilung". (Zollinger 2011, S. 40)

„Der Erwerb des ersten Wortes ist immer mit konkreten Handlungen und der Interaktion zwischen Kind und Bezugsperson verbunden." (Füssenich 2002, S. 71) Nach Lurija (1986, S. 27; S. 31) haben die ersten Wörter sympraktischen Charakter, d. h., sie sind direkt mit Handlung, Gegenstand und Situation im Hier und Jetzt verbunden, und sie haben meist eine individuelle Bedeutung für ein Kind. Durch die Erweiterung des Wortschatzes in immer komplexeren Äußerungen lösen Kinder Wörter allmählich aus dem Handlungskontext, dem Hier-und-Jetzt, und verwenden sie symbolisch (Füssenich 2002, S. 72). Die Wörter sind losgelöst von einem Kontext, sie sind dekontextualisiert. Damit ist der Baustein gelegt, dass Kinder in der Lage sind, von Vergangenem und Zukünftigem sowie von Gefühlen und Wünschen von sich und anderen zu sprechen. Bis zu diesem Zeitpunkt waren sie nur in der Lage, über alles zu sprechen, was im Augenblick passiert. Mit dieser neuen Sprachverwendung verändert sich das Denken von Kindern. Handlungen können nur gedacht werden und brauchen nicht mehr ausgeführt zu werden. Dies ist eine wichtige Fähigkeit für die spätere Entwicklung des Fantasiespiels, bei dem Kinder Gegenstände umdeuten, indem aus einer Holzbanane ein Telefonhörer wird, indem ganze Spielszenen entstehen und später sogar lang andauernde Rollenspiele stattfinden. Die Fähigkeit, die Sprache aus dem Kontext des Hier und Jetzt zu lösen, steht auch im Zusammenhang mit der Entwicklung der schriftsprachlichen Fähigkeiten (siehe Kap. 5).

Mit 20 Monaten verwendet und versteht Jakob schon viele Wörter. Jakobs Eltern wissen dies am besten. Sie haben eine Liste mit Jakobs Wortschatz angefertigt. Viele der Wörter haben eine explizit kommunikative Funktion, d. h., Jakob verwendet sie, um damit eine Handlung der Bezugspersonen zu erreichen. Die Liste macht deutlich, dass er die Steuerungsfunktion der Sprache verstanden hat (Abb. 10).

Auszug aus Jakobs Wörterliste:

Mama		Baby	
Papa		Kinder	(ausgesprochen Dina, für Kinder,
Oma			aber auch für seinen Kinderwagen)
Opa		Puppe (Puppa)	
Mann	(ausgesprochen Mam, lange Zeit für	nein	
	alle fremden erwachsenen Menschen,	ja	
	inzwischen auch Wau für Frau, wenn	da	
	man ihm sagt, dass es eine Frau ist)	hier	
aus		Hund	(Hud)
an	(Musik oder Lampe)	Esel	(auch für Pferd)

Auszug aus Jakobs Wörterliste:

zu		Biene	(Biema, auch Wort für Birne und Brille)
auf	(erster Zweiwortäußerung: Papa auf: Papa steh auf)	Ameise	(Ame, für alles Krabbeltier)
ab		Mäh	(für echte Ziegen und Schafe und für sein Kuscheltier)
runter		Schnuller	(Munna)
hin	(irgendwas irgendwo hinstellen, -setzen, -legen, -hängen)	Prost	(poost)
mit	(nimmt jemanden an die Hand und sagt z. B. Oma mit für Oma komm mit)	Kekse	(Tetse)
aua		Apfel	(anfangs mal Apfl, jetzt nur noch Appa)
bums, buff	(wenn er hingefallen ist, zeigt er auf den Kopf und sagt bums oder buff und aua)	Banane	(eines der ersten Wörter, heißt immer noch Nana)
kaputt	(„putt", das kleinste Loch ist schon ein Drama: putt, putt!)	Birne	(Biema, auch für Birne und Brille)
nass		Tomate	(Mate)
Ball		Karotte	(Otte)
Auto		Paprika	(Papa)
Bagger	(Badda)	Ei/Eier	(ei, ei, auch für streicheln)
Traktor	(Dato)	Schokolade	(Lade)
Bus		Blume	(Bune)
Kran	(Dan)	Stern	(Dern)
Gitarre	(Datte)	Stein	(Dein)
Trommel	(Dona)	Arm	(anfangs hieß das, er will auf den Arm)
Klavier	(wier)	Zähne	(Dähna, auch für Zahnbürste)
Katze	(Tate)	Gießkanne	(Gieße)
		…	

Abb. 10: Auszug aus *Jakobs* Wortschatz mit 20 Monaten

Bei der Erweiterung des Wortschatzes treffen Kinder im Alltag von Elementareinrichtungen auf eine Fachsprache. Zu dieser Fachsprache „… gehören etwa Bezeichnungen für vorhandene Geräte, Spiele, das Zeichen- und Bastelmaterial und besondere Aktivitäten des Kindergarten-Tagesablaufs wie z. B. ‚freies Spiel' zur Beschreibung nicht angeleiteten Spielens." (Luchtenberg 1989, S. 155) Neben den Fachbegriffen aus dem Alltag kommen fachliche Einbeziehungen aus themenbezogenen Einheiten hinzu. Hierzu zählen Themen aus dem Jahreskreis bis hin zu naturwissenschaftlichen Experimenten, die in den letzten Jahren immer mehr Einzug in die elementaren Bildungseinrichtungen erhalten haben. Bei der Erweiterung ihres Wortschatzes stoßen Kinder somit auf eine Vielzahl an neuen Wörtern, mit denen sie im Alltag der Familie bislang weniger konfrontiert waren. Gerade für Kinder, die mit mehreren Sprachen aufwachsen, ist die Fachsprache in der Bildungseinrichtung eine neue sprachliche Herausforderung, bei der sie unter Umständen Unterstützung benötigen (ebd.).

Vernetzung semantischer Fähigkeiten

Wenn von der „Aneignung der semantischen Fähigkeiten" die Rede ist, wird diese meist reduziert auf die Anzahl der Wörter also die Quantität des kindlichen Wortschatzes. Der Umfang des Wortschatzes genießt nicht nur innerhalb der Förderung eine gesicherte Stellung, sondern ist ein mit vielen Forschungsarbeiten abgesicherter Bereich. Viel entscheidender als ein umfassender Wortschatz ist jedoch häufig die Vernetzung des Wortschatzes oder der Morpheme (vgl. Kap. 2.2).

Darunter ist zu verstehen, dass sich bei Sprachlernerinnen im inneren Lexikon auf morphologischer (Sprachbau-) und inhaltlicher (bedeutungstragender) Ebene vielfältige Netzwerke ausbilden. Bei der Vernetzung der einzelnen Morpheme ist ein Wissen über deren Bedeutung unerlässlich. Die Vernetzungen auf der morphologischen Ebene ermöglichen der Sprachenlernerin das Bilden neuer Worte (Wortneuschöpfungen) und das Verwalten bereits gelernter Worte.

Dem mehrsprachig französisch-deutsch aufwachsenden Noel fällt der Begriff für Kaktus nicht ein, er nimmt eine Ersetzung vor, in dem er sein begriffliches Wissen über den Kaktus vernetzt: Er weiß, dass es eine Pflanze, für ihn Blume, ist und dass diese Stacheln hat. Er bezeichnet den Kaktus fortan als „Stachelblume".
Auch bei Julian findet eine Vernetzung in seinem inneren Lexikon statt, als er erklärt, was eine Geige ist und dabei auf ein anderes Saiteninstrument verweist: „Ich kann Geige spielen. Da muss man nur eine Gitarre nehmen und einen Stab und dann so machen." Dabei fuchtelt er wild mit den Armen.

Übernahme der Perspektive und Äußerungen von anderen

Kinder verstehen ihr Gegenüber bald als Menschen mit eigenen Wünschen, Absichten und Gefühlen. Sie wissen, dass sich ihr Wissen von dem des anderen unterscheidet und umgekehrt. Dies wiederum bedeutet, dass sie zunehmend in der Lage sind, die Perspektive von anderen einzunehmen (Tomasello 2006, S. 222). „Die Fähigkeit der Perspektivübernahme wird nicht nur durch die Kommunikation vorangetrieben ..., sondern ermöglicht diese gleichzeitig auf einer neuen Qualitätsebene". (Menz 2007, S. 80)

Wenn Kinder in der Lage sind, sich in die Perspektive ihres Gegenübers hineinzuversetzen, gelingt es ihnen, sich an immer komplexer werdenden Äußerungen von anderen zu orientieren und diese zu übernehmen. Dies ist ein sprachlich-kognitiv anspruchsvoller Prozess (Tomasello 2006, S. 136 ff.). Imitiert ein Kind eine vom Erwachsenen vorgemachte Geste oder ein Wort, muss es sich selbst lediglich an die Stelle des Erwachsenen setzen und die Geste ausführen. Beim Orientieren an Äußerungen hingegen ist die Äußerung auf ein Kind bezogen, wodurch es einen Rollentausch vornehmen muss. „Das bedeutet, dass das Kind lernen muss, ein Symbol gegenüber dem Erwachsenen auf dieselbe Weise zu gebrauchen, wie es der Erwachsene ihm gegenüber gebraucht hat." (Tomasello 2006, S. 138) Ein Kind muss in der Situation sowohl seinen Standpunkt als auch den Standpunkt des Erwachsenen von einem „äußeren" Standpunkt aus verstehen, um den Rollentausch vorzunehmen.

Beim Ratespiel „Rategarten“ hört der fünfjährige Eugen (Eu) immer wieder die Fragestrategie der pädagogischen Fachkraft. Sie fragt zunächst, ob es sich beim gesuchten Begriff um ein Tier oder um ein Spielzeug handelt, dann fragt sie weiter, ob das Tier ein weiches Fell hat oder das Spielzeug rot ist. Während des gesamten Spielverlaufs orientiert sich Eugen kein einziges Mal an der Fragestrategie, die die Fachkraft ihm gegenüber verwendet. Eugen hat demnach noch Schwierigkeiten, sich an Äußerungen anderer zu orientieren. Das Fragevorgehen von Eugen zeigt sich an zwei ausgewählten Begriffen (Schaf und Teddybär), die er erraten soll. Er fragt lediglich nach einzelnen Begriffen, statt sich an der ihm vorgemachten Strategie zu orientieren:

Eugen versucht, Schaf zu erraten:
Eu: „Ein Ente? Eine Kuh? Eine Maus? Ein Fahrrad? Ein Fahrzeug? Ein Schaf?“

Eugen versucht, Teddybär zu erraten:
Eu: „Ein Huhn? Ein Katze? Ein Fahrrad? Ein Schiff? Ein Eimer? So was (zeigt)? Ein Teddybär?“

Gerade für das Erzählen ist die Fähigkeit zur Perspektivübernahme äußerst wichtig, um sich in den anderen hineinzuversetzen und um in die Erzählung mit einzubeziehen, was die andere weiß, was sie nicht weiß und was sie als Zuhörerin wissen muss. Auch im Rollenspiel ist die Perspektivübernahme von entscheidender Bedeutung, um zu verstehen, welche Informationen die Mitspieler für die Teilhabe am Spiel brauchen. Kinder verwenden hierfür häufig Spielanweisungen auf der metasprachlichen Ebene.

Metasprache

Wenn Kinder, die nicht verstanden werden, ihre eigenen Äußerungen verändern, fangen sie an, über Sprache nachzudenken. Dies zeigt, dass sie über metasprachliche Kompetenzen verfügen. Nicht nur wenn sie sich selbst, sondern auch wenn sie die Äußerungen ihrer Gesprächspartnerin verbessern, ist dies eine Form von Metasprache. Metasprachliche Kompetenzen äußern sich auf unterschiedliche Art und Weise im kindlichen Sprachverhalten. Zum Beispiel dann, wenn Kinder Fragen über Begriffe stellen, das Interesse an Sprachspielen entwickeln, semantische Umdeutungen vornehmen oder mit der Klangform von Sprache spielen, also reimen. Das Spiel mit Bedeutungen behalten Kinder noch im Schulalter bei, was folgendes Beispiel eines Schülers (S) aus der ersten Klasse in einem Gespräch mit seinem Lehrer (E) zeigt:

E: Heftet das Blatt in euren roten Schnellhefter!
S: Schnellhefter? Warum Schnellhefter? Wenn ich es langsam mache, dann ist es ein Langsamhefter!

Eine pädagogische Fachkraft und ein Kind sprechen über ein Autokennzeichen:
E: A wie Aalen und MA wie Mannheim.
K: Mannheim wie Kinderheim, nur für Papas.

Augst u. a. (1977) unterscheiden zwischen **Metakommunikation**, bei der während des Gesprächs Kommunikationsstörungen behoben werden, indem ein Kind nachfragt, wenn es etwas nicht versteht, und **Extrakommunikation**, bei der das Gespräch nicht unterbrochen wird, sondern explizit die Sprache thematisiert wird und dabei spezifische Begriffe verwendet werden, um über Sprache zu sprechen – wie dies im schulischen Grammatikunterricht beispielsweise der Fall ist. Dass Kinder über Sprache nachdenken, wird in unterschiedlichen Situationen im Alltag und im Spiel deutlich. Vor allem das Rollenspiel setzt metasprachliche Fähigkeiten voraus und regt diese gleichzeitig an. Kinder im Rollenspiel verlassen häufig mit ihren Äußerungen die Spielebene und äußern sich auf der metasprachlichen Ebene (Andresen 2002 b, S. 40 f.). Folgende Beispiele aus dem Spiel mit der fünfjährigen Marie (M) verdeutlichen die Metakommunikation im Spiel (Menz 2008):

M: Im Spiel wär des Krankenhaus schon fertig. Du wärst der Doktor. Der muss dann die Verletzten holen.
E: Können wir das als Bett verwenden? (zeigt M. ein unspezifisch, flaches Teil)
M: Ja! Wir nehmen jetzt mal alles, was du findest. (...) Aua, aua mein Kopf. (spielt ein Kind)
M: Da wär noch so ein Mann (nimmt anderes Männchen), der wär unsere Hilfe. Jetzt hätte der Junge gesagt: „Wieso hat der des an“ (dann mit höherer Stimme in der Rolle des Jungen weiter) „Wieso hat der des an?“ Der hätt eine Spritze gekriegt.
E: Dem Kind geht es nicht gut, was hat es denn?
M: Es hat den Kopf gebrochen. Aua, aua! Er hätt „Aua“ gesagt.

Marie verlässt im Spiel ständig die Spielebene und gibt Anweisungen zum Spielverlauf. Dabei gibt sie nicht nur „Regieanweisung“, sondern direkte Anweisungen, was eine Person im Spiel zu sagen hat. Kurz darauf wechselt sie wieder auf die Spielebene und führt ihre eigenen Anweisungen aus, indem sie die wörtliche Rede direkt übernimmt: „Jetzt hätte der Junge gesagt, wieso hat der des an. Wieso hat der des an?“

Insbesondere der Erwerb von mehreren Sprachen erfährt eine rasante Entwicklung, wenn Kinder beginnen, über Sprache nachzudenken und sich ihrer beiden Sprachen bewusst werden.

Die vierjährige Anna fragt: „Mama, wie heißt Montag auf Griechisch?“

Erzähl- und Zuhörfähigkeit

„Erzählen ist eine alltägliche Kommunikationsform, die ständig und überall vorkommt. Es vergeht wahrscheinlich kaum ein Tag, an dem ein Mensch nichts erzählt.“ (Knapp 2011, S. 38) Gerade weil wir es jeden Tag brauchen, ist das Erzählen eine unerlässliche Fähigkeit und zugleich aber ein komplexes Zusammenspiel von mehreren Formen sprachlichen Handelns. Die Fachliteratur beschreibt die Entwicklung im Bereich Erzählen an Hand von verschiedenen Entwicklungsschritten (Knapp 2011; Guckelsberger/Reich 2008; Wagner 1986). Zwei Erkenntnisse gilt es, hervorzuheben: Zum einen benötigen gerade junge Kinder eine erwachsene Erzählpartnerin, um in einer dyadischen Konstellation das Erzählen zu lernen (Knapp 2011). Wagner (1986) nennt diese Form die Geflechterzählung (vgl. Kap. 2.2). Zum andern ist nicht nur die Erzählkompetenz entscheidend, sondern auch die Zuhörfähigkeit. Kinder brauchen eine adäquate Zuhörerin. Erst dann entwickeln sie ihre Fähigkeiten im Bereich Erzählen und Zuhören.

Zur **Rolle der Zuhörerin** gibt das folgende Beispiel Auskunft:

Der fünfjährige Luca (L) erzählt von seinem Geburtstagswunsch. Er wünscht sich eine Spielzeugpyramide. Zur besseren Verständlichkeit der erwachsenen Zuhörerin (E) malt er die Pyramide auf.

L: Da muss man ja ganz einfach … so wie ein Dach.
E: Stimmt, das sieht aus wie das Dach von einem Haus.
L: Und hier ist aber noch eine Stütze.
E: Ah, genau.
L: Wie ein Indianerzelt.
E: Und wo sind da jetzt die Fallen drin?
L: Das zeige ich dir jetzt mal bei einem Modell.
E: Ja, zeig es mir mal.
L: Da brauch ich aber so viel Platz. Es hat zwei Stöcke. Und hier ist dann so ne Schiebetür, die man mit nem Hebel bedienen kann, kann man so so so bedienen. Weißt du, das ist dann so ein Hebel, wo man die aufmache kann und zu, und hier oben ist dann was, wo man draufstehen muss, und wenn die Türe auf ist, dann fällt man in so einen Raum, der ist hier, dann geht es wieder zu, dann ist man gefangen.
E: Oh Schreck, und kommt man dann auch wieder raus?
L: Mhm, wenn die Türe wieder aufgeht.
E: Und wie geht die Türe auf?
L: Ja, das macht man mit dem Hebel, auf und zu.

Im Beispiel wird deutlich, wie die Zuhörerin durch ihre Äußerungen Luca nicht nur sein Interesse zeigt, sondern ihn zum Weitererzählen anregt („Und kommt man da auch wieder raus?“). Die Fragen der Zuhörerin sind zudem Verständnisfragen („Wie geht die Türe auf?“). Sie zeigen Luca an, welche Stelle die Zuhörerin nicht verstanden hat und wo er seine Erzählung weiter ausführen muss.
Erzählen ist als gemeinsame Handlung zwischen mindestens zwei Personen zu verstehen. Daher kommt neben dem Erzählen dem Zuhören eine besondere Bedeutung zu. Die Zuhörerin gestaltet mit einer Reihe von Beteiligungsformen die Erzählung mit. Sie gibt dem Erzählenden Signale mit unterschiedlicher Bedeutung („ja“, „mhm“, „wirklich?“). Außerdem trägt die Zuhörerin zur Fortführung einer Erzählung bei, in dem sie inhaltlich an einem bestimmten Punkt anknüpft, den sie gerne von dem Erzähler vertieft hätte („Und wie ging es dann weiter?“, „Was habt ihr dann gemacht?“) (Schu 1994, S. 255 ff.).

Bestimmte Äußerungen eines Kindes zeigen, dass es etwas erlebt hat, worüber es erzählen möchte oder dass es wünscht, über (zukünftige) Ereignisse zu kommunizieren. Meng (1991, S. 38 f.) untersuchte dies in der Einleitungsphase in spontanen Erzählungen. Jede spontane Erzählung enthält eine solche Einleitungsphase. Hierunter ist zu

verstehen, dass eine Erzählerin ihr Erzählziel in eine laufende Kommunikation einbetten muss. Weiter müssen sich Erzählerin und Zuhörerin einig werden, dass sie kommunizieren möchten und wie sie die Rollen für die Erzählung verteilen.
Meng findet in den spontanen Erzählungen eine Vielzahl an Beispielen für **Erzählankündigungen** von Kindern:

a „Ich hab Aua gemacht."

b „Ich hab schon morgen Geburtstag gehabt!"

c „Papa hat das große Radio weg."

d „Heute kommt der Philipp."

e „Nächste Woche komm ich in den Kindergarten."

Damit die Erzählung in Gang gesetzt wird, ist es wichtig, dass die Zuhörerin durch ihr Handeln der Erzählerin ihre Zuhörerbereitschaft signalisiert. Die Aufgaben der Zuhörerin bleiben während der Durchführungsphase erhalten. Die Erzählerin hat nun unter anderem die Aufgabe, die Verstehensvoraussetzungen der Zuhörerin zu schaffen. Hierfür braucht sie die Fähigkeit, sich in die Perspektive der anderen hineinzuversetzen. Weiter muss die Erzählerin die Ereignisfolge darstellen. Vor allem jüngere Kinder können das Ereignis noch nicht in seine Teilereignisse zerlegen (ebd., S. 112).

Kinder entwickeln ihre Fähigkeiten nicht nur in der Erzählerrolle weiter. Auch die Rolle der Zuhörerin gelingt ihnen mit zunehmendem Alter immer besser. Meng (1991) blickt bei den Erzählungen nicht nur auf die Erzählungen zwischen Kind und Erwachsenen. Die Kommunikation unter Gleichaltrigen treibt den sprachlichen Bildungsprozess ebenfalls voran. Aufgrund des ähnlichen Entwicklungsstandes können Kinder untereinander symmetrische Beziehungen eingehen und auf ähnliches inhaltliches Vorwissen zurückgreifen (Völkel 2010, S. 8). Meng kommt, nachdem sie den Blick auf die Erzähl- und Zuhörfähigkeit von Kindern im Elementaralter richtet, zu folgendem Fazit:
„Dennoch, alles in allem: die Sechsjährigen waren bereit und fähig, die Zuhörerrolle zu übernehmen; es fand eine gute Abstimmung zwischen den sechsjährigen Erzählern und ihren gleichaltrigen Zuhörern statt. Die Erwachsenen jedoch blieben – weiterhin nicht nur begehrte, sondern auch notwendige Partner für die Kinder. Die konfrontierten sie mit weitergehenden Fortsetzungs- und Detaillierungserwartungen und führten ihnen vor, wie man schwierige Verstehensprobleme gemeinsam löst." (Meng 1991, S. 117)

Die Unterstützung des Erzählvorgangs durch ältere Gesprächspartnerinnen ist für die **Entwicklung der Erzählfähigkeit** wichtig, „und zwar nicht nur im Hinblick auf sprachliche Prozesse, sondern auch im Hinblick auf die Strukturierung und Differenzierung von Gedächtnisprozessen." (Andresen 2011, S. 11) Sowohl in der Höhepunkterzählung als auch in der Geflechterzählung (vgl. Kap. 2.2) bilden Kinder mit Hilfe ihrer Gesprächspartnerinnen ihre Fähigkeiten weiter aus. Sie sind zunehmend dazu in der Lage, immer größere Anteile in einer Geflechterzählung zu übernehmen, wohingegen die Höhepunkterzählung noch lange bis ins Schulalter schwierig bleibt, denn diese

Erzählform fordert von Kindern einiges ab (Wagner 1986): Ein Kind allein weiß über den zu erzählenden Sachverhalt Bescheid. Es ist so gesehen auf sich allein gestellt, wenn es darum geht, eine fiktive Geschichte oder ein Erlebnis aus dem Alltag strukturiert zu erzählen, ohne dass der rote Faden verloren geht. So passiert es schnell, dass eben dieser Faden verloren geht und der Zuhörerin der Erzählung nicht folgen kann. Kinder können die Perspektive der Zuhörerin nicht berücksichtigen oder ihr nicht gerecht werden.

In Kindertageseinrichtungen finden Kinder oft andere **Erzählbedingungen** als zu Hause vor. Das Erzählen zu Hause am Mittagstisch oder vor dem Schlafengehen mit den primären vertrauten Bezugspersonen hat oft einfachere Anforderungen als das Erzählen im pädagogischen Alltag. Häufig sind die Erzählsituationen in den klassischen Erzählkreisen (zum Beispiel vom Wochenende erzählen) mit pragmatischen Regeln verbunden. So werden Kinder ggf. aufgefordert, sich zunächst zu melden, bevor sie etwas erzählen, oder es wird ihnen nahegelegt, dass erwartete Äußerungen die Erzählungen strukturieren: „Ich bin heute fröhlich, weil …“ oder „Ich bin traurig, weil …“. Alles in allem brauchen Kinder Geflechterzählungen, um ihre Erzählfähigkeit (und Zuhörfähigkeit) zu entwickeln. In dialogischen Situationen mit Erwachsenen oder Gleichaltrigen hat jeder ein ähnliches Wissen vom Inhalt und trägt seinen Teil zum Gelingen der Erzählung bei. Schon früh geben Kinder Anlässe, die Bezugspersonen als Einstiege in eine Geflechterzählung nutzen können:

Jakob ist eineinhalb Jahre alt, als sein Lieblingskuscheltier, ein Schaf mit langen Ohren, kaputt geht. Seine Eltern bringen zusammen mit Jakob das Schaf zur Reparatur in eine kleine Änderungsschneiderei. Der Schneider schafft es, das Schaf wieder zu reparieren. Dieses Erlebnis und die Tatsache, dass sein Schaf wieder ganz ist, ist für Jakob faszinierend und er erzählt gerne davon, indem er häufig auf sein Schaf zeigt, an der Stelle, an der das Loch war, und „Mann“ sagt. Seine Eltern knüpfen dann an diesem Erzählanlass an und erzählen das gemeinsame Erlebnis vom Schaf beim Schneider.

Und dennoch zeigen Kinder manchmal gerade in der anspruchsvollen Form der Höhepunkterzählung, über welche faszinierenden Fähigkeiten in den Ebenen Pragmatik und Semantik sie bereits verfügen, wie der dreijährige *Julian* (J), der seiner Mutter (E) von einem Einbruch erzählt:

J: Heute war in unserem Kindi eingebrochen und zuerst, da, da hab ich nämlich, da bin ich im Kindi gewesen und hab gepackt und haben wir da die Polizei gesehen und da war ein Polizist und weil da ein Räuber war. Die haben die Schranktür aufgebrochen und die ich glaub der Räuber ist schon im Gefängnis, die mussten nur noch nach den Spuren suchen, aber die haben keine gefunden und … aber an der Scheibe haben sie welche gefunden, von den Fingern.

E: Und was hat er gestohlen?

J: Der hat Bilderrahmen gestohlen, und ich glaub im Büro wurde aufgebrochen, das Fenster, die Schranktür war auch aufgebrochen von dem Räuber, aber die haben zuerst die Fenster aufgebrochen.

2.3.2 Sprachverstehen

Die separate Beschreibung der sprachlichen Bildung im Bereich Sprachverstehen soll nicht den Eindruck erwecken, dass sich das Sprachverstehen losgelöst von den Meilensteinen der sprachlichen Bildung im pragmatisch-semantischen Bereich entwickelt. Die Begriffe Perzeption und Produktion, die oft in der Fachliteratur als zwei Seiten einer Medaille beschrieben werden, vermitteln diesen getrennten Eindruck. Jedoch ist das Sprachverstehen in engem Zusammenhang mit der Gesamtentwicklung von mehr- und einsprachigen Kindern zu sehen. Versteht das Kind die Sprache nicht ausreichend, kann es diese nicht einsetzen, um sich mitzuteilen (Mathieu 2000 a; 2000 b). Um diese zu verdeutlichen, orientiert sich die folgende Beschreibung an den bereits dargestellten Meilensteinen der pragmatisch-semantischen Bildung. Die Begriffe Sprachverständnis und Sprachverstehen sind daher in Anlehnung an andere Fachliteratur als Synonyme verwendet.

Zunächst drei grundlegende Aussagen über das Sprachverständnis von Mathieu (2000 a; 2000 b):

- „Sprache verstehen ist dann interessant, wenn ich merke, dass mir mein Gegenüber etwas mitteilen will, was ich noch nicht weiß." (Mathieu 2000 a, S. 49)
- Ein Kind muss lernen, Hypothesen über die kommunikativen Absichten des anderen auszubilden.
- Es reicht nicht, dass es weiß, was gesagt wurde, es muss auch wissen, was mit dem Gesagten zu tun ist.

Alle drei Aussagen machen deutlich, dass die Entwicklung des Sprachverstehens wie die gesamte sprachliche Bildung kein Soloausflug des Kindes ist (Füssenich 2002), sondern sich im Austausch des Kindes mit seiner Umwelt und den darin lebenden Bezugspersonen entwickelt.

Gemeinsame Handlungen sind die Grundlage, auf denen bereits ein Säugling ein Verständnis für die Handlungssituationen entwickelt. In zur Routine gewordenen Formaten lernt er, die Äußerungen mit für ihn bedeutsamen Gegenständen und Gefühlen zu verbinden. Er braucht zunächst die Äußerungen nicht zu verstehen, sondern entnimmt dem routinierten Kontext, was er zu tun hat, und bildet erste Vorstellungen seiner Umwelt aus, die für das Sprachverstehen unabdingbar sind (Mathieu 2000 a; 2000 b). Die Ausbildung von mentalen Vorstellungen von Handlungen erlaubt dem Säugling den Erwerb der **Fähigkeit zur Objektpermanenz**, indem er versteht, dass Dinge auch außerhalb seiner Wahrnehmung existieren. Er versteht bald Wörter, wenn sie sich auf Gegenstände außerhalb der Wahrnehmung beziehen, und er versteht zunehmend auch Äußerungen, die innerhalb des triangulären Dreiecks von Bezugsperson, Kind und Gegenstand stattfinden: „Gib mir den Ball!" oder „Papa kommt nach Hause! Hörst du das Auto?" usw. In dieser Phase reagieren Kinder meist auf die Worte, die am Ende einer Äußerung stehen.
Woher aber verstehen sie, dass es sich bei der Aufforderung „Wo ist der Teddy?" um eine Aufforderung handelt, diesen zu holen? Die Antwort liegt in der intuitiven Äußerungs-

präsentation der Bezugsperson, die bei einer Aufforderung die Äußerung besonders betont oder wiederholt: „Dort ist der Ball", „Hol den Ball!", „Das ist aber ein toller Ball!". So lernt das Kleinkind bereits in dieser frühen Phase pragmatische Differenzierungen zwischen unterschiedlichen Äußerungsabsichten zu verstehen (Mathieu 2000 b, S. 86).
In der gleichen Phase, in der ein Kind lernt, erste Worte zu gebrauchen, lernt es, erste Worte zu verstehen, auch wenn seine Interpretation der Wortbedeutungen nicht immer identisch mit denen der erwachsenen Bezugspersonen ist. Im Laufe der sprachlichen Bildung gleicht das Kind seine Worte im Lexikon an die Worte an, wie es sie von den Bezugspersonen hört. „Ein großer Schritt vollzieht sich in der Entwicklung des Sprachverständnisses dadurch, dass das Kind merkt, dass es durch das Äußern von Worten bei anderen Personen ähnliche Vorstellungen und Gefühle wie die eigenen auslöst und damit etwas bewirken kann." (Mathieu 2000 b, S. 87) Ein Kind erlebt, dass es selbst und andere die Sprache zum Erreichen von Zielen einsetzen. Ein Kind versteht, was die Bezugsperson von ihm möchte, und es kann die Aufmerksamkeit der Bezugsperson verbal und nonverbal seinen Zielen entsprechend steuern.
Mit dem Beginn der Objektpermanenz sind die Objekte, für die ein Kind ein Sprachverständnis entwickelt, nicht mehr mit der konkreten Handlung verbunden. Objekte sind von der Handlung und vom dem Selbst des Kindes losgelöst, indem es eine innere Vorstellung von ihnen aufbauen kann. Ein Kind benutzt jetzt Handlungen, um neue semantische Bezüge zu entdecken. „Das Kind handelt nicht nur, um zu verstehen, sondern fühlt sich immer aufgefordert, die Handlung selbst auszuführen." (Mathieu 2000b, S. 88)
Um immer komplexere Äußerungen zu verstehen, setzt ein Kind die Handlungserfahrungen, die es sammeln konnte, miteinander in Beziehung. Die Loslösung des Sprachverstehens von Handlungen im Hier und Jetzt, die **Dekontextualisierung**, erlaubt Kindern zunehmend, Äußerungen aus der Vergangenheit und Zukunft zu verstehen. „Morgen kommt Papa" oder „Wie hat es dir im Kindergarten gefallen?" können Kinder richtig verstehen und einfache Äußerungserwiderungen darauf geben. Mit dem ansteigenden Wortschatz durch differenzierte Strategien zur Erweiterung des Wortschatzes wächst der Anteil der Wörter, die sie innerhalb von Äußerungen verstehen können.

Es kommt dabei häufig zu **Schlüsselwortinterpretationen.** Kinder entnehmen einer längeren Äußerung ein oder mehrere Schlüsselworte, die sie bereits verstehen, und sie interpretieren diese. Ein Verstehen von Passivsätzen ist zu diesem Zeitpunkt daher schwer möglich. Hört ein Kind die Äußerung „Die Mutter wird vom Kind gewaschen!" wird es die Schlüsselworte Mutter, Kind, waschen verstehen und interpretieren, dass die Mutter ein Kind wäscht, statt umgekehrt.
In dieser Phase kommt es außerdem immer wieder vor, dass ein Kind Wörter innerhalb einer Äußerung nicht kennt, sie falsch oder mit eingeschränkter Bedeutung erfasst oder Schwierigkeiten mit morphologisch veränderten Worten hat, also es kennt zwar „Buch", aber nicht „Bücher" (Bauer/Endres 1999, S. 318).
Diese Situationen des Nichtverstehens tragen dazu bei, dass ein Kind mit Hilfe der Erweiterungsstrategien seinen Wortschatz ausdifferenziert und Einträge im Lexikon

miteinander vernetzt, sofern es von den Bezugspersonen die Anregung hierfür erhält. Entscheidend sind die gemachten Erfahrungen des Kindes. Ein Kind wird dann Fragen nach Wörtern und deren Bedeutung stellen, wenn es in vorher gemachten Situationen erfahren hat, dass das Fragenstellen zum Gelingen des Sprachverstehens beiträgt.

Ein Meilenstein in der sprachlichen Bildung ist die **Übernahme von Äußerungen** anderer. Dies ist eine nicht ganz einfache sprachlich-kognitive Leistung von Kindern. Die Äußerung kann ein Kind nicht nur imitieren, es bedarf vielmehr eines Perspektivwechsels, indem das Kind die Äußerung so verwendet, wie sie die Gesprächspartnerin ihm gegenüber gebraucht hat. Um die Äußerung übernehmen zu können, muss ein Kind nicht nur die Äußerung verstanden haben, sondern auch die kommunikative Absicht, die hinter der Äußerung steckt. Es muss verstehen, ob es sich beispielsweise um eine Aufforderung handelt, etwas zu tun, oder um eine Information über Wissenswertes. In dem Beispiel weiter oben fragte die pädagogische Fachkraft den dreijährigen Samuel, wo sein Auto sei, das er sich zum Spielen ausgesucht hatte. Er verstand die Äußerung richtig als Aufforderung, der Fachkraft zu zeigen, wo es sich befand, und nicht als Aufforderung, es ihr zu bringen. Samuel zeigte deshalb in die Bauecke. Wenn er jetzt in die Bauecke geht, sein Auto nicht findet und dann ein anderes Kind fragt: „Wo ist mein Auto?“, übernimmt er die Äußerung in dem Wissen, dass sie bei seiner Zuhörerin die Reaktion auslöst, ihm das Auto zu zeigen. Bei der Übernahme von Äußerungen geht es folglich darum, zu verstehen, welche kommunikative Absicht hinter der Äußerung steckt, um diese in anderen Situationen passend übernehmen zu können.

Zunehmend entwickeln Kinder ein **metasprachliches Verständnis**, indem sie nachfragen und über Sprache und deren Bedeutung nachdenken. Gleichzeitig verstehen sie Äußerungen, die ein Nachdenken über Sprache erfordern, was bedeutet, dass sie in der Lage sind, ihre Äußerungen mit Hilfe von Rückmeldungen zu reflektieren: „Wie meist du das?“, „Was möchtest du sagen?“. Kinder können mit Rückmeldungen über Missverständnisse umgehen und gegebenenfalls ihre Äußerungen modifizieren. Das Gleiche gilt für Momente, in denen sie nicht verstanden werden. Auch im Spiel mit Gleichaltrigen verstehen sie metasprachliche Äußerungen, die häufig im Konjunktiv stehen und losgelöst vom Spiel als Regieanweisung zu verstehen sind: „Ich wäre jetzt der Vater, und du bist die Mutter!“ Erst durch das Verständnis dieser metasprachlichen Äußerungen sind sie dazu in der Lage, mit Gleichaltrigen Rollenspiele mit den unterschiedlichsten Themen zu spielen.

Kinder verstehen nicht nur einzelne Äußerungen, sondern sind auch in der Lage, **die Äußerung in einen Gesamtzusammenhang zu bringen** und Erzählungen zu verstehen bzw. an diesen teilzuhaben. Sie unterstützen mit dem Verstehen von Äußerungen in der Zuhörerrolle eine Erzählende, in dem sie Nachfragen stellen oder bei der Geflechterzählung mit inhaltlichen Beiträgen das Erzählthema bereichern. Gerade bei den Geflechterzählungen sind Fähigkeiten im Bereich Sprachverständnis notwendig, um an dem kollektiven Erzählthema aktiv teilzuhaben.

2.4 Sprachförderung auf pragmatisch-semantischer Ebene

In unterschiedlichen Alltags- und Spielsituationen mit Kindern können Aussagen über ihre Fähigkeiten und Schwierigkeiten auf der pragmatisch-semantischen Ebene gemacht werden. Dabei steht die Frage im Vordergrund, ob Kinder ihre Fähigkeiten erweitern. Es ist deshalb wichtig, anstelle der einmaligen Erhebung eines Ist-Zustandes eine alltagsbegleitende Beobachtung zu unterschiedlichen Zeitpunkten durchzuführen. Aus den Fähigkeiten und Schwierigkeiten lassen sich Konsequenzen für die Sprachförderung ableiten oder gegebenenfalls die Notwendigkeit einer zusätzlichen Sprachtherapie erkennen.

2.4.1 Sprachförderliches Handeln der Bezugspersonen

Die Förderung der Fähigkeiten auf der pragmatisch-semantischen Ebene hängt, gleich wie ihre Bildung, auch vom Handeln der pädagogischen Fachkräfte ab. Da die Sprachförderung durch die Bezugspersonen und die pädagogischen Fachkräfte entscheidende Auswirkungen auf die Fähigkeiten von Kindern hat, richtet sich das Augenmerk in der folgenden Darstellung zunächst hierauf, was in dem Beobachtungsbogen „Blick auf Erwachsene: Reflexion des eigenen Verhaltens" (Abb. 12) zusammengefasst wird.

Sprachliche Bildung findet in **gemeinsamen Handlungen mit Kindern** statt. Die Handlungen können sprachlich oder nichtsprachlich, mit oder ohne stimmliche Äußerungen sein. In den zur Routine gewordenen, gleich ablaufenden Formaten bildet ein Kind seine sprachlichen Fähigkeiten weiter aus. Dafür braucht es die Unterstützung der erwachsenen Bezugspersonen, denen die Aufgabe zukommt, sich ähnelnde Handlungssituationen (Formate) herzustellen und zu gestalten. „Kinder zeigen schon sehr früh ein … Interesse, ihre Erfahrungen mit ihren Bezugspersonen zu teilen; über die Resonanz erhalten sie wichtige Impulse für ihre Entwicklung." (Drieschner 2011, S. 18)

Einige Möglichkeiten, mit denen Eltern oder andere Bezugspersonen die gleichbleibenden Handlungssituationen herstellen, damit ein Kind Erfahrungen sammeln kann, sind in den Kapiteln 1.6 und 2.3 bereits beschrieben. Es sind der Blickkontakt, das Zeigen und das mimische Verhalten wie Lachen. Diese Verhaltensweisen werden in der Literatur als engl. **Motherese** oder „Ammensprache" beschrieben. Dazu zählen auch der Einsatz von verlangsamtem Sprechtempo und Sprechrhythmus, eine verstärkte oder übertriebene Sprachmelodie und der Gebrauch eines einfachen, reduzierten Wortschatzes (Schnoor 1997, S. 68). Oft geschehen diese elterlichen Verhaltensweisen ganz intuitiv.

Vor allem die Bindungsforschung hat sich mit dem Motherese beschäftigt und fand heraus, dass feinfühlige Bezugspersonen mit Hilfe des Motherese ihr Verhalten in der Interaktion auf die Fähigkeiten der Kinder abstimmen. Eine feinfühlige Bezugsperson reagiert nicht nur prompt auf die Bedürfnisäußerung des Kindes, sondern auch mit den richtigen Reaktionen, wie die Mutter in folgendem Beispiel:

„Ein Kind von elf Monaten sitzt in seinem Hochstuhl und zeigt auf ein Glas Wasser; die Mutter bückt sich und reicht ihm eine Verpackung aus Silberfolie. Dies mag einen Beobachter verwirren, dennoch hat die Mutter in Übereinstimmung mit den Erwartungen des Kindes gehandelt. Sie hatte beobachtet, dass das Kind zuvor mit der Verpackung aus Silberfolie gespielt und diese dann fallen gelassen hatte. Damit verlor das Kind sie aus dem Blickfeld und deutete nun auf etwas ebenfalls Glänzendes, um seinen Wunsch auszudrücken." (Fonagy 2003, S. 42 f.)

Nicht nur für Eltern, sondern auch für pädagogische Fachkräfte in Elementareinrichtungen ist es wichtig, die Signale eines Kindes zu bemerken und angemessen darauf zu reagieren. Remsperger (2011) beschreibt diese Fähigkeit von pädagogischen Fachkräften als **sensitive Responsivität.** „Eine Erzieherin, die mit sensitiver Responsivität auf die Signale von Kindergartenkindern reagiert, muss die Signale des Kindes bemerken und sich auf die Signale des Kindes hin angemessen verhalten." (Remsperger 2011, S. 276)
Merkmale dieses feinfühligen Verhaltens sind: Interesse, Engagement und Verständnis für ein Kind, was sich durch Blickkontakt und Ruhe bei Gesprächssituationen zeigt. Gleichzeitig beeinflussen Rahmenbedingungen wie eine hohe Geräuschkulisse und andere Ablenkungen das feinfühlige Verhalten der pädagogischen Fachkräfte (ebd., S. 282). Somit wird wieder deutlich, dass es die Bezugspersonen sind, die die gemeinsamen Handlungen so gestalten müssen, dass sie sprachlich anregend sind. Remsperger (ebd., S. 284 f.) fand heraus, dass sich Kinder weniger an Interaktionen beteiligten, wenn die Handlungssituation durch Abfragen, vorgegebene Lösungen oder Anweisungen der pädagogischen Fachkraft gekennzeichnet ist.

Handlungssituationen, die kindbestimmt sind, regen Kinder an, sich weiter mitzuteilen. In den kindbestimmten Situationen gehen pädagogische Fachkräfte prompt auf Kinder ein, „hören ihnen zu, lassen sie ausreden und spiegeln konsequent sowie mit ihrer zugewandten Körperhaltung, fortwährendem Blickkontakt und unterstreichenden Gesten die Signale der Kinder". (Remsperger 2011, S. 289) Immer wieder erhalten Eltern von pädagogischen Fachkräften den Ratschlag, möglichst viel mit den Kindern zu reden. Und nicht selten wird eben dieses Prinzip im Rahmen der Sprachförderung in Kindertageseinrichtungen umgesetzt. Dabei ist es häufig das **zuwendende Zuhören**, was die sprachliche Bildung der Kinder vorantreibt. „Zuhören bedeutet, ich bin aufmerksam, ich möchte verstehen, was mein Gegenüber meint, und ich gebe ihm irgendwie Rückmeldung, was ich verstanden habe ...". (Winner 1996, S. 19)
Neben dem feinfühligen Verhalten stehen pädagogischen Fachkräften als Bezugspersonen von Kindern ganz gezielte sprachliche Unterstützungsmöglichkeiten zur Verfügung. Beispielsweise erwies es sich in der Studie von Remsperger (2011, S. 298) als gesprächsanregend, wenn pädagogische Fachkräfte mit **offenen und einladenden Fragen** auf die Kinder reagierten, wie: „Was hattest du denn vor?", „Wie bist du auf diese Idee gekommen?" usw. „Im Gegensatz zu geschlossenen Fragen haben offene Fragen den Effekt, das Gespräch in Gang zu halten und signalisieren Interesse am Gegenüber." (Reichert-Garschhammer/Kieferle 2011, S. 181)

Auch mit modellierenden Äußerungen können pädagogische Fachkräfte die sprachliche Bildung unterstützen. So lässt sich in gemeinsamen Handlungen die Aufmerksamkeit gezielt auf einen sprachlichen Aspekt lenken. In Formaten kommen modellierende Äußerungen mit deutlicher Betonung zum Einsatz, so dass Kinder ein sprachliches Modell durch die Bezugspersonen erhalten. Einige modellierende Äußerungen sind in Abb. 11 zusammengefasst (Dannenbauer 2002):

Vor der kindlichen Äußerung:		
Präsentation	Dem Kind wird eine zu lernende sprachliche Äußerung gehäuft präsentiert.	E: Hast du gesehen? Ich habe die Kugel genommen? Hast du auch eine gefunden?
Parallelsprechen	Die kindliche Handlung wird sprachlich begleitet.	E: Du willst wohl die Autos holen. E: Wollen wir mit den Autos spielen?
Alternativfragen	Dem Kind werden zwei Äußerungen angeboten, eine davon ist die korrekte Äußerung.	E: Ist das der Apfel oder die Birne?
Nach der kindlichen Äußerung:		
Expansion	Die kindliche Äußerung wird vervollständigt.	K: Hund. E: Ja, das ist der Hund.
Umformung	Die kindliche Äußerung wird umgeformt, um sie zu berichtigen.	K: Katze Milch trinken. E: Ja, die Katze trinkt Milch.
modellierte Selbstkorrektur	Die nicht korrekte kindliche Äußerung wird nachgeahmt und sofort wieder berichtigt geäußert.	2. Person, Einzahl K: Und du hol Teller. E: Okay, und du hol.../und du holst Tassen.

Abb. 11: Modellierende Äußerungen von Erwachsenen

Remsperger (2012, S. 156) fasst vier Thesen zusammen, die das sprachförderliche Verhalten der Fachkräfte in der pädagogischen Praxis prägen sollten:

1. Es kommt entscheidend darauf an, wie die pädagogischen Fachkräfte Erzählkreise, Vorlese- und Spielsituationen und damit den Austausch mit Kindern gestalten.
2. Große Zurückhaltung ist ebenso wenig förderlich wie das Lenken durch Abfragen und Instruktionen.
3. Vor allem das sensitiv-responsive Verhalten unterstützt die sprachliche Bildung.
4. „Feinfühlige Sprachförderung braucht Beziehungsförderung." (ebd.)

Neben all dem ist für sprachförderliches Handeln die **Fähigkeit zur Selbstreflexion** des eigenen Handelns entscheidend (Drieschner 2011; Baumgartner 2008; Winner 1996). Unterschiedliche Reflexionsbogen, die den Blick auf das sprachliche Handeln der pädagogischen Fachkräfte richten, können dabei hilfreich sein. Häufig bieten die Bildungspläne für den Elementarbereich der einzelnen Bundesländer wichtige Impulse zur Reflexion des sprachförderlichen Verhaltens im pädagogischen Alltag. Auch der Reflexionsbogen (Abb. 12) richtet den Blick auf das Handeln der pädagogischen Fachkräfte, wobei der Schwerpunkt auf der pragmatisch-semantischen Ebene liegt. Der Bogen bietet Anhaltspunkte, um durch das eigene Handeln den sprachlichen Bildungsprozess der Kinder anzuregen. Er ermöglicht sowohl einen kollegialen Austausch im Team als auch die Reflexion des eigenen Handelns. Beispiele verdeutlichen die sprachförderlichen Impulse in unterschiedlichen Bereichen: Unterstützung durch Formate, durch feinfühliges Handeln und durch modellierende Äußerungen sowie Unterstützung der Erweiterung des Wortschatzes und weiterer Fähigkeiten. Der Beobachtungsbogen bietet Platz, um das beobachtete Handeln zu drei Zeitpunkten festzuhalten, so dass Lernzuwachs und gegebenenfalls Stagnation zu erkennen sind.

Beobachtungsbogen. Blick auf Erwachsene: Reflexion des eigenen sprachlichen Handelns

Name der pädagogischen Fachkraft: ______________________ Datum: ____________

Sprachförderliches Handeln von pädagogischen Fachkräften	*Beispiele*	Datum:	Datum:	Datum:
Unterstützung durch gemeinsame Handlungen				
Herstellung von Formaten	☑ Alltagsformat *z. B. Begrüßungsritual im Flur der Einrichtung.* ☑ Spielformat *z. B. Memoryspiel mit 6 Kartenpaaren.*	☐ Alltagsformat ☐ Spielformat	☐ Alltagsformat ☐ Spielformat	☐ Alltagsformat ☐ Spielformat
Der Ablauf der gemeinsamen Handlung enthält Gleichbleibendes.	*z. B. am Ende des Memory wird geklärt, wer gewonnen hat. Die Kartenpaare werden gezählt.*			
In der gemeinsamen Handlung gibt es wiederkehrende Äußerungen.	*z. B.: „Ich habe der Hund und das Pferd. Jetzt bist du an der Reihe.“*			

Sprachförderliches Handeln von pädagogischen Fachkräften	*Beispiele*	Datum:	Datum:	Datum:
Unterstützung durch modellierende Äußerungen				
Vor der kindlichen Äußerung	*z. B. „Hast du gesehen? Ich habe die Katze genommen. Hast du auch eine gefunden?"*			
Nach der kindlichen Äußerung	*K: Hund.* *E: Ja, das ist der Hund.*			
Unterstützung durch feinfühliges Verhalten				
Interesse und Engagement für das Kind	*Pädagogische Fachkraft bringt Bücher mit Bauernhoftiere für das Kind mit.*			
Kindbestimmtes Kommunikationsverhalten (ausreden lassen, zuhören Blickkontakt…)	*Bilderbuchsituation mit einem Bauernhofbuch.*			
Offene Fragen	*E: „Welches Tier magst du am liebsten?"*			

Sprachförderliches Handeln von pädagogischen Fachkräften	*Beispiele*	Datum:	Datum:	Datum:
Unterstützung zur Erweiterung des Wortschatzes				
• Wertschätzung von Wortneuschöpfungen	*„Da ist der Papagei. Wo ist die Mamagei."*			
• Anregen von Fragen	*„Wollen wir nachschauen, wie das Tier heißt?"*			
• Anregung zur Bildung von Kategorien (Oberbegriffen)	*„Die Kuh wohnt auf dem Bauernhof. Der Affe wohnt im Zoo."*			
Unterstützung weiterer pragmatisch-semantischer Meilensteine				
• Anregungen zu Gesprächen mit Gleichaltrigen	*„Wie geht es Paul, wenn du ihn schlägst?"*			
• Anregungen von Geflechter-zählungen	*„Fisch und Tisch klingen fast gleich."*			
• Unterstützung bei der Pers-pektivübernahme	*„Könnt ihr euch noch erinnern, als wir auf dem Bauernhof waren."*			
• Anregungen zum Sprachspiel	*Im Morgenkreis erzählt Samantha. Die pädagogische Fachkraft fragt: „Wer hat noch eine Frage an Samantha?"*			

Abb. 12: Kopiervorlage: Beobachtungsbogen. Blick auf Erwachsene: Reflexion des eigenen sprachlichen Handelns

2.4.2 Sprachförderung als begleitendes Handeln von pädagogischen Fachkräften

Kinder orientieren sich auch an Fähigkeiten anderer Kinder. Die Kenntnisse über den komplexen Bildungsprozess führen zu Konsequenzen für die Sprachförderung, bei der der sprachliche Bildungsprozess bewusst inszeniert wird (Füssenich 2002), um die Erweiterung der sprachlichen Fähigkeiten zu ermöglichen. Abb. 13 zeigt, wie die Erkenntnisse aus dem pragmatisch-semantischen Bildungsprozess in der Förderung umgesetzt werden können. Viele davon sind als übergeordnete Prinzipien der Sprachförderung zu sehen und gelten auch für die Förderung der anderen sprachlichen Ebenen (vgl. Kap. 3 bis 5).

Sprachbildungsprozess auf der Ebene Pragmatik und Semantik	Konsequenzen für die Förderung	Impulse für die Planung einer Sprachförderung
Sprache ist kein Soloausflug.	Die Sprachförderung richtet den Blick nicht nur auf das einzelne Kind, sondern auch auf sein sprachliches Verhalten in kommunikativen Situationen mit anderen Kindern. Auch die Sprache der erwachsenen Bezugspersonen steht im Fokus der Sprachförderung.	Ist meine Sprache an die Fähigkeiten des Kindes angepasst? Wie überprüfe ich dies? Wie berücksichtige ich, dass das Kind mehrere Sprachen spricht? Wie unterstütze ich das Kind in der Kommunikation mit anderen Kindern?
Gemeinsame Handlungen in Formaten sind die Grundlage des Bildungsprozesses.	Sprachförderung findet in Alltags- und Spielformaten statt.	Ist das Format richtig gewählt für das Kind? Kann das Kind das Format einhalten? Wie unterstütze ich, dass das Kind im Format sprachlich handelt?
Hinter der Sprachverwendung stecken kommunikative Absichten.	Sprachförderung findet nicht durch Nachsprechsätze statt. Die sinnvolle kommunikative Absicht hat oberste Priorität.	Wie erreiche ich beim Kind eine Absicht zu kommunizieren?
Erwerb der Objektpermanenz, das Herstellen von Referenzbezügen und der trianguläre Blick	Gerade bei jungen Kindern sind diese drei Aspekte wichtige Inhalte der Sprachförderung.	Wie erfährt das Kind, dass Objekte auch außerhalb seiner Wahrnehmung existieren? Gebe ich dem Kind positive Rückmeldung, wenn es einen Referenzbezug durch Zeigen oder Benennen herstellt?

Um das Lexikon zu erweitern, nutzen Kinder Strategien.	Die Förderung findet in einem ausgewählten semantischen Feld statt, in dem das Kind exemplarisch Erweiterungsstrategien erwirbt.	Entspricht das ausgewählte Wortfeld den Interessen und der Lebenswelt des Kindes? Werden dem Kind Strategien zur Erweiterung des Lexikons ermittelt?
Über Sprache nachdenken regt die sprachliche Bildung an.	Die Sprachförderung bezieht metakommunikative Elemente mit ein und regt ein Nachdenken über Sprache an. Auch die Schrift wird als Hilfsmittel genutzt.	Welche metasprachlichen Elemente plane ich für die Förderung ein? Spielt die Schriftsprache eine Rolle?
Die Geflechterzählung fördert die Erzählfähigkeit.	Neben Höhepunkterzählungen, in denen das Kind von sich berichtet, sind Geflechterzählungen, in denen gemeinsam Erlebtes erzählt wird, ein wichtiger Bestandteil der Förderung.	Haben Geflechterzählungen einen ritualisierten Stellenwert im Ablauf der Förderung?

Abb. 13: Sprachliche Bildung im Bereich Pragmatik und Semantik und die Konsequenzen für die Förderung

Schiefele (2012) untersucht die Bedingungen von sprachlicher Unterstützungsangebote bei vier Kindern, die alle Schwierigkeiten auf pragmatisch-semantischer Ebene hatten. Er arbeitet Konsequenzen für die Unterstützung heraus. Neben dem zentralen Aspekt, dass die Förderung in Formaten stattfindet, ist die Berücksichtigung der Lebenswelt und von biografischen Bedingungen, in denen Kinder aufwachsen, eine wesentliche Voraussetzung für ein gelingendes sprachliches Angebot. Des Weiteren sind es ein Förderablauf in Ritualen, das Anknüpfen an den kindlichen Interessen und die Förderung im Spiel, die Schiefele (ebd.) hervorhebt. Zwischenschritte, die die Kinder während der Förderung erreichen, sind wertzuschätzen und nicht selten zeigen sich diese zunächst auf der Ebene der Formate. „Hinsichtlich der zentralen Frage, wie Kinder mit Unterstützungsbedarf ihre sprachlich-kommunikativen Fähigkeiten erweitern, wird festgehalten, dass sprachlich-kommunikative Erweiterungen zuerst auf der interaktionalen Ebene und in Form von Lernfortschritten bei Alltags- und Spielformaten stattfinden und sich nicht sofort anhand der sprachlichen Struktur der Kinder zeigen müssen." (Schiefele 2012, S. 236) Einige der Bedingungen, die auch Schiefele (ebd.) betont, werden im Folgenden genauer beschrieben.

Formate in der Förderung (vgl. Kap. 1.5 und 1.6)

Mit Leon (3;10 Jahre) fand die Sprachförderung auf dem Bauteppich statt. Einmal wöchentlich besucht er eine Sprachfördereinrichtung. Er bringt bereits ein Auto in die Fördersituation mit und lenkt damit die Aufmerksamkeit auf sein Spielinteresse. Das Spiel soll dann stets gleich ablaufen. Die Autos werden zunächst verteilt, anschließend sucht er sich ein Haus aus (meist das Feuerwehrhaus), in dem er mit seinem Auto wohnen möchte. Auch der Ablauf bleibt stets der gleiche: Er fährt mit seinem Auto auf den Teppichstraßen, die pädagogische Fachkraft ist für eine Baustelle verantwortlich und gleichzeitig Besitzerin der Autowerkstatt, in die er mit seinen Autos fährt. Hin und wieder wird es Nacht, worauf die pädagogische Fachkraft so tun muss, als schliefe sie. Auch nach unzähligen Malen wählt Leon immer wieder dieses gleichbleibende Format.

In Elementareinrichtungen wie auch zu Hause gibt es zahlreiche Alltagsformate, die sprachanregende Funktionen haben. In vielen Einrichtungen hat der Tagesablauf einen gleichbleibenden, routinierten Ablauf. Dies schließt die morgendliche Begrüßung oder Erzählkreise mit ein. Die Sprachförderung auf pragmatisch-semantischer Ebene findet in Formaten statt (u. a. Schiefele 2012). Damit orientiert sich die Förderung am Bildungsprozess der Kinder. In gleichbleibenden Alltags- und Spielformaten entstehen gemeinsame Handlungen. Meist wählen Kinder selbst die gleichbleibenden Abläufe, in deren Rahmen sie sich sicher fühlen und ihre sprachlichen Fähigkeiten entwickeln können.

Rollen- und Regelspiele in der Förderung

Spielformate sind bei Kindern beliebt und kommen in Förderangeboten häufig zum Einsatz (vgl. Kap. 1.5). Die sprachlich anregende Funktion von Kinderspielen heben viele Sprachförderinnen und Sprachtherapeutinnen hervor (Schiefele 2012; Füssenich/Geisel 2008; Winner 2007; Andresen 2002 a; 2002 b; Bürki 2000 u. v. m.). Kinder mit Schwierigkeiten auf pragmatisch-semantischer Ebene haben nicht selten auch Schwierigkeiten mit Rollenspielen. Dies liegt nicht zuletzt daran, dass diese Spielform sprachlich anspruchsvoll ist, da häufig metakommunikative Äußerungen den Ablauf steuern.

Für Kinder, die neben oder gerade wegen ihrer Schwierigkeiten auch Probleme beim Erwerb der Spielfähigkeit haben, eignen sich Regelspiele, die einen strukturierten Ablauf haben, um sich auf das Format einzulassen, wie Memory (vgl. Kap. 1.6) oder Rategarten (vgl. Kap. 2.5.1). Neben diesen beiden Regelspielformaten bieten sich für die Förderung auch Quartettspiele zu semantischen Feldern an. Bei allen drei Regelspielformaten wird nicht nur die Spielfähigkeit gefördert, sondern werden auch semantische Bildungsprozesse angeregt:

- durch die Förderung der Steuerungsfunktion von Sprache durch Spielanweisungen: „Du bist an der Reihe!“, „Jetzt bin ich dran!“,
- durch die Erweiterung des Wortschatzes mit Hilfe des Benennens,
- durch die Vernetzung der semantischen Fähigkeiten, indem Oberbegriffe und Merkmale einbezogen werden, z. B. „Das Schaf ist ein Tier!“ oder „Das Schaf hat vier Beine“,
- durch die Förderung von Fragestrategien.

Interessensgebiete und Lebenswelt in der Förderung

Der dreijährige Leon interessiert sich für Fahrzeuge, und sie sind ein fester Bestandteil seiner Lebenswelt. In der Einrichtung spielt er sehr häufig mit verschiedenen Fahrzeugen auf dem Bauteppich. Das Fahrzeugspiel findet mit oder ohne Bezugspersonen und nur selten mit gleichaltrigen Spielpartnern statt. Die Motivation zum kommunikativen Austausch mit anderen muss bei Leon erst noch geschaffen werden. Die pädagogische Fachkraft bringt für Leon zur Sprachförderung kleine Bilder von Gegenständen mit. Sein semantisches Wissen sollte ausgehend von seinem Interesse für das Autospiel erweitert werden. Unter den Gegenständen befinden sich: ein Tisch, verschiedene Lebensmittel, eine Pfanne und Ähnliches. Die pädagogische Fachkraft, die bis zu diesem Zeitpunkt beim gemeinsamen Spiel nur eine Autowerkstatt auf dem Spielteppich besaß, ist jetzt zusätzlich Inhaberin eines kleinen Verkaufsladens. Leon ist schnell motiviert, in den Kaufladen zu fahren und diverse Dinge für sein Feuerwehrhaus einzukaufen. Diese bezieht er umgehend in sein Spiel mit ein: Nun wird, bevor er die Nachtruhe anordnet, erst noch der Tisch gedeckt, auf der Pfanne der Fisch gebraten und zu trinken gibt es Apfelsaft. Zunehmend möchte er immer mehr Gegenstände einkaufen. Am Ende des Spiels diktiert er der pädagogischen Fachkraft eine Liste mit Dingen, die sie für die nächste Woche im Einkaufssortiment haben sollte.

Eine Voraussetzung für den sprachlichen Austausch zwischen Menschen, gleich welchen Alters, ist die kommunikative Absicht. Drei Motivationen werden dabei unterschieden: das Informieren, die Aufforderung und das Teilen (vgl. Kap. 2.2). Vor diesem Hintergrund ist es sinnvoll, ein sprachliches Förderangebot so zu planen, dass das Interesse und die Lebenswelt von Kindern einbezogen werden, denn Kinder kommunizieren nicht ohne Grund. Durch die Kommunikation mit anderen Kindern und ihren Bezugspersonen möchten sie diese informieren, sie zu etwas auffordern oder etwas mit ihnen teilen. Damit sind Kinder motiviert, sich so zu äußern, dass sie verstanden werden.

Orientierung an den Fähigkeiten der Kinder in der Förderung

Beispiel: Muhammed (M) 5;2 Jahre im Spiel mit der pädagogischen Fachkraft (E)

E: Wohnt der Löwe auf dem Bauernhof?
M: Ja.
E: Nein.
M: Doch, der ist da drinne.
E: Ne, wo wohnt der Löwe?
M: Löwe ist weg (stellt den Löwen in eine Schachtel).
E: Der Löwe wohnt im Zoo, der wohnt nicht auf dem Bauernhof.
M: Ja.

Muhammed ist dabei, sein Wissen über Tiere zu erweitern. Er kann ausdauernd mit Zoo- und Bauernhoftieren spielen. Er war noch nie im Zoo, aber ein Bauernhofbesuch hingegen fand mit der Gruppe in der Einrichtung vor Kurzem statt. Einen Löwen hat er dort nicht gesehen. Im Spiel mit verschiedenen Tieren erfährt er, dass manche Tiere auf dem Bauernhof leben und manche im Zoo. Zunächst hält er noch daran fest, dass der Löwe auf dem Bauernhof lebt. Durch die Förderung im Spiel, in dem mit ihm an der Kategorie der Bauernhof- und der Zootiere gearbeitet wird, baut er sein Wissen über den Löwen aus und vernetzt dieses mit seinem Wissen über den Bauernhof.

Die Förderung orientiert sich nicht an den Schwächen der Kinder. Die Beobachtung über einen längeren Zeitraum und in unterschiedlichen Situationen ermöglicht es, die Stärken der Kinder wahrzunehmen und bei diesen anzusetzen.

Ausgewählte semantische Felder in der Förderung

Die Förderung auf allen Ebenen findet in (Spiel-)Formaten statt. Sie orientiert sich an den Interessen und der Lebenswelt der Kinder, knüpft an deren Fähigkeiten an und wählt ein semantisches Feld aus, in dem die Kinder exemplarisch den Wortschatz vernetzt und Erweiterungsstrategien (z. B. Fragenstellen) anwenden können.

Mit Roba, Wassilios, Orkan und Mike findet ein Spiel zum Thema „Pizzeria" statt. Pizza ist das Lieblingsessen der vier Kinder und alle sind mit ihren Familien bereits in einer Pizzeria gewesen. In den vergangenen Wochen schaute die pädagogische Fachkraft ein Bilderbuch mit den vier Kindern an, in denen es neben Pizza auch um andere Lebensmittel geht. Aus einer großen Pappkiste, Farben, Kleister und buntem Tonpapier wurde ein großer Pizzaofen gebastelt. Darauf thematisierte die pädagogische Fachkraft mit den Kindern den Ablauf eines Pizzeriabesuches, also dass man sich zuerst an den Tisch setzt, die Speisekarte liest, bestellt, die Pizza bekommt, isst und anschließend bezahlt. Dieses Wissen ist für das nun folgende Pizzeria-Rollenspiel notwendig, bei dem die Rollen abwechselnd verteilt werden: Es gibt einen Kellner, einen Pizzabäcker und natürlich Gäste. Auch die pädagogische Fachkraft spielt mit. Da die Bestellung einer Pizza häufig schwierig ist, weil die Kinder die jeweiligen Pizza-Belagzutaten nicht kennen, müssen zunächst beliebte Zutaten wie Salami, Paprika, Oliven, Mais, Schinken usw. besprochen werden. Die Kinder haben alle neben der Wortbedeutung noch Schwierigkeiten beim Erwerb der Artikel, weshalb die Zutaten mit Symbolen für die bestimmten Begleiter versehen sind. Mit Spielkarten der Zutaten spielt die Sprachfördergruppe Memory, wobei die Artikel mit deutlicher Betonung hervorgehoben werden. Weitere Aktivitäten, die für die Benennung der Zutaten und somit der Begriffsbildung helfen, sollen in den nächsten Wochen stattfinden. Die einzelnen Zutaten werden geschnitten und probiert; später soll sogar eine echte Pizza gebacken und gegessen werden. Das Pizzeriaspiel fällt den Kindern zunehmend leichter: Sie können nach dem Lesen der Speisekarte die Bestellung aufgeben und der Pizzabäcker belegt laminierte Pizzaböden mit laminierten Zutaten.

Beim Pizzeriaspiel taucht zu unterschiedlichen Phasen das Fragenstellen auf: Der Kellner fragt die Gäste nach der Bestellung, der Pizzakoch fragt den Kellner, was die Gäste wollen, die Gäste fragen nach der Rechnung. Das Fragenstellen ist eine Strategie, mit der Kinder ihren Wortschatz erweitern (vgl. Kap. 2.3.1) und ist daher von besonderer

Bedeutung für die pragmatisch-semantische Sprachförderung, die anhand eines ausgewählten semantischen Felds stattfindet.

Viele Bilderbücher bieten die Möglichkeit, das Fragenstellen sowie das Argumentieren mit Kindern in den Fokus rücken. Es sind zum einen Bilderbücher, die Fragen über einen bestimmten Sachverhalt aufwerfen und zum anderen Bücher, die Kinder neugieirig machen und sie zum Fragenstellen anregen. Diese Bilderbücher eignen sich besonders für den Einsatz in der Förderung.

2.4.3 Sprachliche Bildung beobachten und begleiten

Die folgenden Beobachtungsbögen richten den Blick auf die Fähigkeiten auf pragmatisch-semantischer Ebene von Kindern in Alltags- und Spielformaten. Sie erfassen vor allem die die Erweiterung der Fähigkeiten der Kinder und erheben weniger einen Ist-Zustand.
In der Fachliteratur werden Kinder, deren Schwierigkeiten sich bereits in den ersten Lebensjahren zeigen, als **Late Talker** beschrieben (z.B. Schlesiger/Mühlhaus 2011). Häufig ist bei ihnen von der vorsprachlichen Kommunikation die Rede. Die Darstellung der sprachlichen Bildung, insbesondere die Beschreibung der Meilensteine, zeigt jedoch, dass der Erwerb der Sprache als Prozess zu sehen ist, der mit frühen Erfahrungen, wie der Objektpermanenz des Kleinkindes, beginnt.

Die Objektpermanenz, der trianguläre Blickkontakt und das Herstellen von Referenzbezügen sind bereits Teil des sprachlichen Bildungsprozesses und können nicht als vorsprachliche Fähigkeiten gesehen werden.

Der erste Beobachtungsbogen (Abb. 14) richtet den Blick auf eben diese frühen sprachlichen Bildungsprozesse. Zu drei unterschiedlichen Beobachtungszeitpunkten können wichtige Beobachtungen der sprachlichen Fähigkeiten mit Ja/Nein angekreuzt werden. So soll ein Eindruck über die frühen sprachlichen Kompetenzen entstehen, der mögliche Anhaltspunkte liefert, ob das Kind seine frühen sprachlichen Fähigkeiten erweitern wird.

Der zweite Bogen (Abb. 15) richtet den Blick auf die Fähigkeiten und Schwierigkeiten nach der Phase der frühen Bildungsprozesse. Der Bogen besteht aus drei Teilen. Im Teil 2.1 „Erweitert das Kind seine pragmatisch-semantischen Fähigkeiten?“ geht es um das pragmatisch-semantische Handeln des Kindes in Dialogen und beim Erzählen. Teil 2.2 „Erweitert das Kind seinen Wortschatz?“ blickt auf die wichtigsten Strategien, mit denen Kinder ihren Wortschatz erweitern. Und Teil 2.3 „Wie reagiert das Kind, wenn es ein Wort nicht kennt?“ erfasst das Handeln des Kindes, wenn ihm Begriffe oder Bedeutungen fehlen. Es ist Platz für Notizen, die entweder die Auflistung kindlicher Äußerungen oder die Beschreibung des kindlichen Handelns sein können. In der Spalte „H“ kann die Häufigkeit der Beobachtungen eingetragen werden.

Beobachtungsbogen 1. Pragmatik und Semantik: Frühe sprachliche Bildung beobachten und begleiten

Name des Kindes: ______________________ Erst-, Zweit- und Familiensprache:

Alter: ______________________ ______________________

Kontakt Deutsch seit: ______________________ Fachdienst Sprachförderung / -therapie beteiligt: ☐ ja ☐ nein

Fähigkeiten	Das Kind erweitert seine Fähigkeiten			
	Datum 1:	Äußerungsliste des Kindes Datum 1	Datum 2:	Äußerungsliste des Kindes Datum 2
Erwirbt das Kind neue Formate? *Gemeinsam die Zähne putzen, den Tisch decken usw. Domino-Spiel, Kaufladen-, Postspiel usw.*	☐ Alltagsformate, z. B.: ☐ Spielformate, z. B.:		☐ Alltagsformate, z. B.: ☐ Spielformate, z. B.:	

Fähigkeiten	Das Kind erweitert seine Fähigkeiten			
	Datum 1:	Äußerungsliste des Kindes Datum 1	Datum 2:	Äußerungsliste des Kindes Datum 2
Hat Kind die Fähigkeit zur Objektpermanenz? *Kind ruft nach Mutter.*	☐ ja ☐ nein		☐ ja ☐ nein	
Kann das Kind einen triangulären Blickkontakt herstellen? *Kind und Mutter schauen auf Teddy.*	☐ ja ☐ nein		☐ ja ☐ nein	
Kann das Kind einen Referenzbezug herstellen? *Kind möchte auf ein Tier im Garten hinweisen.*	☐ durch Zeigen ☐ durch deiktische Ausdrücke (des, hier, da) ☐ durch Benennen		☐ durch Zeigen ☐ durch deiktische Ausdrücke (des, hier, da) ☐ durch Benennen	
Kann das Kind Äußerungen vom Hier und Jetzt loslösen? *„Oma kommt morgen früh!“*	☐ ja ☐ nein		☐ ja ☐ nein	

Abb. 14: Kopiervorlage. Beobachtungsbogen 1. Pragmatik und Semantik: Frühe sprachliche Bildung beobachten und begleiten

Beobachtungsbogen 2. Pragmatik und Semantik: Sprachliche Bildung beobachten und begleiten

Name des Kindes: ______________________ Erst-, Zweit- und Familiensprache:

Alter: ______________________ ______________________

Kontakt Deutsch seit: ______________________ Fachdienst Sprachförderung / -therapie beteiligt: ☐ ja ☐ nein

Legende zur Häufigkeit (H) der Beispiele: 0 – nicht zu beobachten 1 – selten 2 – häufig 3 – immer

Fähigkeiten	Äußerungen/ Handlungen des Kindes					
	Datum:	H	Datum:	H	Datum:	H
2.1 Erweiterung der pragmatisch-semantischen Fähigkeiten						
Das Kind zeigt Interesse an der Kommunikation mit Gleichaltrigen. *Kind fragt spielende Kinder: „Was spielt ihr gerade? Darf ich mitspielen?“*						
Das Kind kann Gespräche initiieren. *Kind zu pädagogischer Fachkraft: „Du! Weißt du, wo ich gestern war?“*						
Das Kind teilt mit, wenn es den Gesprächspartner nicht versteht, z. B.: *nonverbal oder durch Nachfragen zum Inhalt*						

Fähigkeiten	Äußerungen/ Handlungen des Kindes					
	Datum:	H	Datum:	H	Datum:	H
Das Kind erweitert seinen Wortschatz …						
… durch Imitation: *E: Da ist eine Puppe.* *K: Puppe.*	☐ Imitation, z. B.:		☐ Imitation, z. B.:		☐ Imitation, z. B.:	
… durch Wortneuschöpfung: *Stachelblume für Kaktus*	☐ Wortneuschöpfungen, z. B.:		☐ Wortneuschöpfungen, z. B.:		☐ Wortneuschöpfungen, z. B.:	
… durch Fragenstellen: *„Was ist ein Pudel?"*	☐ Fragenstellen, z. B.:		☐ Fragenstellen, z. B.:		☐ Fragenstellen, z. B.:	
… durch Vernetzung: z. B. Oberbegriffe *„Der Hase ist ein Tier."* z. B. Synonyme *„Wecken ist doch Brötchen?"*	☐ Vernetzung, z. B.:		☐ Vernetzung, z. B.:		☐ Vernetzung, z. B.:	
Das Kind kann an Geflechterzählungen teilhaben. *Kinder erzählen vom Kindergeburtstag* am Vortag.						
Das Kind hat Spaß mit Sprache zu spielen, z. B.: *Reimwörter, Auszählverse usw.*						

Fähigkeiten	Äußerungen/ Handlungen des Kindes					
	Datum:	H	Datum:	H	Datum:	H
2.2 Keine Erweiterung der pragmatisch-semantischen Fähigkeiten						
Das Kind greift auf frühe sprachliche Verständigungsformen zurück, z. B.: *nonverbal, Zeigen.*						
In Gesprächen zeigt das Kind ausweichendes Verhalten, z. B.: *abwenden, davonlaufen.*						
Das Kind antwortet mit Ganzheiten und Füllfloskeln. *E: Was hast du gestern alles gemacht?* *K: spielt desda, da*						
Wenn das Kind ein Wort nicht kennt, reagiert es mit …	☐ … Schweigen:		☐ … Schweigen:		☐ … Schweigen:	
… *Ersetzungen: Mädchen für Puppe*	☐ … Ersetzungen, z. B.:		☐ … Ersetzungen, z. B.:		☐ … Ersetzungen, z. B.:	
… *Umschreibung: „Da wo man so hinsitzen kann!" für Schaukel.*	☐ … Umschreibung, z. B.:		☐ … Umschreibung, z. B.:		☐ … Umschreibung, z. B.:	

Abb. 15: Kopiervorlage: Beobachtungsbogen 2. Pragmatik und Semantik: Sprachliche Bildung beobachten und begleiten

Beispielkind *Louisa*

Louisa besucht die Kindertageseinrichtung, seit sie zehn Monate alt ist. Mit 2;6 Jahren spricht sie noch sehr undeutlich und für die pädagogischen Fachkräfte und andere Kinder teilweise unverständlich. Louisa wächst zweisprachig italienisch-deutsch auf; die Familiensprache ist Italienisch. Schwierigkeiten hat sie bei der Aussprache und der Semantik, da sie manche Begriffe mit unbekannten Wörtern ersetzt („Gagga" für Wasser). Ältere Kinder korrigieren sie („Das heißt nicht Gagga, das heißt Wasser!"), weshalb sie es vorzieht, mit jüngeren Kindern zu spielen. Sie hat im Vergleich zu anderen Gleichaltrigen der Einrichtung keinen festen Spielpartner. Bilderbücher schaut Louisa gerne und ausdauernd an und sie beschäftigt sich mit Puzzeln. Louisa ist für ihr Alter bereits sehr selbstständig, zieht sich alleine an und aus und ist sehr hilfsbereit. Aufforderungen versteht sie überwiegend, was darauf hindeutet, dass sie keine Schwierigkeiten im Sprachverständnis hat.

Die pädagogische Fachkraft beobachtet Louisa in der Einrichtung im Februar und im Mai des gleichen Jahres. Dabei hält sie nicht nur fest, über welche frühkindlichen Fähigkeiten das Mädchen verfügt, sondern notiert Äußerungen (teilweise Einwortäußerungen) während des Spiels in der Einrichtung am jeweiligen Beobachtungstag. Die beiden Beobachtungen notieren pädagogische Fachkräfte im Beobachtungsbogen (Abb. 16). Es wird deutlich, dass Louisa ihr Interesse an Formaten erweiterte, in dem sie sich zunehmend für das Format Bilderbücher begeistert. Dabei ist sie in der Lage, zwischen dem Buch und der pädagogischen Fachkraft hin- und herzublicken (triangulärer Blick). Außerdem werden ihre Äußerungen immer differenzierter und ihr Wortschatz umfangreicher.

Beobachtungsbogen 1. Pragmatik und Semantik: Frühe sprachliche Bildung beobachten und begleiten

Name des Kindes: *Louisa*

Alter: *2;6*

Kontakt Deutsch seit: *Geburt*

Erst-, Zweit- und Familiensprache: *italienisch, deutsch*

Fachdienst Sprachförderung / -therapie beteiligt: ☐ ja ☑ nein

Fähigkeiten	Das Kind erweitert seine Fähigkeiten			
	Datum 1: *Februar*	Äußerungsliste des Kindes Datum 1	Datum 2: *Mai*	Äußerungsliste des Kindes Datum 2
Erwirbt das Kind neue Formate? *Gemeinsam die Zähne putzen, den Tisch decken usw. Domino-Spiel, Kaufladen-, Postspiel usw.*	☑ Alltagsformate, z. B.: *An- und Ausziehen* ☐ Spielformate, z. B.:	*Mas du?* *Mama mich.* *Die aua da Mum.* *Teller tehn.* *Papa au.* *Hier au.* *Wus (Wurst)* *Bo (Brot)* *oat (Joghurt)* *Mich (Milch)* *of (Ofen)*	☐ Alltagsformate, z. B.: *Bilderbücher, An-und Ausziehen* ☐ Spielformate, z. B.:	*Du Dach baun.* *Desta mir des Auto.* *Lastauto des daputt macht.* *Hey, nicht daputt mach.* *Desa nicht nomme.* *Du auch saufel.* *Du einkaufen.* *Du Erdbeer kauft?* *Sauber mache.* *Mant (Elefant)*

Fähigkeiten	Das Kind erweitert seine Fähigkeiten			
	Datum 1: *Februar*	Äußerungsliste des Kindes Datum 1	Datum 2: *Mai*	Äußerungsliste des Kindes Datum 2
Hat Kind die Fähigkeit zur Objektpermanenz? *Kind ruft nach Mutter.*	☑ ja: *Louisa sucht nach ihrem Lieblingskuscheltier.* ☐ nein	*wam (warm)* *Papadie (Papagei)*	☑ ja: *Sucht nach Spielsachen.* ☐ nein	*Bei (Bär)* *Mel (Kamel)* *Storch (Strauß)*
Kann das Kind einen triangulären Blickkontakt herstellen? *Kind und Mutter schauen auf Teddy.*	☐ ja: ☑ nein		☑ ja: *Louisa blickt zwischen Buch und pädagogi-scher Fachkraft hin und her.* ☐ nein	*Bine (Pinguin)* *Nane (Banane)* *Pukeete (Puppenecke)* *Puke (Baby)*
Kann das Kind einen Referenzbezug herstellen? *Kind möchte auf ein Tier im Garten hinweisen.*	☑ durch Zeigen ☑ durch deiktische Ausdrücke (des, hier, da) ☑ durch Benennen		☑ durch Zeigen ☑ durch deiktische Ausdrücke (des, hier, da) ☑ durch Benennen	
Kann das Kind Äußerungen vom Hier und Jetzt loslösen? *„Oma kommt morgen früh!"*	☐ ja: ☑ nein		☐ ja: ☑ nein	

Abb. 16: Beobachtungsbogen 1. Pragmatik und Semantik: Frühe sprachliche Bildung beobachten und begleiten, Beispiel *Louisa*

Beispielkind *Paul* (siehe Kap. 2.6.2)
Der Junge Paul ist fast fünf Jahre alt und hat Schwierigkeiten bei der Sprache und Kommunikation. Dies bemerkten die pädagogischen Fachkräften schon früh, woraufhin sie Pauls Eltern über die Fähigkeiten und Schwierigkeiten ihres Sohnes informierten: Paul fiel im Alltag vor allem deshalb auf, weil er viele Begriffe nicht kannte und einen eingeschränkten Wortschatz hatte. Im Spiel und im Dialog mit Gleichaltrigen wurde dies deutlich. Er nahm nur selten den Kontakt zu anderen auf, spielte lieber allein und konnte an Gesprächen nur dank Unterstützung der pädagogischen Fachkräfte teilhaben. Größtenteils teilte sich Paul mit Hilfe von Gestik, Lauten und Geräuschen mit. Neben diesen Schwierigkeiten hatte Paul auch noch Schwierigkeiten in der Aussprache und in der Grammatik, weshalb die pädagogischen Fachkräfte die Notwendigkeit einer Sprachtherapie erkannten.

Pauls Fähigkeiten und Schwierigkeiten sind als Beispiel zur Verdeutlichung des Beobachtungsbogens 2 „Pragmatik und Semantik: Sprachliche Bildung beobachten und begleiten" aufgenommen (Abb. 17). Das sprachtherapeutische Vorgehen wird später beschrieben (vgl. Kap. 2.5.2). In der ersten Datumsspalte befinden sich Angaben, die auf Paul kurz nach dem Eintritt in die Elementareinrichtung zutreffen. Der zweiten Datumsspalte ist zu entnehmen, wie sich Pauls Fähigkeiten im Laufe der Zeit erweitern. Zu dieser Zeit erhielt er bereits eine Sprachtherapie. Der Beobachtungsbogen macht deutlich, dass Paul zunehmend Interesse am Austausch mit Gleichaltrigen zeigt. Auch in morgendlichen Erzählkreisen der Einrichtung kann Paul besser teilhaben. Des Weiteren verfügt er über immer mehr Strategien, mit denen er seinen Wortschatz erweitern kann. Insbesondere im ausgewählten semantischen Feld „Tiere" wendet er Strategien zur Erweiterung seines Wortschatzes an.

Beobachtungsbogen 2. Pragmatik und Semantik: Sprachliche Bildung beobachten und begleiten

Name des Kindes: *Paul*

Alter: *4;8 Jahre*

Kontakt Deutsch seit: *Geburt*

Erst-, Zweit- und Familiensprache: *deutsch*

Fachdienst Sprachförderung / -therapie beteiligt: ☑ ja ☐ nein

Legende zur Häufigkeit (H) der Beispiele: 0 – nicht zu beobachten 1 – selten 2 – häufig 3 – immer

Fähigkeiten	Äußerungen/ Handlungen des Kindes					
	Datum: *Kurz nach Eintritt in die Einrichtung.*	**H**	**Datum:** *Nach etwa einem halben Jahr (Paul erhält zu dieser Zeit Sprachtherapie).*	**H**	**Datum:**	**H**
2.1 Erweiterung der pragmatisch-semantischen Fähigkeiten						
Das Kind zeigt Interesse an der Kommunikation mit Gleichaltrigen. *Kind fragt spielende Kinder: „Was spielt ihr gerade? Darf ich mitspielen?“*		1	*P. zeigt zunehmend mehr Interesse am Spiel der anderen Kinder. Er setzt sich teilweise zu ihnen in die Bauecke o. Ä.*	2		
Das Kind kann Gespräche initiieren. *Kind zu pädagogischer Fachkraft: „Du! Weißt du, wo ich gestern war?“*	*P. initiiert Gespräche über Blickkontakt, Gestik und Mimik.*	1	*Zeigt der pädagogischen Fachkraft ein Auto, das er zum Geburtstag bekommen hat.*	1		
Das Kind teilt mit, wenn es den Gesprächspartner nicht versteht, z. B.: *nonverbal oder durch Nachfragen zum Inhalt*		0		0		

Fähigkeiten	Äußerungen/ Handlungen des Kindes					
	Datum: *Kurz nach Eintritt in die Einrichtung.*	H	**Datum:** *Nach etwa einem halben Jahr (Paul erhält zu dieser Zeit Sprachtherapie).*	H	**Datum:**	H
Das Kind erweitert seinen Wortschatz …						
… durch Imitation: *E: Da ist eine Puppe.* *K: Puppe.*	☐ Imitation, z. B.:	0	☑ Imitation, z. B.: *E: Das sind Hühner!* *P: Hühner*	2	☐ Imitation, z. B.:	
… durch Wortneuschöpfung: *Stachelblume für Kaktus*	☐ Wortneuschöpfungen, z. B.:	0	☑ Wortneuschöpfungen, z. B.: *(Surrgeräusch) „Rrr-schrauber" für Hubschrauber*	2	☐ Wortneuschöpfungen, z. B.:	
… durch Fragenstellen: *„Was ist ein Pudel?"*	☐ Fragenstellen, z. B.:	0	☐ Fragenstellen, z. B.:	0	☐ Fragenstellen, z. B.:	
… durch Vernetzung: z. B. Oberbegriffe *„Der Hase ist ein Tier."* z. B. Synonyme *„Wecken ist doch Brötchen?"*	☑ Vernetzung, z. B.: *Paul weiß nicht, welche Tiere auf dem Bauernhof und welche auf dem Zoo leben.*	1	☑ Vernetzung, z. B.: *Die Einteilung der Zoo- und Bauernhoftiere gelingt Paul zunehmend besser.*	1	☐ Vernetzung, z. B.:	
Das Kind kann an Geflechterzählungen teilhaben. *Kinder erzählen vom Kindergeburtstag am Vortag.*		1	*P. kann immer besser an den wöchentlichen Erzählkreisen teilhaben, zuhören und teilweise von sich etwas einbringen.*	2		
Das Kind hat Spaß mit Sprache zu spielen, z. B.: *Reimwörter, Auszählverse usw.*		0		0		

Fähigkeiten	Äußerungen/ Handlungen des Kindes					
	Datum: *Kurz nach Eintritt in die Einrichtung.*	**H**	**Datum:** *Nach etwa einem halben Jahr (Paul erhält zu dieser Zeit Sprachtherapie).*	**H**	**Datum:**	**H**
2.2 Keine Erweiterung der pragmatisch-semantischen Fähigkeiten						
Das Kind greift auf frühe sprachliche Verständigungsformen zurück, z. B.: *nonverbal, Zeigen.*	*E: Was kann man da rein machen?* *P: Des (zeigt auf Kastanien)*	2		2		
In Gesprächen zeigt das Kind ausweichendes Verhalten, z. B.: *abwenden, davonlaufen.*	*P. lacht sehr oft an unpassenden Stellen*	3	*P. lacht sehr oft an unpassenden Stellen*	2		
Das Kind antwortet mit Ganzheiten und Füllfloskeln. *E: Was hast du gestern alles gemacht?* *K: spielt desda, da*	*„Reinspringen!" für „Du musst jetzt reinspringen!"*	2	*„Huhn" für „Das Huhn muss da hoch gehen!"*	2		
Wenn das Kind ein Wort nicht kennt, reagiert es mit …	☑ … Schweigen: *E: Was sind das für Tiere?* *P: (lacht, schweigt dann)*	2	☑ … Schweigen: *Sagt: „Ich weiß nicht!", wenn er einen Begriff nicht kennt.*	1	☐ … Schweigen:	
… *Ersetzungen: Mädchen für Puppe*	☑ … Ersetzungen, z. B.: *Benennt im Spiel „Löwe" als Affe.*	2	☑ … Ersetzungen, z. B.: *Kennt die Begriffe im semantischen Feld Zoo- und Bauernhoftiere immer besser.*	1	☐ … Ersetzungen, z. B.:	
… *Umschreibung: „Da wo man so hinsitzen kann!" für Schaukel.*	☐ … Umschreibung, z. B.:	0	☐ … Umschreibung, z. B.:	0	☐ … Umschreibung, z. B.:	

Abb. 17: Beobachtungsbogen 2: Pragmatik und Semantik: Sprachliche Bildung beobachten und begleiten, Beispiel *Paul*

2.5 Sprachtherapie auf pragmatisch-semantischer Ebene

2.5.1 Pragmatik und Semantik: Fähigkeiten und Schwierigkeiten erkennen

Wenn der Blick der Fachkraft über einen längeren Zeitraum auf Kinder gerichtet wird, zeigt sich, ob sie ihre Fähigkeiten weiterentwickeln. Für Kinder, die ihre Schwierigkeiten auf der pragmatisch-semantischen Ebene nicht überwinden, ist unter Umständen eine Sprachförderung durch eine pädagogische Fachkraft nicht mehr ausreichend. Sie brauchen eine Sprachtherapie, die vor allem dann unterstützend ist, wenn sie auch auf anderen sprachlichen Ebenen (Grammatik und Aussprache) ihre Fähigkeiten nicht erweitern (vgl. Kap. 3 und 4).

Fähigkeiten und Schwierigkeiten in Alltagsformaten erkennen
In den unterschiedlichsten Alltagsformaten, die sowohl zu Hause als auch in den Kindertageseinrichtungen stattfinden, zeigen Kinder, ob sie die Handlungssituationen des jeweiligen Formats verstehen und (sprachlich) mitgestalten können.

Über dem Wickeltisch des einjährigen Jakob hängt ein Mobile mit einem Vogel. Während des Wickelns machen ihn die Eltern immer wieder auf den Vogel aufmerksam. Bald schon lernt er, das Wort Vogel mit seinem Referenten, nämlich dem Holzvogel, zu verbinden. In der darauffolgenden Zeit schaut Jakobs Vater mit ihm ein Bilderbuch an, in welchem Vögel vorkommen. Sie sitzen im Wohnzimmer, als der Vater Jakob fragt: „Siehst du den Vogel?“ Jakob zeigt aufgeregt und mit großer Begeisterung in Richtung des Schlafzimmers, in dem der Wickeltisch mit dem Vogelmobile steht.

In dieser Situation, die das Alltagsformat „Wickeln“ beschreibt, wird deutlich, dass Jakob das dort gelernte Wort nicht nur versteht, sondern auch durch die Zeigegeste anwenden kann. Er übernimmt das Wort aus dem Format „Wickeln“ und überträgt es in das andere Format „Bilderbücher betrachten“. Auch wenn er das Wort „Vogel“ untergeneralisiert und nur auf den Vogel im Schlafzimmer bezieht, so findet durch das Zeigen ein eindeutiger Bezug zu einem Referenten statt, dem Vogel im Schlafzimmer. Jakob stellt einen in dieser Phase wichtigen Referenzbezug her.

Noel, 4;1 Jahre alt, weiß, dass er nach dem Toilettengang die Hände waschen soll und möchte dabei die Unterstützung der pädagogischen Fachkraft. Freudig strahlend steht er vor ihr. Auf die Frage, was er von ihr wolle, streckt er ihr seine Hände entgegen. „Sollen wir die Hände waschen?“ „Ja“, sagt Noel und nickt.

Noel wächst zweisprachig französisch-deutsch auf. Häufig fehlen ihm die Wörter für Begriffe in der deutschen Sprache. Im Alltag der Einrichtung findet er sich daher überwiegend mit gestischem und mimischem Verhalten zurecht. Die Abläufe von Alltagsformaten versteht er zwar, kann diese aber nicht sprachlich steuern. Durch sein freudiges Lachen signalisiert er der pädagogischen Fachkraft, dass er mit ihr handeln möchte, umso mehr ist er erfreut, als sie seine Signale erkennt und fragt, was er von ihr will. Das Händeausstrecken deutet sie richtig als sein Bedürfnis, die Hände zu waschen.

Fähigkeiten und Schwierigkeiten in Spielformaten erkennen

Zu Beginn dieses Kapitels lag der Blick auf den Jungen *Mathis*. Er hat im Rollenspielformat „Einkaufen" gelernt, seine Fähigkeiten zu erweitern und den Ablauf des Spiels mit sprachlichen Äußerungen zu gestalten. Im Spielverhalten wird oft deutlich, wann und wie Kinder Schwierigkeiten haben, sich in Handlungssituationen mit gleichbleibendem Ablauf zurechtzufinden. Es zeigt sich, dass viele Kinder wie *Mathis* nur mit Unterstützung in der Lage sind, an einfachen Handlungsabläufen in Rollenspielen teilzuhaben, und ohne Hilfe das Spielscript nicht umsetzen können. Dies verdeutlicht die folgende Spielszene aus einer Elementareinrichtung, in der vier Jungen versuchen, allein ein Rollenspiel zu gestalten:

Muhamed, Kai, Florian und Sven spielen ein Rollenspiel. Muhamed und Sven sind Hunde. Während Kai den Tisch deckt, wird einer der Hunde krank. Der Doktor, gespielt von Florian, wird gerufen. Als er in der Ecke ankommt, rennen die Hunde laut schreiend durch den ganzen Gruppenraum. Florian, der Doktor, fängt die Hunde ein. Als der diese verarzten will, springt Muhamed auf den Tisch und zerstört damit den liebevoll von Kai hergerichteten Tisch. Plötzlich und ohne sprachliche Vorwarnung wird Kai zum Hund und rennt wild durch den Raum, während der Doktor vergeblich versucht, die Hunde einzufangen (Menz 2009 a).

„Für manche Kinder ist es daher hilfreich, sie im Spiel zu begleiten und ihnen zu helfen, Strukturen in ihren Handlungen zu übernehmen. Regelspiele, die nach gleich bleibenden Formaten gespielt werden, können dies unterstützen; insbesondere jene, welche die Sprache zum Spielgegenstand haben, regen den Sprachlernprozess an." (Füssenich 2009, S. 79) Kinder, die Schwierigkeiten im Rollenspielformat haben, können häufig kein Spielscript herstellen und den Spielverlauf nicht mit Hilfe von metasprachlichen Äußerungen beeinflussen. Aufgrund von Schwierigkeiten auf pragmatisch-semantischer Ebene haben sie meist Probleme:

- verbales und nonverbales Interesse an einer potenziellen Spielpartnerin zu zeigen;
- eine Spielpartnerin in ihr Spiel mit einzubeziehen;
- der Spielpartnerin ihr Spielthema und den Spielverlauf mitzuteilen;
- Spielabsichten der Spielpartnerin zu erkennen;
- zu wissen, dass der Spielverlauf durch ihr Handeln und ihre Äußerungen beeinflusst werden kann.

Weitere Beispiele zeigen, dass neben dem Rollenspiel auch in Regelspielen die Stärken und Schwierigkeiten auf der pragmatisch-semantischen Ebene von Kindern deutlich werden.

Das Regelspiel „Rategarten“

„Der Rategarten“ ist ein Ratespiel von Ravensburger. Iris Füssenich und Carolin Geisel (2008, S. 58 ff.) beschreiben eine modifizierte Spielvariante und haben Kopiervorlagen dazu veröffentlicht. Das Spiel wird mit zwei ausgewählten semantischen Feldern (Tiere und Spielsachen) in drei Teilen gespielt. Im ersten Teil benennen ein Kind und die erwachsene Spielpartnerin abwechselnd alle Spielkärtchen, indem sie zum Beispiel Memory spielen. Die Erwachsene ist dabei ein sprachliches Vorbild und sagt nach jeder gezogenen Karte den passenden Begriff, wie: „Das ist der Hund.“. Schon lässt sich einschätzen, ob ein Kind alle Begriffe benennen kann und wie es reagiert, wenn es einen Begriff nicht kennt.

Der zweite Spielteil widmet sich dem Zuordnen der Spielkarten zu den jeweiligen Oberbegriffen. Auch hier gibt die Erwachsene das sprachliche Vorbild mit modellierten Äußerungen, wie etwa: „Die Katze ist ein Tier, die lege ich zu den Tieren“ oder „Mit der Puppe kann ich spielen, die kommt zu den Spielsachen“. Neben der Beobachtung, ob ein Kind die Wörter richtig zuordnen kann, lässt sich bereits in den ersten beiden Spielteilen feststellen, ob sich ein Kind an den Äußerungen der Erwachsenen orientiert und diese teilweise imitiert.

Beim dritten Spielteil werden abwechselnd verdeckt Spielkarten gezogen und müssen vom Gegenüber erraten werden. Die Erwachsene wählt auch hier eine modellhafte Fragestrategie, bei der sie zunächst fragt, ob es sich bei dem gesuchten Begriff um ein Tier oder ein Spielzeug handelt, und dann immer nach den gleichen Merkmalen weiterfragt: „Hat das Tier vier Beine?“, „Hat es weiches Fell?“, „Ist es rot?“ usw. Im von Füssenich und Geisel (2008) veröffentlichten Protokollbogen lässt sich festhalten, ob ein Kind Fragen stellen kann, sich an der Fragestrategie der Erwachsenen orientiert, wie ausdifferenziert seine Fragestrategie ist und wie stimmig seine Antworten sind.

David hat viele Fähigkeiten, aber auch Schwierigkeiten auf pragmatisch-semantischer Ebene, was die folgenden Beispiele aus einer Handlungssituation mit dem Regelspiel „Rategarten“ zeigen.

Im Verlauf des Ratespiels „Rategarten“ waren Tiere und Spielzeuge auf Kärtchen abgebildet, die abwechselnd gezogen und vom Spielpartner durch geschicktes Fragen erraten werden mussten. Die pädagogische Fachkraft (E) begann zu raten. Im späteren Spiel imitierte David (D) die Fragetechnik der Fachkraft und fragte, ob das gesuchte Tier ein weiches Fell hat, so wie dies zuvor die Fachkraft gefragt hatte.

E: Jetzt musst du raten.
D: Ist es ein Tier?
E: Mhm (schüttelt den Kopf)
D: Hat es weiches Fell?

Obwohl David alle Tiernamen kannte, versah er jedes Tier noch mit dem dazu passenden Tierlaut und griff damit scheinbar bewusst auf Elemente aus frühen sprachlichen Stadien zurück. Dieser bewusste Rückgriff war für ihn ein Spiel mit Sprache und schien ihm zu gefallen.

D: Ich hab ein wuf Hund.
D: Ich hab ein Kuh, macht muh.
D: Ich hab ein See.
E: Und was schwimmt denn in dem See, hast du das schon entdeckt?
D: Ein Fisch blubb.

Neben diesen Fähigkeiten von David wird auch deutlich, dass er Schwierigkeiten beim kommunikativen Handeln mit anderen hat. Seine Äußerungen sind undeutlich, und er spricht sehr schnell. Häufig ist er dadurch kaum zu verstehen. Er korrigiert seine Äußerungen nur wenig, auch wenn die pädagogische Fachkraft ihm zeigt, dass sie ihn nicht versteht. Wenn ihm ein Wort fehlt, ersetzt er dies durch Füllworte, sogenannte deiktische Elemente (dingsbums, da, dort), oder ein Wort aus dem gleichen Wortfeld (See für Fisch).

D: Mir händ auch so ein dingsbumgs äh wie heißt des dingsbums do (meint das Rategartenspiel).

David weist viele Kompetenzen auf der pragmatisch-semantischen Ebene auf. Dies wurde in Regelspielformaten, die gemeinsam mit ihm gespielt wurden, deutlich. Er hat aber zudem Schwierigkeiten, die zeigen, dass David eine sprachliche Unterstützung auf der Ebene der Pragmatik und Semantik braucht.

Pragmatisch-semantische Fähigkeiten	Pragmatisch-semantische Schwierigkeiten
• David orientiert sich an Äußerungen von Erwachsenen und imitiert Teile davon. • Er spielt mit Sprache.	• David fragt nicht nach der Bedeutung von Begriffen, die er nicht kennt. • Er ersetzt Begriffe, die er nicht kennt, durch deiktische Elemente oder Füllworte. • Er hat Wortfindungsschwierigkeiten. • Er korrigiert seine Äußerungen nicht, auch wenn die Gesprächspartnerin ihm zu verstehen gibt, dass sie ihn nicht versteht.

Auch *Irems* (I) Fähigkeiten und Schwierigkeiten auf pragmatisch-semantischen Ebene zeigen sich während der Spielsituation des Regelspiels „Rategarten".

E: Ich hab eine Maus.
I: Maus, ich hab ein – Müh.
E: Was ist das? – Das ist eine Kuh.
I: Kuh, hab ich schon gesehen.

Schon in diesem kurzen Beispiel lässt sich erkennen, was *Irem* kann und wo sie noch Schwierigkeiten hat. Sie ist dabei, ihren Wortschatz zu erweitern, indem sie Wörter imitiert. Gleichzeitig ersetzt sie unbekannte Wörter, hier Kuh durch Müh. Sie weiß aber, was eine Kuh ist, das sagt sie selbst: „… hab ich schon gesehen." Sie kennt zwar den Begriff, es fehlt ihr aber das passende Wort „Kuh".

I: Ich hab ein (überlegt) – zum Huihuihui-Machen (macht Armbewegungen).
E: Das ist eine Schaukel.
I: Ja.

E: Hat das Tier weiches Fell?
I: Ja, und so eins (zeigt über ihren Mund).
E: Ah einen Schnurrbart.
I: (Nickt).

E: Was ist das?
I: Zum So-Machen (macht Handbewegung und pustet).
E: Ist es das Windrad?
I: Ja!

Oftmals zeigt *Irem* eine ausgeprägte Gestik und Mimik, um Begriffe und Wörter zu erklären. Zudem verwendet das Mädchen wie auch der Junge David deiktische Ausdrücke:
E: Was hab ich?
I: Desda (zeigt auf das Schaf).
E: Nein!
I: (Zeigt auf weitere Gegenstände.)

Auch *Irems* Fähigkeiten und Schwierigkeiten auf der pragmatisch-semantischen Ebene konnten im Regelspielformat erfasst werden:

Pragmatisch-semantische Fähigkeiten	Pragmatisch-semantische Schwierigkeiten
• Sie benutzt Gestik und Mimik, um Worte zu erklären. • Sie imitiert einzelne Worte von Erwachsenen.	• Sie hat einen eingeschränkten Wortschatz. • Sie fragt nicht nach Begriffen und deren Bedeutung. • Sie schweigt, wenn sie ein Wort nicht kennt. • Sie orientiert sich im Ratespiel „Rategarten“ nicht an der Fragestrategie des Erwachsenen. • Sie hat Probleme mit dem Sprachverständnis.

Bei Kindern mit Schwierigkeiten auf der pragmatisch-semantischen Ebene wird dies sowohl in Alltags- als auch in Spielformaten deutlich. Durch die kontinuierliche Beobachtung (Beobachtungsbogen in Kap. 2.4) kann festgestellt werden, ob sie ihre Fähigkeiten erweitern oder gegebenenfalls eine Sprachtherapie benötigen. Im Allgemeinen haben diese Kinder häufig Probleme in vier Bereichen (Füssenich 2002). Sie haben:

- einen eingeschränkten Wortschatz,
- fehlende Strategien zur Erweiterung ihres Wortschatzes,
- Wortfindungsschwierigkeiten,
- Probleme im Bereich Sprachverständnis.

Zudem können sie nicht oder nur eingeschränkt an Alltags- und Spielformaten teilhaben, und sie fallen durch eine eingeschränkte Erzählfähigkeit auf. Hierdurch fällt ihnen der kommunikative Austausch nicht nur mit Gleichaltrigen, sondern auch mit Erwachsenen schwer. Eltern haben sich wie bei allen sprachlich-kommunikativen Schwierigkeiten nicht selten an die Sprachen der Kinder gewöhnt. Anderen Bezugspersonen sowie pädagogischen Fachkräften fallen die Schwierigkeiten auf und wenn eine Sprachförderung nicht mehr ausreicht, empfehlen sie den Familien den Besuch einer Sprachtherapie, wie bei *Mathis, David, Irem* oder im folgenden Beispiel bei Paul.

2.5.2 Sprachtherapeutisches Vorgehen und Erweiterung pragmatisch-semantischer Fähigkeiten

Mit den vier Kindern *Roba, Wassilios, Orkan* und *Mike* ging es um das semantische Feld Pizzeria und die Erweiterung des Wortschatzes. Zunächst standen unterschiedliche Zutaten für den Pizzabelag wie Paprika, Oliven, Schinken, Käse, Salami usw. im Fokus. Die Zutaten wurden mit Symbolen für bestimmte Artikel versehen, da alle vier Kinder zusätzlich noch Schwierigkeiten in diesem Bereich der Grammatik hatten (vgl. Kap. 3). Wenn Kinder neben den Schwierigkeiten auf pragmatisch-semantischer Ebene Schwierigkeiten auf anderen sprachlichen Ebenen haben, reicht häufig eine Sprachförderung nicht aus, damit sie ihre Fähigkeiten erweitern. Sie benötigen dann das Angebot einer Sprachtherapie. In der Sprachtherapie können, anknüpfend an den Interessen eines Kindes, Inhalte auf allen Sprachebenen verknüpft werden.

Auch die Sprachtherapie orientiert sich am sprachlichen Bildungsprozess, inszeniert Spiel- und Alltagsformate, in denen Kinder mit Unterstützung von Therapeutinnen ihre Fähigkeiten erweitern. „Dazu knüpft der Therapeut an den bereits vorhandenen Fähigkeiten des Kindes an und konfrontiert es mit Lernaufgaben, die ein Fähigkeitsniveau aufweisen, das etwas über dem aktuellen Kompetenzniveau liegt." (Baumgartner 2008, S. 141) Das Beispiel des vierjährigen Pauls aus der Sprachtherapie zeigt deutlich, dass Paul seine sprachlichen Fähigkeiten mit Hilfe des für ihn passenden sprachtherapeutischen Angebots erweitern konnte.

Beispielkind *Paul*
Paul ist fast fünf Jahre alt und besucht die Elementareinrichtung seit mehr als einem Jahr. Den pädagogischen Fachkräften fiel auf, dass er nur wenig in der Lage war, seine sprachlichen Fähigkeiten zu erweitern. In Begegnungen äußerte er sich kaum verbal, sondern kommunizierte fast ausschließlich durch Gestik, Geräusch und selten durch Einwortäußerungen.

Pragmatisch-semantische Fähigkeiten	Pragmatisch-semantische Schwierigkeiten
• Paul möchte sich mitteilen. • Er hat großes Interesse an einem Spiel mit Tieren.	• Das Mitteilen gelingt Paul fast ausschließlich nonverbal (Gestik, Mimik, Geräusche). • Im freien Spiel führt er unstrukturierte Spielhandlungen durch, die nicht an den möglichen Rollen orientiert sind. • Fragen beantwortet er meist mit „Ja“, obwohl er diese offensichtlich nicht versteht.

Paul, der Schwierigkeiten beim Erwerb der Wortbedeutungen und Begriffe hatte, hatte gleichermaßen Schwierigkeiten beim Erwerb der Spielfähigkeit. Außerdem zeigte Paul Probleme bei der Grammatik und der Aussprache. Die pädagogischen Fachkräfte erkannten Pauls Schwierigkeiten und berieten seine Eltern. In der Sprachtherapie konnten seine vorhandenen Kompetenzen genauer beobachtet und als Grundlage für das therapeutische Vorgehen genutzt werden. Im Folgenden sind die Fähigkeiten und Schwierigkeiten von Paul dargestellt, zusammen mit dem sprachtherapeutischen Angebot für ihn, dessen Schwerpunkt zunächst auf der Förderung der Spielfähigkeit lag.

Spielfähigkeit

Paul wurde in freien Spielsituationen beobachtet. Dabei fällt auf, dass er Spielgegenstände verwendet, um Ideen für das gemeinsame Spiel auszudrücken. Er benutzt sie teilweise symbolisch, indem er ihnen neue Bedeutungen zuschreibt. Ein Spielskript ist nur selten zu erkennen. Insgesamt ist sein Spiel sehr sprunghaft, er bringt immer wieder neue Themen in nur kurzen Abständen ein. Spielhandlungen verbalisiert Paul oft nicht. Häufiger untermalt er Spielideen mit Geräuschen. Die Spielskripts bestehen lediglich aus den Gegenständen und dem für ihn wahrnehmbaren Spielumfeld. Weitere Ideen aus dem semantischen Feld des Skripts, die den Spielverlauf facettenreicher gestalten könnten, bringt er nicht ein. Tiere fallen in seinem Spiel zum Beispiel vom Tisch oder werden in eine Schachtel gesperrt. Was Tiere sonst in der Regel tun, was sie fressen, wo sie leben usw. wird von Paul nicht ins Spiel mit eingebracht.

Pragmatik und Semantik

Paul greift häufig auf Elemente der vorsprachlichen Kommunikation zurück (er zeigt oder verwendet häufig deiktische Ausdrücke wie „desda“, „da“, „hier“). Er nimmt Ersetzungen vor, z. B. „Ring“ für Kette, „Ziege“ für Schaf. Er lacht häufig an unpassenden Stellen und kompensiert damit, dass er etwas nicht versteht oder ihm Begriffe nicht einfallen. Er kommuniziert mit vielen Geräuschen oder unverständlichen Lautkombinationen, die nur in wenigen Fällen eine eindeutige Bedeutung aufweisen.
Wenn der Erwachsene ihm Bedeutungen für seine Lautkombinationen anbietet, bejaht er diese meistens, auch wenn er sie nicht versteht. Zudem scheint Pauls Wortschatz bzw. die Morpheme nicht ausreichend vernetzt zu sein. Dies hat zur Folge, dass ihm sowohl das Bilden von Oberbegriffen als auch das Erkennen von charakteristischen Bedeutungsmerkmalen schwerfällt.

E: Hat das Schwein ein weiches Fell?
P: Ja-in?
E: Nein, das Schwein hat kein weiches Fell.

Aussprache
Paul hat Schwierigkeiten in der Aussprache (siehe Kap. 4). Einige Laute sind noch nicht in seinem Lautinventar vorhanden, und manche Lautersetzung sind für sein Alter und seine Entwicklung untypisch. Außerdem treten noch phonologische Prozesse auf, die er noch nicht überwunden hat: „Tuck, die tann au hier reingehen" für „Guck, der kann auch hier reingehen" (Ersetzung von /g/ bzw. /k/ zu /t/).

Grammatische Aspekte
Das Verb steht in Pauls Äußerungen (siehe Kap. 3)häufig nicht an zweiter Stelle im Hauptsatz. Er verwendet Subjekte, Prädikate und teilweise Akkusativ. Subjekte werden ebenso in vielen Äußerungen ausgelassen. Prädikate sind teilweise unvollständig vorhanden.
Die Subjekt-Verb-Kongruenz ist größtenteils gegeben. In vielen Äußerungen sind die Prädikate jedoch nur teilweise vorhanden. Betrachtet man den Gebrauch ausgewählter Wortarten, fällt auf, dass Paul häufig Verben auslässt, vor allem Modalverben, und dass Artikel und Pronomen in seinen Äußerungen so gut wie nie vorhanden sind. Die Schwierigkeiten zeigen sich zum Beispiel in folgenden Äußerungen:

Äußerungen von Paul	Zieläußerungen
Mut immer miseln.	**Ich** muss immer mischen.
Und da reingehen.	**Er muss** da reingehen.
Noch mehr Autos rausholen.	**Ich** hole noch mehr Autos raus.
Traktor wegfahre.	**Der** Traktor fährt weg.
Der warn son wei drinne.	Da waren schon zwei drin.

Was braucht Paul?
- Eine Sprachförderung, die im Kindergarten angeboten wird, reicht für ihn nicht aus. Deshalb braucht Paul keine Sprachförderung in der Gruppe, sondern eine Einzeltherapie mit inszeniertem Rahmen, in dem das sprachtherapeutische Angebot auf seine individuellen Fähigkeiten und Schwierigkeiten abgestimmt ist.
- Paul hat großes Interesse am Spiel mit Tieren, er braucht jedoch noch Unterstützung zur Erweiterung seiner Spielfähigkeiten. Vor allem muss er lernen, wie mit Hilfe von Sprache Spielhandlungen unterstützt werden.
- Paul hat Schwierigkeiten auch auf anderen sprachlichen Ebenen, daher braucht er eine Therapie, in der pragmatisch-semantische Inhalte wie die Erweiterung des Wortschatzes oder das Bilden von Oberbegriffen mit anderen sprachlichen Bereichen verknüpft werden.

Aus der Sprachtherapie mit Paul

Abb. 18 zeigt eine Übersicht des sprachtherapeutischen Angebots für Paul. Das freie Spiel mit Tierfiguren hatte in der Therapie einen großen Stellenwert, da Paul dies sehr gerne mochte und es ihn immer wieder vor allem zum Abschluss der Therapie auf den Spielteppich zog. In diesem freien Spiel bestand die Möglichkeit, mit Hilfe von modellierenden Äußerungen pragmatisch-semantische Inhalte erneut in den Vordergrund zu stellen.

Beispiel: Spiel mit dem Traktor

E: Der Traktor bringt Futter.
P: Und da reingehen (setzt die Schafe in den Traktor).
E: Wir brauchen Futter für die Tiere. Guck mal, da ist vielleicht Futter.
P: Nein, der muss da rinne sein.
E: Was macht der Traktor?
P: Traktor wegfahren.
E: Fährt er die Schafe weg?
P: Ja.
E: Fährt er die Schafe in den Stall?
P: Ja.

Sprachtherapeutisches Angebot	Begründung des methodischen Vorgehens	Pauls Reaktion auf das Angebot
Betrachten eines Bauernhof-Bilderbuches; dabei gemeinsames Gespräch über die Tiere und Handlungen der Personen im Bild.	*Erstes Erkunden des semantischen Feldes; mit Hilfe von modellierenden Äußerungen werden bestimmte Aspekte fokussiert.*	*Paul kennt die Begriffe Pferd, Huhn, Ziege und Kuh nicht, er weiß ebenso nicht, dass Kühe i.d.R. Milch produzieren und Hühner Eier legen.*
Bilden von Oberbegriffen „Welche Tiere brauchen wir für ein Bauernhofspiel?“, „Welche Tiere leben auf dem Bauernhof?“	*Das Bilden von Oberbegriffen ist eine Strategie zur Erweiterung und Vernetzung des Wortschatzes.*	*Paul hat bisher wenig Vorstellung davon, welche Tiere auf einem Bauernhof leben: Beispielsweise geht er davon aus, dass Affen und Giraffen dort leben.*
Memory-Spiel mit Tierfiguren unter Pappbechern, anschließend Bilden von Oberbegriffen: „Welche der Tiere leben auf dem Bauernhof?“ Artikel werden dabei modelliert angeboten.	*Im Spielformat Memory werden die Tiere aus dem Wortfeld „Bauernhof“ benannt.*	*Paul kann die Regeln des Memory-Spiels einhalten und ausdauernd spielen.*

Sprachtherapeutisches Angebot	Begründung des methodischen Vorgehens	Pauls Reaktion auf das Angebot
Erstellen eines Bauernhoftierbuchs mit zwei Merkmalen zu den Tieren: „Wie viele Beine hat das Tier?", „Was frisst das Tier?"	*Erweiterung und Vernetzung des Wortschatzes: Die Begriffe sollen mit Hilfe der Merkmale gefestigt werden.*	*Paul hat eine Vorstellung davon, dass die Kuh Gras und Blumen frisst. Akribisch zählt er die Beine der Kuh und malt die Kuh noch braun an.*

Abb. 18: Übersicht über das sprachtherapeutische Angebot für Paul

Pauls Fähigkeiten und Schwierigkeiten nach einigen Wochen Sprachtherapie

Die sprachtherapeutischen Angebote machte Paul freudig mit. Er konnte sich dabei zunehmend länger konzentrieren und mitarbeiten, bevor er das (anfänglich noch unstrukturierte) abschließende Tierrollenspiel begann. Bemerkenswert war vor allem, dass Paul zunehmend verbal statt nonverbal kommunizierte. Sein unangebrachtes Lachen und das Äußern von Geräuschen hatten abgenommen. Die Interaktion im Spiel fand nunmehr über Ein- bis Zweiwortäußerungen statt. Handlungen im Spiel wurden dabei von Paul sprachlich begleitet. Er begann zunehmend, von sich und seinen Spielerfahrungen zu erzählen, und es gelang ihm immer öfter, den Inhalt seiner Erzählungen verständlich zu machen.

Die pädagogische Fachkraft gab Auskunft, dass sich Pauls (sprachliches) Verhalten auch in der Gruppe der Elementareinrichtung deutlich gebessert habe. Er sei offener geworden und zunehmend interessierter am Austausch und Spiel mit anderen. Immer häufiger schaffe er es, dieses Interesse auch verbal deutlich zu machen, wenn ihm dies auch nach wie vor häufig nur in knappen Äußerungen gelingen würde. Selbst im Morgenkreis versuche er mittlerweile, von sich zu berichten. Zudem sei Paul besser gelaunt, weine nicht mehr so häufig und könne aktiver in den Kontakt treten, indem er seine Schüchternheit in der Gruppe teilweise überwinden konnte.

Durch die erste Phase der Sprachtherapie, in der es um die Erweiterung der Fähigkeiten auf pragmatisch-semantischer Ebene in Spielformaten und im semantischen Feld Bauernhof ging, wurden Voraussetzungen für weiteres sprachtherapeutisches Arbeiten mit Paul geschaffen. In der weiteren Therapie mit dem Jungen konnten zunehmend mehr grammatische Aspekte mit einfließen.

3 Grammatik: Blick auf Kinder – Blick auf Erwachsene

3.1 Zum Beispiel *John, Ardian, Markus* und andere Kinder

John, 4;2 Jahre alt, spricht mit seinen wichtigsten Bezugspersonen – Mutter und Großmutter – russisch. Seit einem halben Jahr besucht er einen Kindergarten und lernt seitdem die deutsche Sprache. Seine Mutter mit sehr guten Deutschkenntnissen spricht mit ihrem Sohn deutsch, wenn er sie in dieser Sprache anspricht. Bei einem Regelspiel mit einer Erwachsenen spricht er vor allem in Einwortäußerungen, wie Mäh, Hund, Hase, Katze, Biene, Pferd und Vogel. An längeren Äußerungen sagt er:

Ein Hund.	Da draußen.
Ich nehmen zweite.	Ich habe gefunden.
Hab vier.	Eine Vogel.
Weiß, was gebaut hat ein Haus.	Vier du hast.
Eins, zwei, drei.	Da is Biene.

Zwei Monate später sind die Äußerungen von John umfangreicher. Beim gemeinsamen Bilderbuchbetrachten und bei einem Regelspiel äußert er:

Was machst du da?	Der kleine Tiger.
Des lacht.	Die gehen da hoch.
Aber der will essen.	Was ist das?
Ich bin rot.	Aua, der hat für mich gebissen.
Der hat neue Jacke.	Du hast gekauft.
Ich hab gemacht.	Für dich hier, für dich das noch mal.
Jetzt ich dran.	Der hat neue Jacke. Ich hab gelbe Jacke.

Es ist offensichtlich, dass die sprachliche Bildung von Kindern wie *John,* die erst in der Kindertageseinrichtung mit der deutschen Sprache in Kontakt kommen, nicht mit den Altersnormen und Entwicklungsphasen von Kindern mit Deutsch als Erstsprache gemessen werden können. Innerhalb der zwei Monate sind seine Fortschritte beachtlich. Doch wie lassen sich seine Fähigkeiten in der deutschen Sprache – vor allem beim Erwerb der Grammatik – einschätzen? Ist das alltägliche Angebot in der Kindertageseinrichtung ausreichend für solche Kinder wie *John*? Oder benötigt *John* eine Sprachförderung im Bereich der Grammatik oder eher bei der Erweiterung von Fähigkeiten auf semantischer Ebene oder ggf. sogar eine Sprachtherapie? Erwirbt er das Regelsystem der deutschen Grammatik regelgeleitet?

Ardians Erst- und Familiensprache ist Albanisch. Er besucht, seitdem er drei Jahre alt ist, eine Kindertageseinrichtung. Mit 4;6 Jahren äußert er Sätze, die durch die falsche Verwendung von Artikeln und Fällen auffallen. Präpositionen benutzt er ebenfalls nicht immer korrekt:

Meine Mama hat eine **schwarzen** Tasche.
Das hab ich in **mein** Oma gesehen in Wasser.
Ich hab schon Mütze und **ein** Regenschirm.
Ein Löwen, des hab ich schon mal **in** Zirkus gesehen.
Der macht Farbe **in der** Haus.

Welches Angebot benötigt *Ardian,* damit seine Äußerungen grammatisch korrekt werden?

Kindliche Äußerungen sind oft nicht verständlich und enthalten Auslassungen. In der Spalte Zieläußerung sind die vermuteten intendierten Äußerungen der Kinder notiert. Die ergänzten Satzglieder und Wortarten sowie weitere Abweichungen sind fett markiert.

Markus ist 3;5 Jahre alt und seine Familiensprache ist Deutsch. Bei einem Rollenspiel äußert er:

Kindliche Äußerung	**Zieläußerung**
1. Straße parke dürfe nein.	**Du** darfst **nicht auf der** Straße parken.
2. Mitreite nein.	**Ich reite** nicht **mit.**
3. Der meine Paket aufmache.	Der **macht** mein Paket **auf.**
4. Reite Katze.	**Ich** reite **die** Katze.

Die Äußerungen enthalten zahlreiche Verben, und sie zeigen, dass der Junge sprachliche Inhalte gut ausdrücken kann. An seinen Äußerungen fällt allerdings auf, dass er mehrmals Subjekte (Äußerung 1, 2 und 4) und auch Artikel (Äußerung 4) auslässt. Zusammengesetzte Verben wie „mitreite" trennt er nicht. Er setzt oft das Verb an das Ende des Satzes.
Entspricht *Markus'* Erwerb der deutschen Grammatik den Phasen des Grammatikerwerbs von Kindern mit Deutsch als Erstsprache? Oder zeigt er Schwierigkeiten beim Erwerb der Grammatik, so dass eine professionelle Diagnose die Voraussetzung für eine Sprachtherapie sein muss?
Um für alle drei Kinder die Fragen zu beantworten: „Was kann das Kind? Was braucht das Kind? Was kann das Kind als Nächstes lernen?" ist ein Grundwissen an sprachwissenschaftlichen Kenntnissen im Bereich Grammatik ebenso notwendig wie die Kenntnis über den Erwerb der deutschen Grammatik von Kindern, die mehr- oder einsprachig aufwachsen. Weiterhin benötigen pädagogische Fachkräfte Wissen über auftretende Schwierigkeiten beim Erwerb der deutschen Grammatik sowie über mögliche Schwierigkeiten, damit sie entscheiden können, wann eine professionelle Diagnose erforderlich ist. Um eine Diagnose der Fähigkeiten und der Schwierigkeiten vorzunehmen, von der sich sprachtherapeutische Ziele ableiten lassen, müssen Sprachtherapeutinnen ebenfalls an sprachwissenschaftliche Grundlagen und an Phasen des Erwerbs der Grammatik anknüpfen.

3.2 Sprachwissenschaftliche Grundlagen der deutschen Grammatik

Die folgenden sprachwissenschaftlichen Grundlagen sollen pädagogischen Fachkräften eine grundlegende Information zur Grammatik der deutschen Sprache geben. Weiterhin bilden sie die Grundlage für die Ausführungen zur sprachlichen Bildung, zur Sprachförderung und zum Erkennen von Fähigkeiten und Schwierigkeiten. Sie sind ebenfalls die Basis für das diagnostische Vorgehen, an das eine Sprachtherapie anknüpfen muss.

Die Sprache muss von endlichen Mitteln einen unendlichen Gebrauch machen und ihre Grammatik beschreibt diesen Prozess. Die Einheit ist meist der Satz.

> Die Grammatik beschreibt, wie Wörter und ihre Teile kombiniert werden, um Sätze und Satzfolgen zu bilden. Sie wird unterteilt in (1) Syntax (Satzlehre) und (2) Morphologie (Struktur von Wörtern).

Syntax (Satzlehre)

Die Satzlehre behandelt die Weise, wie Wörter angeordnet sind. Zum Beispiel: Die Stellung von Verben im Satz.

	Vorfeld	Verb (finit) = linke Satzklammer	Mittelfeld	Verbendposition = rechte Satzklammer
1	Ich	**esse**	die Schokolade	**auf.**
2	Heute	**esse**	ich die Schokolade	**auf.**
3	Schnell	**will**	ich die Schokolade	**aufessen.**
4	Ich	**habe**	die Schokolade	**aufgegessen.**
5	Das Brot	**wird**	von mir	**gegessen.**
6	Wo	**ist**	die Schokolade?	
7		**Hast**	du die Schokolade	**aufgegessen?**
8		**Iss**	die Schokolade!	
9	Ich	**esse**	die Schokolade	**auf,**
weil	ich		sie gerne	**mag.**
10	Maria	**sagt,**		
10		dass	sie zu viel Kuchen	**gegessen hat.**
11	Maria	**sagt,**		
11		dass	sie viel Kuchen	**essen möchte.**

- In Hauptsätzen
  - steht das Verb an zweiter Stelle (Beispiele 1 und 2),
  - steht das Modalverb an zweiter Stelle und das Vollverb am Satzende (Beispiel 3),
  - stehen bei zusammengesetzten Zeiten und bei Passivformen das Hilfsverb an zweiter Stelle und das Vollverb am Satzende (Beispiele 3 und 5),
- Bei W-Fragen steht das Verb an zweiter Stelle (Beispiel 6).
- Bei Entscheidungsfragen und bei Imperativen steht das Verb an erster Stelle (Beispiele 7 und 8).
- Im Nebensatz
  - steht das Verb an letzter Stelle (Beispiel 9),
  - stehen bei zusammengesetzten Zeiten Verb und Hilfsverb am Satzende (Beispiel 10),
  - stehen Modalverb und Vollverb am Satzende (Beispiel 11).

Zum Beispiel: zusammengesetzte/trennbare und untrennbare Verben
Trennbare Verben z. B. aufessen, umfallen werden in vielen Sätzen getrennt: „Ich **esse** die Schokolade **auf**“, „Der Tisch **fällt um**“. Wenn aber die Äußerung ein Modalverb z. B. wollen, können oder eine zusammengesetzte Zeit enthält, werden die zusammengesetzten Verben nicht aufgelöst: „Ich wollte die Schokolade **aufessen**“ und „Der Tisch ist **umgefallen**“.
Es gibt auch untrennbare zusammengesetzte Verben: „Wir haben uns mit dem Auto **verfahren**.“

Morphologie (Wortbildung)

Die Morphologie befasst sich mit der Struktur von Wörtern.
Es gibt viele Wortarten.

Wortarten	Beispiele
Vollverben	*laufen, essen, lesen ...*
Modalverben	*sollen, dürfen, müssen, wollen ...*
Kopulae (z. B. bestimmte Verwendungen von *sein*)	*ist, sein, bin, sind, werden, bleiben ...*
Auxiliare (Hilfsverben)	***ist** ... gegangen, **habe** getrunken ...*
Substantive (Nomen, Hauptwort)	*Ball, Haus ...*
Adjektive	*schön, klein ...*
Adverb	*Ich laufe **morgens***
Artikel	*der, die, das, eine, einer, eines ...*
Pronomen (Fürwörter)	*ich, du, er ... Wer? Was? ...*
Präpositionen	*auf, unter, über ...*
Konjunktionen	*weil, und ...*
Partikel	*nein ...*

Manche Wortarten sind flektierbar (veränderbar): Verb, Substantiv, Adjektiv, Artikel, Pronomen.
Unfelktierbare (unveränderbare) Wortarten sind: Präposition, Konjunktion, Adverb, Partikel.

Verben

Das Verb *haben* kann auch als Vollverb gebraucht werden, z. B.: „Ich habe Hunger".

Bildung von Verbformen

Es gibt folgende **Flexionsformen:**

Infinitiv:	laufen, gehen
Imperativ:	geh, lauf
Partizip:	gegangen, gelesen, lesend

Finite Form (Übereinstimmung/Kongruenz von Subjekt und Verb): du geh-st, ich lauf-e

Präfixverben

Präfixe wie *auf-*, *ent-* sind Wortbildungselemente, die vor den Verbstamm gesetzt werden, um Ableitungen zu bilden. Man kann das Verb „aufessen" trennen: „Ich *esse* die Schokolade *auf*."

Finite (veränderbare) und infinite (nicht veränderbare) Verbformen

Ich esse ***(finit)*** die Schokolade auf.
Ich habe ***(finit)*** die Schokolage aufgegessen ***(infinit).***
Die Schokolade wird ***(finit)*** von der Mutter gegessen ***(infinit).***
Ich möchte ***(finit)*** die Schokolade aufessen ***(infinit).***

Konjugation von Verben

An den Stamm des Verbs wird eine Endung angehängt: Ich *bleib-e*, du *bleib-st* ...
Das Vollverb wird durch ein Hilfsverb erweitert: Ich *habe* gegessen.
Der Verbstamm verändert sich: ich singe – ich sang – ich habe gesungen
Starke (unregelmäßige) Konjugation: fahren – fuhr – gefahren
Schwache (regelmäßige) Konjugation: zeigen – zeigte – gezeigt

Substantive (Nomen)

Die Flexion (Deklination) der Substantive wird durch Genus, Numerus und Kasus bestimmt.

Genus

Maskulinum:	der/ein Löffel
Femininum:	die/eine Gabel
Neutrum:	das/ein Messer

Numerus

Die meisten Substantive haben zwei *Numeri:* Singular (der Hut) und Plural (die Hüte). Manche Wörter kommen nur im Singular oder nur im Plural vor:

- *Singular:* das Obst, die Polizei, das Gold, die Treue, das Fleisch
- *Plural:* die Geschwister die Eltern, die Personalien, die Kosten. Im Deutschen gibt es neun Möglichkeiten, den Plural zu bilden:

Singular	Plural	Kennzeichnung
der Dackel	die Dackel	keine
der Ofen	die Öfen	Umlaut
der Tisch	die Tische	-e
die Laus	die Läuse	-e + Umlaut
die Dummheit	die Dummheiten	-en
der Gedanke	die Gedanken	-n
der Geist	die Geister	-er
das Gras	die Gräser	-er + Umlaut
das Auto	die Autos	-s

Jedes Substantiv steht in einem bestimmten **Kasus (Fall):**

Nominativ (1. Fall)	**Der Mann** läuft.	Wer?
Genitiv (2. Fall)	Das Auto **des Mannes** fährt schnell.	Wessen?
Dativ (3. Fall)	Die Schokolade gehört **dem Mann.**	Wem?
Akkusativ (4. Fall)	Ich esse **die Schokolade.**	Wen?

Präpositionen

Die meisten Präpositionen erfordern einen bestimmten Kasus (Fall).

Akkusativ (4. Fall): durch, für, gegen, ohne ... Zum Beispiel: Ich schaue *durch* das Fenster.

Dativ (3. Fall): außer, bei, entgegen ... Zum Beispiel: Ich esse *bei* meiner Mutter Kuchen.

Genitiv (2. Fall): wegen, trotz ... Zum Beispiel: Ich gehe nach Hause, *trotz* des Regens.

Wechselpräpositionen

Den **Dativ** oder **Akkusativ** erfordern: ab, an, auf, hinter, in, neben, über, unter, vor, zwischen. Das Verb zeigt, ob es sich um eine Bewegung oder eine Ortsangabe handelt.

Beispiele:
Ich fahre auf *der* Autobahn. (Wo? → Dativ)
Ich fahre auf *die* Autobahn. (Wohin? → Akkusativ)
Ich bin in *der* Schule. (Wo? → Dativ)
Ich gehe in *die* Schule. (Wohin? → Akkusativ)

Satzglieder

Ich	gebe	dir	die Schokolade	in die Hand.
Subjekt	Prädikat	Dativobjekt	Akkusativobjekt	Präpositionalobjekt

Die deutsche Grammatik hat ihre eigenen Regeln und Strukturen, die Kinder erwerben. Doch was leisten Kinder, die mit mehreren Sprachen aufwachsen? Ein Blick in Sprachstrukturen ihrer Erstsprachen zeigt pädagogischen Fachkräften und Sprachtherapeutinnen die Leistung, die Kinder bei der sprachlichen Bildung vollbringen. Im Folgenden werden die türkische und die russische Sprache exemplarisch ausgewählt.

Sprachen der Kinder

Zum Beispiel Türkisch

Die türkische Sprache ist eine agglutinierende Sprache: Bei der Deklination, Singular/Plural, dem grammatischen Geschlecht und den Fällen, der Konjugation (Beugung der Verben) und der Bildung von neuen Wörtern werden an den Stamm ein oder mehrere Suffixe (Wortbausteine) angehängt:

ev	das Haus
ev-ler-im	meine Häuser
ev-ler-im-de	in meinen Häusern
ev-ler-im-de-ler	Sie sind in meinen Häusern.

Es gibt **keine ...**

- Artikel (Ausnahme: unbestimmter Artikel *bir,* auch Zahlwort),
- Modalverben (z. B. können, sollen) und Präpositionen,
- unregelmäßigen Verben und trennbaren Verben,
- Hilfsverben zur Bildung von Zeiten: Du hast ein schönes Haus: *Senin güzel evin* ***var*** (Dein schön Haus-dein gibt es), Ich bin Lehrer: *Öğretmenim.*

Es gibt eine einfache Satzstruktur: Subjekt – Objekt – Prädikat (immer am Ende), Beispiel: Hakan eve gidiyor (= Hakan Hause-nach geht).

Substantive:

Den Plural bildet man mit dem Suffix *-ler* oder *-lar* (je nach Vokalharmonie): *araba – araba**lar**, kedi – kedi**ler**, okul – oku**lar***

Suffixe spielen auch bei der Deklination die entscheidende Rolle:

Kasus	**Deutsch**	**Türkisch**
Nominativ:	der Ball	*top*
Akkusativ	den Ball	*topu*
Dativ	dem Ball	*topa*
Genitiv	des Balls	*topun*
Lokativ		*topta* (beim Ball)
Ablativ		*toptan* (vom Ball)

Verben: Verbstamm bleibt beim Konjugieren unverändert: lesen – *oku*mak, ich lese – *oku*yorum; laufen – *koş*mak, sie laufen: *koş*uyorlar

Zum Beispiel Russisch
Die Merkmale der Substantive wie Genus, Kasus, Singular oder Plural werden im Russischen im Gegensatz zur deutschen Sprache durch zahlreiche Endungen wiedergegeben. Das Artikelgeschlecht ist teils anders als im Deutschen: Das Wort „Mädchen" ist weiblich, „Kind" ist männlich und „Baum" ist sächlich. Auch die Pluralbildung ist zum Teil abweichend.

Die **Wortbetonung** kann unterschiedliche Bedeutung ausdrücken. Alle Sätze, auch Fragesätze, unterscheiden sich durch die Betonung und nicht durch die Verbstellung wie im Deutschen. Die Syntax ist variabel.

Bei der **Konjugation von Verben** gibt es nur drei Zeiten: Präsens, Präteritum und Futur.

Das Hilfsverb „haben" existiert nicht; „sein" gibt es nicht in der Gegenwart.

Es gibt keine Artikel.

Es gibt keine zusammengesetzten Verben, die getrennt werden können.

3.3 Sprachliche Bildung auf grammatischer Ebene

Sprachliche Bildung bedeutet, dass Kinder die Gesetzmäßigkeiten ihrer Sprache(n) entdecken und übernehmen. Dass sie diese Leistung vollbringen, hängt auch mit folgenden Voraussetzungen zusammen: Zum einen sind es die angeborenen Fähigkeiten, die Chomsky (1959) als Language Acqusition Device (LAD) bezeichnet. Die zweite Voraussetzung ist das Unterstützungssystem für die sprachliche Bildung, das Bruner (2002) das Language Support System (LASS) nennt. Beide Aspekte gehören zusammen und ermöglichen die sprachliche Bildung.
Im Zentrum der sprachlichen Bildung steht der Erwerb von Fähigkeiten auf pragmatisch-semantischer Ebene (vgl. Kap. 2). Hieraus entwickeln und beeinflussen sich auch die anderen sprachlichen Ebenen wie der Erwerb der Grammatik und der Aussprache. Der Wortschatzspurt ermöglicht den Erwerb von Mehrwortäußerungen. Ein Kind erwirbt die Grammatik der Zielsprache, weil es mehrere Wörter nacheinander äußern will. Vielen Kindern mit Deutsch als Erstsprache gelingt es ab Mitte des zweiten Lebensjahres bis zum Alter von vier bis fünf Jahren, grundlegende Regeln der deutschen Grammatik zu erwerben.
Gleichzeitig erweitern Kinder ihre Fähigkeiten auf den Sprachebenen Pragmatik, Semantik und Aussprache. Dabei handelt es sich nicht um parallele Lernprozesse, sondern sie durchdringen sich gegenseitig und sind voneinander abhängig. Somit ist der Grammatikerwerb nur ein Teilprozess der Aneignung von Sprache. Dabei eignet sich ein Kind die Regeln von Syntax und Morphologie seiner Sprache(n) an. Es erwirbt dieses sprachliche Wissen implizit und wird dadurch fähig, Sprache effektiver zur Verwirklichung seiner kommunikativen Absichten zu gebrauchen.

Clahsen (1986) gibt in seinem Erwerbsmodell fünf aufeinanderfolgende Phasen an, in denen Kinder die grammatische Zielstruktur des Deutschen erwerben. Dieser stufenweise Erwerb ist bedeutsam für die Einschätzung der Fähigkeiten von Kindern und ihren möglichen Schwierigkeiten. Dabei gelten die Altersangaben nur als grobe Orientierung (siehe unten).
In den Phasen I und II verbinden Kinder einzelne Elemente, vor allem Nomen und Präfixe (wie „weg", „ab") bzw. Verbformen. In den Phasen III und IV erwerben Kinder die Merkmale der deutschen Grammatik wie die Zweitstellung des Verbs im deutschen Hauptsatz, die Übereinstimmung (Kongruenz) von Subjekt und Verb sowie die Trennung von zusammengesetzten Verben. Dadurch werden die Satzstrukturen immer komplexer und auch variabler. In Phase V erweitern Kinder ihre Fähigkeiten um das Kasussystem und erwerben die Fähigkeit, komplexe Sätze wie Haupt- und Nebensätze zu bilden.
Eine Schnittstelle der semantischen und grammatischen Entwicklung bei der sprachlichen Bildung ist der Erwerb und die Ausdifferenzierung unterschiedlicher Wortarten. Es gibt in der Spracherwerbsforschung unterschiedliche Angaben darüber, aus welchen Wortarten sich der frühe Wortschatz zusammensetzt. Nach Clahsen sind während des zweiten Lebensjahres Nomen, Äußerungen wie „da" und „dort" und Präfixe wie „ab" und „auf" vorrangig. Wortarten, z. B. Artikel und Präpositionen, werden bis Phase III noch bevorzugt ausgelassen. Zum Anwachsen im kindlichen produktiven Lexikon kommt es in Phase IV. Kauschke (1999, S. 144 ff.) gibt an, dass sich die Erweiterung des Lexikons mit dem Entwicklungsverlauf verändert: Anfangs überwiegen im kindlichen Wortschatz vor allem personal-soziale Wörter, zum Beispiel „nein", „Mama", „Papa", „hallo", „aua". Nomen nehmen während des zweiten Lebensjahres zu. Nach der Untersuchung von Kauschke verwendet jedoch kein Kind mit drei Jahren mehr als 25 % Nomen, sondern mehr Verben. Diese bilden den größten Anteil des Lexikons. Dies zeigt, welche Bedeutung die Verben in der sprachlichen Bildung einnehmen.

Für Kinder, die Deutsch als Zweitsprache lernen, bieten die Phasen von Clahsen nur eine Orientierungshilfe. Sie geben nicht die Reihenfolge und besonderen Meilensteine der sprachlichen Bildung beim Erwerb der Zweitsprache Deutsch wider. Während z. B. für Kinder mit Deutsch als Erstsprache die Verbstellung und die Übereinstimmung (Kongruenz) von Subjekt und Verb entscheidende Meilensteine im grammatischen Spracherwerb darstellen, sind es für mehrsprachige Kinder eher die Bereiche Genus (Erwerb von Artikeln) und Kasus, die besonders entscheidend sind bzw. schwierig sein können. Das Modell von Clahsen repräsentiert diesen Aspekt nicht in ausreichender Weise, weil es ausschließlich den Erwerbsverlauf von Kindern mit Deutsch als Erstsprache betrachtet. Ebenso stellen diese Phasen nicht die Aneignung von Syntax und Morphologie von Kindern dar, die sprachtherapeutische Unterstützung benötigen. Im Unterschied zu Crystal (1982), der seinem Profilansatz Daten sprachauffälliger Kinder zugrunde legt, besteht die Datenbasis von Clahsen aus Äußerungen von nur deutsch sprechenden Kindern, die problemlos die Regeln der deutschen Grammatik erwerben (vgl. Kap. 3.5).

Die von Clahsen beschriebenen Phasen des Grammatikerwerbs bieten jedoch eine Orientierung für die Bereiche, in denen Kinder ggf. eine Unterstützung benötigen.

Phase I: Vorläufer der Syntax (ca. 1;6 Jahre)	
Einwortäußerungen, mit denen Kinder Bedeutungen ausdrücken:	
Wortarten: Zeige-Wörter, Nomen, Verbteile	da, ab, rein, weg, Mama
Verneinung	nein
Ausdrücken von Fragen durch Betonung	
Kombination einzelner Äußerungselemente gegen Ende der Phase (Reduplikationen)	aua aua (Auto, Auto)

Phase II: Erwerb des syntaktischen Prinzips (ca. 2;0 Jahre)	
Überwiegend Zweiwortäußerungen Wortarten: z. B. Nomen, Vollverben	Ich machen. Mama auf.
Auslassung von grammatischen Wörtern (z. B. Artikel, Präpositionen)	Wauwau bös. Daniel hinfalle. Micha Haus.
Syntaktische Regeln der deutschen Sprache werden nicht beachtet. Variable Wortstellung	
Verbendungen werden meist als Infinitive oder mit der Endung -t verwendet (nicht als Angleichung von Subjekt und Prädikat).	Dora **schneiden** da. Autos **fährt.**
Verbteile bevorzugt am Satzende, das Subjekt steht meist vor dem Verb.	Daniel Auto **hinfallen.**

Phase III: Vorläufer der einzelsprachlichen Grammatik (ca. 2;6 Jahre)	
Mehrwortäußerungen Erweiterung um Modalverben, Kopulae und Auxiliare – aber auch noch Auslassungen	Morgen Abschlepper kommen. Du nicht darf mein Paket. Ute ist lieb.
Neuerwerb der Verbendung -e Ansätze der Übereinstimmung von Subjekt und Verb	Esse Eis. Der Laster passt.
Beachtung von einigen syntaktischen Regeln: a) Einfache Verben stehen in End- oder Zweitstellung. b) Wenn ein Subjekt vorhanden ist, steht es vor dem Verb.	 Du Fahrstuhl **fahren.** Ich **esse** Eis. **Ich brauche** das Pferd für reiten.
Verneinung (nicht) steht mitten im Satz.	Du darf **nicht** Mann gehen.

Phase IV: Erwerb einzelsprachlicher syntaktischer Besonderheiten (ca. 3;0 Jahre)	
Längere Äußerungen Kopulae, Auxiliare und Modalverben vorhanden	Gleich fährt er los. Du **darfst** nicht anfangen.
Korrekte Verbstellung: Einfache Verben stehen in Zweitstellung.	Du **sollst** mir auch mal baden. Heute **spielen** wir die Seilbahn.
Trennung von zusammengesetzten Verben	Daniel **leckt** der Teller **ab.**
Erststellung des Verbs bei Imperativen	**Gib** mal die Dose.
Abnahme von Subjektauslassungen	**Daniel** leckt der Teller ab.
Neuerwerb der Verbendung -st	Du geh**st** zu der Vater.
Kasus: Nominativformen, die auch auf Akkusativ- und Dativkontexte übertragen werden	Der geht zu **der** Vater.
Bei Entscheidungsfragen: Verb steht vor dem Subjekt.	**Gehst du** nach Hause?

Phase V: Komplexe Sätze (ca. 3;6 Jahre)	
Längere Äußerungen	Geht nicht, weil er so groß ist.
Keine Verbstellungsfehler in Nebensätze	..., weil es nicht **geht.**
Korrekte Stellung der Verneinung (nicht)	Darf **nicht** der Teller ablecken.
Vorhandensein von Satzgliedern mit Kasus (Fall)	Ich baue da **eine** Kirche.
Übertragung von Akkusativ auf Dativkontexte	Ich muss **dich** das Eis geben.
Erwerb von Dativ erst am Ende dieser Phase	Sag **mir,** wie die Kinder heißen.
In Hauptsätzen Ergänzungen mit zwei Objekten	Ich muss **dich die Schokolade** geben.
Abnahme von Auslassungen	Ich schlafe und du musst mich wecken.
Komplexe Sätze: Haupt- und Nebensätze	Papa, sagst du mir, was es kostet?

Weiterhin treten auf: Übergeneralisierungen ...	
... von Vergangenheitsformen	Ich habe alles getrinkt.
... bei der Mehrzahlbildung	Ritter-s, Büse, Autos-en ...
... Flexivendungen bei unregelmäßigen Verben	Ich weiße es nicht.

Nico mit Deutsch als Erstsprache beherrscht mit 3;0 Jahren die wesentlichen Strukturen der deutschen Grammatik (Schiefele 2008). Bei den folgenden transkribierten Äußerungen wurde die Aussprache korrigiert.

Verbzweitstellung in Hauptsätzen und in W-Fragen	Da **sind** Leute drin. Wo **ist** des hin?
Auflösung zusammengesetzter Verben	Der Mann **fahr** auch **los.**
Angleichung von Subjekt und Verb	**Du hast** das von mehr.
Korrekte Verwendung von Artikeln	**Die** Feuerwehr muss immer weggehen.
Verwendung von Akkusativ	Mein Papa hat auch ein **Handy.**

Der Junge verwendet zahlreiche Vollverben, Kopulae, Auxiliare, Pronomen und Nomen. Er befindet sich in Phase IV des Grammatikerwerbs nach Clahsen. Somit entsprechen seine Fähigkeiten einem altersgemäßen Erwerb.

Erwerb von sprachlichen Ganzheiten
Es gibt einen weiteren Zusammenhang zwischen der semantischen und der grammatischen Entwicklung. Kinder erweitern ihre sprachlichen Fähigkeiten ebenfalls, in dem sie Ganzheiten aus der Sprache der Kommunikationspartnerinnen übernehmen. Oft liegen diese Äußerungen über dem Niveau der sonstigen grammatischen Fähigkeiten. Kinder übernehmen diese Äußerungen erst als Ganzheit aus kommunikativen Gründen, lösen sie mit der Zeit auf und erwerben somit die zugrunde liegenden grammatischen Regeln. Das folgende Beispiel ist typisch für die Vorgehensweise von Kindern.

Die 2;6 Jahre alte Anna übernahm nach einem Spielnachmittag von ihrer Freundin die Äußerung „Ich auch“ und setzte sie von diesem Zeitpunkt an auch kommunikativ richtig ein. „Auch“ verwendete sie bereits in anderen Äußerungen. „Ich“ kam neu hinzu und wurde zuerst ausschließlich in Verbindung mit „auch“ geäußert. Als nächster Schritt wurde diese Einheit „Ich auch“ um ein Wort erweitert, z. B. „Ich auch Suppe“ und „Ich auch mehr“. Ein paar Wochen später wurde diese gelernte Ganzheit aufgegliedert, und Anna verwendete „ich“ ohne Kombination mit dem Wort „auch“, und zwar in „Ich Auto“. „Ich“ in Verbindung mit einem Verb kam noch nicht vor. Anna griff dann immer auf ihren Vornamen zurück: „Anna geht raus.“ Erst als letzter Schritt wurde „ich“ in Verbindung mit einem Verb geäußert, z. B. „Ich gucken“ und „Ich haben“. Bei Äußerungen aus mindestens drei Elementen, z. B. „Anna macht Suppe“, nannte Anna weiterhin ihren Vornamen. Als Nächstes nahm sie eine Veränderung der Verben vor. Bis dahin hatte sie den Infinitiv in Verbindung mit dem Wort „ich“ geäußert: „Ich haben“ und nur in der dritten Person wurde eine Angleichung von Subjekt und Verb vorgenommen: „Anna macht Suppe.“ Anna sagte jetzt „Ich mache“ und „Ich gucke“. Anschließend wählte sie „Ich“ auch in Dreiwortäußerungen, z. B. „Ich mache auf.“

Blick auf Erstsprachen von Kindern

Kinder, die gleichzeitig oder zeitlich versetzt mehrere Sprachen erwerben, lernen die Grammatikstrukturen dieser Sprachen. Zahlreiche Kinder schaffen dies problemlos und entwickeln sehr früh ein Bewusstsein für die unterschiedlichen Sprachstrukturen. Es gibt Kinder, die eine Unterstützung beim Erwerb dieser verschiedenen Sprachen benötigen. Dabei ist es wichtig zu erkennen, ob sie die typischen Meilensteine der sprachlichen Bildung innerhalb der deutschen Sprache erwerben.

Kinder mit **Türkisch als Erstsprache** haben häufig Schwierigkeiten beim Erwerb der deutschen Grammatik,und zwar

- bei der Zuordnung von Artikeln zu den Nomen
- beim Erwerb von bestimmten und unbestimmten Artikeln
- beim Erwerb der Pluralbildung
- bei den Präpositionen, vor allem bei: zu, bei, nach, aus, von
- beim Erwerb und dem korrekten Gebrauch von Hilfsverben: haben, sein
- bei den Pronomen, vor allem bei den Possessiv-, Demonstrativ- und Reflexivpronomen

Symeyra (6;2 Jahre alt) mit türkischer Erstsprache wurde von Günec (2010) sprachlich gefördert. Das Mädchen beherrscht die Verbzweitstellung und die Übereinstimmung von Subjekt und Verb weitgehend sicher. Unterstützung benötigt sie im Bereich der Morphologie, dem Erwerb von Artikeln und ihrer korrekten Verwendung der Fälle sowie beim Erwerb von Wechselpräpositionen und der Pluralbildung. Folgende Äußerungen zeigen einige ihrer Schwierigkeiten mit der deutschen Sprache:

Aber ich darf kein Eis essen, wenn Eismann kommt.
Die Auto gehört zu **den** Straße.
Das ist **der** Mama.
Ich sehen **einen** Auto.

Bei der sprachlichen Bildung von Kindern mit **Russisch als Erstsprache** können folgende Schwierigkeiten beim Erwerb der deutschen Sprache auftreten:

- bei der Zuordnung von Artikeln zu den Nomen
- beim Erwerb von bestimmten und unbestimmten Artikeln
- beim Erwerb der deutschen Pluralbildung
- bei der Verbstellung in Aussage- und Fragesätzen
- bei der Konjugation, z. B. lesen, ich lese, du liest, er hat gelesen
- bei der Verwendung der Fälle nach einigen Verben, z. B. „Ich rufe dir an“, Dativ im Russischen, im Deutschen Akkusativ „Ich rufe dich an.“
- bei zusammengesetzten Verben: abholen – „Ich hole dich ab.“

3.4 Sprachförderung auf grammatischer Ebene

3.4.1 Alltags- und Spielformate

Die sprachlich-kommunikativen Fähigkeiten von John (Deutsch als Zweitsprache) im Alter von vier Jahren und zwei Monaten einzuschätzen (vgl. die Äußerungen des ersten Beispielkindes, Kap. 3.1), war nicht einfach. Er wirkte auf fremde Menschen zunächst schüchtern und zurückhaltend. Durch die Beobachtung seines Verhaltens in der Gruppe der Kindertageseinrichtung und in der Interaktion mit einem Kind und einer Erwachsenen wird deutlich, dass er sich nicht immer auf Alltags- und Spielformate einlassen konnte. Sobald er überfordert war, weil er Spiele oder Abläufe nicht kannte und verstand oder ihm langweilig war, wirkt er unkonzentriert. Bei einer Fortbildung nannte eine pädagogische Fachkraft Kinder, die sich nicht auf derartige Abläufe einlassen können, „Spaziergänger". John könnte als Spaziergänger bezeichnet werden.

Anhand der wenigen Mehrwortäußerungen (vgl. Kap. 3.1) können die grammatischen Fähigkeiten des Kindes nicht eingeschätzt werden. Der Junge gibt zwar einige Äußerungen mit Subjekten und korrekter Verbstellung von sich. Doch kann nicht gesagt werden, ob er diese Formulierungen als Ganzheiten erworben oder sie selbst konstruiert hat. Dass er zwei Monate später bedeutend mehr und längere Äußerungen von sich gibt, liegt daran, dass er sich durch ein strukturiertes Angebot an Regelspielen zunehmend sicherer bei derartigen Spielformaten fühlt. Seine Konzentration und seine Ausdauer wurden länger, was sich auch anhand seiner Äußerungen zeigt. Er hatte gelernt, beim Memory-Spiel mit Tieren die Karten zu benennen, Äußerungen der Spielpartnerin zu imitieren und vereinzelt Fragen zu stellen, wenn er einen Begriff nicht mehr kannte, wie „Des da Kuh?". Da seine Äußerungen nun umfangreicher und länger sind, lässt sich auch feststellen, dass er wesentliche Meilensteine der Grammatik erworben hatte.

Die Verbstellung in Hauptsätzen und in W-Fragen:

Der hat neue Jacke.	Was machst du da?
Die gehen da hoch.	Was ist das?

Seine Äußerungen enthalten noch keine Nebensätze, deshalb kann über die Verbstellung in Nebensätzen keine Aussagen getroffen werden. Ebenfalls treten noch keine zusammengesetzten Verben auf.

Subjekt-Verb-Kongruenz ist vorhanden:

Was machst du da?	Ich hab gemacht.
Des lacht.	Der hat mich gebissen.
Ich bin rot.	Die gehen da hoch.

John beherrscht zahlreiche Wortarten wie Vollverben (z. B. essen, gehen) , Modal- und Hilfsverben (z. B. will, hat), Nomen (z. B. Tiger, Jacke) und Adjektive (z. B. neue, gelbe). Weiterhin verwendet er Kopulae (z. B. bin, ist). Seine Äußerungen stehen nicht nur im Präsens, sondern er verwendet auch zusammengesetzte Zeiten: „Ich hab gemacht" und

„Aua, der hat mich gebissen“. Er äußert nur ein Nomen mit einem bestimmten Artikel („Der kleine Tiger“). Die Verwendung des Artikels ist korrekt und er nimmt eine Übereinstimmung von Adjektiv und Nomen vor. Diese Fähigkeit zeigt er in zwei weiteren Äußerungen: „Der hat neue Jacke“ und „Ich hab gelbe Jacke“, obwohl er hier den Artikel auslässt. Der weitere Blick auf seine grammatischen Äußerungen sollte sich vor allem auf den Erwerb von Nomen in Verbindung mit Artikeln richten und anschließend auf den Gebrauch von Kasus und Präpositionalobjekt.

3.4.2 Zusammenhang von Semantik und Grammatik

Wenn es um Schwierigkeiten beim Erwerb der deutschen Grammatik geht, gibt es sowohl Gemeinsamkeiten als auch Unterschiede zwischen mehr- und einsprachigen Kindern. Eine Gemeinsamkeit besteht darin, dass Probleme beim Bedeutungserwerb grammatische Schwierigkeiten bedingen können. Liebmann wies schon 1901 darauf hin, dass es bei manchen Kindern nötig ist, im Rahmen einer Förderung zunächst die Wortschatzaufbauarbeit zu unterstützen: „... Kindern durch geeignete Demonstrationen in natura oder in effigie die fehlenden Begriffe beizubringen ...“. (Liebmann 1901, S. 252) Folgende Beispiele von zwei Kindern zeigen dies:

Andreas (4;8 Jahre alt, Deutsch als Erstsprache) spricht mit vier Jahren wenig, und seine Äußerungen bestehen fast nur aus zwei Wörtern. Er nimmt kaum Kontakt zu Erwachsenen und anderen Kindern auf. Der Schwerpunkt der Förderung liegt eindeutig in der Erweiterung seiner Kompetenz auf pragmatischer und semantischer Ebene. Gleichzeitig erweitern sich auch seine grammatischen Fähigkeiten. In der Förderung wird das Spielformat Regelspiele gewählt, das sind Memory, Domino und später auch Quartett (vgl. Kap. 1). Durch den strukturierten Ablauf und durch die Modellfunktion der Spielpartnerinnen (Erwachsene und zunehmend auch mitspielende Kinder) lernt er, den Spielablauf und Sprache zu imitieren. Enthalten seine ersten spontan imitierten Äußerungen zuerst keine Verben, wie „Und ich eine Birne“ oder „Ich eine Schildköte“, so treten in seinen nächsten Äußerungen Verben auf, die im Hauptsatz bereits die Verbzweitstellung aufweisen. Er beherrscht sehr bald die Auflösung zusammengesetzter Verben: „Ich lege nen Regenschirm an“ und „Ich lege einen Vogel an“. Es zeigt sich, dass der Junge wesentliche Meilensteine in der deutschen Syntax erworben hat.
Mit 5;6 Jahren werden seine Äußerungen komplexer, und sie zeigen, dass er wichtige Bereiche der Morphologie, wie Artikel und Modalverben, erwirbt. Außerdem setzt er sich mit der Subjekt-Verb-Übereinstimmung auseinander: „Du anfange“ und „Du kann net“. Er verwendet Partizipien, um die Vergangenheit auszudrücken: „Vielleicht gewonnen“ und „Ja, du wonnen“.

Auffallend ist, dass er manche Äußerungen bereits korrekt beherrscht:

Kann ich auch net.	Wo kann ich denn?
Wir spielen noch mal.	Hm, will ich nicht.
Du ha(st) gewonnen.	Spielen wir noch mal?

Diese Äußerungen hat er als Ganzheiten von seinen Kommunikationspartnerinnen übernommen. Sie sind grammatisch korrekt, enthalten Vollverben und Modalverben. Sie liegen eindeutig über dem Niveau seiner sonstigen grammatischen Fähigkeiten. Der weitere Erwerb der deutschen Grammatik bereitet ihm keinerlei Schwierigkeiten. Er lernt die Verbstellung bei Entscheidungsfragen, wie „Hab du das Pferd?" und kann W-Fragen stellen „Was is des?". Ebenfalls setzt er sich verstärkt mit der Subjekt-Verb-Angleichung auseinander: „Wir haben ganze Kuh", „Ich komme" und „Da fehlt noch was", auch wenn sie nicht immer korrekt ist wie in „Du hab gar nicht gewonnen". Gleichzeitig konstruiert er immer mehr Äußerungen selbst. Manchmal überfordern sie ihn grammatisch: „Men, ich will auch mal so zwei kriegen" und „Du hab zwei Mal mir gefragt". Andreas erweitert zunehmend seine grammatischen Fähigkeiten, und sie gleichen sich immer mehr der korrekten deutschen Grammatik an. Zu keiner Zeit hat er einen primären Förderbedarf in der Grammatik oder in der Aussprache, sondern in der Erweiterung seiner Alltagserfahrungen und beim Erwerb von Fähigkeiten auf semantischer Ebene.

Im Folgenden wird auf ein Kind mit Deutsch als Zweitsprache eingegangen, das ebenfalls den primären Förderbedarf in der Erweiterung von Alltagserfahrungen und der Erweiterung von Fähigkeiten auf semantischer Ebene hat.

Die Kommunikation mit Adim, fünf Jahre alt, ist schwierig, aufrechtzuerhalten (Füssenich/Geisel 2008): Oberflächlich entsteht der Eindruck, seine Hauptschwierigkeiten würden beim Erwerb der deutschen Grammatik bestehen. Doch zeigt sich, dass der Junge vor allem Probleme beim Erwerb von Bedeutungen hat und er bei fehlenden Begriffen und Wörtern sehr oft „und so und so und so" einsetzt: „Doch nicht so einer heißt anderen und so und so". In der Förderung wird deutlich, dass seine Schwierigkeiten nicht nur ein Problem mit der deutschen Sprache sind, sondern dass ihm zahlreiche Begriffe auch in der Erstsprache aufgrund geringer Erfahrungen fehlen. Er kennt kein Flugzeug, keine Straßenbahn, und viele Tiere sind ihm unbekannt. Ein Bilderbuch hat er noch nie angeschaut.

In der Sprachförderung wird sein Interesse für Flugzeuge aufgegriffen und mit ihm ein Bilderbuch erstellt. Ziel ist es, dass er – ausgehend von einem zuvor erarbeiteten Wortschatz – seinen Fähigkeiten entsprechend Sätze formuliert. Er diktierte kurze Sätze zu jedem Bild, die eine pädagogische Fachkraft aufschrieb und anschließend ggf. umformulierte, so dass im Buch korrekte Sätze standen, die er bald auswendig konnte. Er zeigte gerne sein erstes eigenes Buch und las es dann auch selbst vor.

3.4.3 Sprachliche Bildung beobachten und begleiten

Betrachten wir noch einmal die Äußerungen von *Markus*. Er ist 3;5 Jahre alt, spricht Deutsch als Erstsprache (vgl. Kap. 3.1).

Schon an seiner ersten Äußerung „Straße parke dürfe nein" fällt auf, dass sie den Phasen des Grammatikerwerbs von Clahsen nicht zugeordnet werden kann. Sie besteht aus vier Wörtern und enthält bereits ein Modalverb. Andererseits steht die Verneinung noch am Satzende. Auffällig ist ebenfalls die Verbstellung: Das Modalverb kommt nach dem Vollverb. Das Subjekt lässt er aus, ebenfalls in anderen Äußerungen, wie „Mitreite nein" und „Reite Katze". Schon anhand der wenigen Äußerungen wird deutlich, dass der Erwerb der deutschen Grammatik bei dem Jungen nicht den Phasen des normalen Erwerbs entspricht. Dieser Junge benötigt eine Sprachtherapie, der eine professionelle Diagnose vorausgeht.

Aufgabe von pädagogischen Fachkräften ist es, diese Schwierigkeiten zu erkennen und Bezugspersonen die Möglichkeit einer intensiven sprachlichen Unterstützung im Rahmen einer Sprachtherapie aufzuzeigen. Anhand der Abb. 19 können pädagogische Fachkräfte Fähigkeiten auf grammatischer Ebene beobachten und begleiten. Neben biografischen Daten wie Alter, Erst-, Zweit- und Familiensprache und ggf. Kontaktdauer mit Deutsch als Zweitsprache sind wichtige Meilensteine des Erwerbs von Syntax und Morphologie mit Beispielen von möglichen Schwierigkeiten dargestellt. Zu drei verschiedenen Zeitpunkten werden entsprechende Äußerungen von Kindern eingetragen. Somit wird erfasst, ob sich die grammatischen Fähigkeiten eines Kindes verändern. Sollte eine Stagnation oder kaum eine Weiterentwicklung sichtbar werden, ist eine sprachtherapeutische Abklärung erforderlich.

Beobachtungsbogen. Grammatik: Sprachliche Bildung beobachten und begleiten

Name des Kindes: ______________________ Erst-, Zweit- und Familiensprache: Deutsch

Alter: ______________________ Fachdienst Sprachförderung / -therapie beteiligt: ☐ ja ☐ nein

Kontakt Deutsch seit: ______________________

Legende zur Häufigkeit (H) der Beispiele: 1 – selten 2 – häufig 3 – immer

Beispiele	Zieläußerungen	Äußerungen des Kindes					
		Datum:	H	Datum:	H	Datum:	H
Keine Verbzweitstellung im Hauptsatz							
Mädchen Anna *heißen*.	Das Mädchen *heißt* Anna.						
Keine Auflösung zusammengesetzter Verben							
Das komisch *aussehen*.	Das *sieht* komisch *aus*.						
Verneinung am Satzende							
Mitreite ich *nein*.	Ich reite *nicht* mit.						

Beispiele	Zieläußerungen	Äußerungen des Kindes					
		Datum:	H	Datum:	H	Datum:	H
Auslassung von Satzgliedern							
Subjekte: Essen Schokolade.	Peter *isst* Schokolade.						
Prädikate: Peter Hause.	Peter *geht* nach Hause.						
Objekte: Ich nicht weiß.	Ich weiß *es* nicht.						
Keine Übereinstimmung von Subjekt und Verb							
Der fallen runter.	Der *fällt runter.*						
Auslassung von Wortarten							
Vollverben: Tom Schokolade.	Tom *isst* Schokolade.						
Formen von ‚sein': Was denn?	Was *ist* denn?						
Modalverben: Du sagen.	Du sollst das sagen.						
Hilfsverben: Die mir alles stohlen.	Die *hat* mir alles gestohlen.						
Artikel: Katze	*Die* Katze						
Pronomen: Mit Auto langsam.	Mit dem Auto ist *es* langsam.						
Präpositionen: Wir mussten Krankenhaus gehen.	Wir mussten *ins* Krankenhaus gehen.						

Beispiele	Zieläußerungen	Äußerungen des Kindes					
		Datum:	H	Datum:	H	Datum:	H
Ersetzungen und Auslassungen bei							
Genus (z. B. der, die, das) Der Böse neben die Frau.	Der Böse ist neben *der* Frau.						
Kasus (Fälle) Der Schatz muss ich finden.	*Den* Schatz muss ich finden.						
Präpositionen Ich sitze in der Stuhl.	Ich sitze *auf* dem Stuhl.						
Singular/Plural Der Tiger mag Karotte.	Der Tiger mag Karotte*n*.						
zusammengesetzten Zeiten Ich hab grad gewinnt. Der hat da reingeklettert.	Ich habe gerade *gewonnen*. Der *ist* da reingeklettert.						

Abb. 19: Kopiervorlage. Beobachutngsbogen. Grammatik: Sprachliche Bildung beobachten und begleiten

In einer Fortbildung stellte eine pädagogische Fachkraft die Äußerungen des vierjährigen Kindes *Leo* mit Deutsch als Erstsprache vor. Entsprechend der Schwierigkeiten beim Erwerb der deutschen Grammatik wird deutlich, dass die grammatischen Fähigkeiten des Kindes dringend einer sprachtherapeutischen Abklärung bedürfen (vgl. Aussprache in Kap. 4 und Abb. 20). Obwohl *Leo* bereits vier Jahre alt ist, und seine Äußerungen recht lang sind, hält er an der Verbendstellung fest. Er trennt keine zusammengesetzten Verben und setzt oft die Verneinung ans Satzende. Subjekte äußert er meist in Form von „ich“ und lässt sie vereinzelt aus. Prädikate sind vorhanden, und er lässt sie nur selten aus. Werden die Äußerungen komplexer, fehlen sie manchmal. Da er keine bestimmten und fast keine unbestimmten Artikel benutzt, sondern nur das Pronomen „mein“, müssten bei einer Sprachtherapie mehr Äußerungen des Kindes notiert werden, um Aussagen über den Erwerb von Kasus zu treffen.

	Kindliche Äußerung	**Zieläußerungen**
1.	Des nich zugehen.	*Das geht nicht zu.*
2.	Wie des heißen?	*Wie heißt das?*
3.	Das du Buch holen.	*Kannst du das Buch holen?*
4.	Was du des da haben?	*Was hast du da?*
5.	Ich noch Daschdücher bei.	*Ich habe noch Taschentücher dabei.*
6.	Ich nicht weißen.	*Ich weiß es nicht.*
7.	Ich mein Nase putzen muss.	*Ich muss meine Nase putzen.*
8.	Ich noch andere bauchen.	*Ich brauche noch andere.*
9.	Ich so was möchten.	*Ich möchte so was.*
10.	Noch mal ein Rakete kriegen.	*Ich möchte noch einmal eine Rakete kriegen.*
11.	Oto nicht?	*Oder nicht?*
12.	Aber mein Daubermaus kein Dauberstab mehr haben, schon verloren haben im Wald.	*Aber meine Zaubermaus hat keinen Zauberstab mehr. Sie hat ihn schon im Wald verloren.*
13.	An weg Schuh, ich anziehn möchten, nein.	*Ich möchte meine Schuhe anziehen, aber sie sind weg. Ich kann sie nicht anziehen.*
14.	Kann mir anziehen Diefel mal?	*Kannst du mir mal die Stiefel anziehen?*
15.	Ich ein Bille bauchen, Dauberbille brauchen.	*Ich brauche eine Brille, eine Zauberbrille.*
16.	Wo is mein Dauberdab?	*Wo ist mein Zauberstab?*
17.	Wie eine Dau aussehen.	*Es sieht aus wie die Sau. (unordentlich)*
18.	Ich gedachten haben alleine in Urlaub.	*Ich habe gedacht, du gehst alleine in Urlaub.*

Name des Kindes: *Leo*

Alter: *4 Jahre*

Kontakt Deutsch seit: ____________________

Erst-, Zweit- und Familiensprache: Deutsch

Fachdienst Sprachförderung / -therapie beteiligt: ☐ ja ☑ nein

Legende zur Häufigkeit (H) der Beispiele: 1 – selten 2 – häufig 3 – immer

Beispiele	**Zieläußerungen**	**Äußerungen des Kindes** **Datum:** *Februar 2012*	**H**
Keine Verbzweitstellung im Hauptsatz			
Mädchen Anna *heißen*.	Das Mädchen *heißt* Anna.	*Des nicht zugehen.* *Ich so was möchten.* *Ich nicht weißen.*	*3*
Keine Auflösung zusammengesetzter Verben			
Das komisch *aussehen*.	Das *sieht* komisch aus.	*Des nicht zugehen.* *Wie eine Dau aussehen.*	*3*
Verneinung am Satzende			
Mitreite ich *nein*.	Ich reite *nicht* mit.	*An weg Schuh, ich anziehn möchten, nein.*	*1*
Auslassung von Satzgliedern			
Subjekte: Essen Schokolade.	*Peter* isst Schokolade.		
Prädikate: Peter Hause.	Peter *geht* nach Hause.		
Objekte: Ich nicht weiß.	Ich weiß *es* nicht.		
Keine Übereinstimmung von Subjekt und Verb			
Der fallen runter.	Der *fällt runter.*	*Ich nicht weißen.* *Des nicht zugehen.*	*2*
Auslassung von Wortarten **Vollverben:**			
Tom Schokolade.	Tom *isst* Schokolade.		
Formen von ‚sein': Was denn?	Was *ist* denn?		
Modalverben: Du sagen.	Du *sollst* das sagen.	*Dass du Buch holen.*	*3*
Hilfsverben: Die mir alles stohlen.	Die *hat* mir alles gestohlen.		

Beispiele	Zieläußerungen	Äußerungen des Kindes	
		Datum: *Februar 2012*	H
Artikel: Katze	*Die* Katze		
Pronomen: Mit Auto langsam.	Mit dem Auto ist *es* langsam.		*3*
Präpositionen: Wir mussten Krankenhaus gehen.	Wir mussten *ins* Krankenhaus gehen.		
Ersetzungen und Auslassungen bei Genus (z. B. der, die, das) Der Böse neben die Frau.	Der Böse ist neben *der* Frau.		
Kasus (Fälle) Der Schatz muss ich finden.	*Den* Schatz muss ich finden.	*Noch mal ein Rakete kriegen.*	
Präpositionen Ich sitze in der Stuhl.	Ich sitze *auf* dem Stuhl.		*3*
Singular/Plural Der Tiger mag Karotte.	Der Tiger mag Karotte*n*.		
zusammengesetzten Zeiten Ich hab grad gewinnt. Der hat da reingeklettert.	Ich habe gerade *gewonnen*. Der *ist* da reingeklettert.		

Abb. 20: Beobachtungsbogen. Grammatik: Sprachliche Bildung beobachten und begleiten: Beispiel *Leo*

3.4.4 Sprachförderung als begleitendes Handeln von pädagogischen Fachkräften

Zum sprachförderlichen Handeln von Erwachsenen gehört es ebenfalls, zu erkennen, ob Kinder ihre Fähigkeiten beim Erwerb der deutschen Grammatik erweitern. Hierbei müssen differenzierte Fragestellungen betrachtet werden, z. B: Beherrscht ein Kind möglichst viele Wortarten und Satzglieder? Äußert es Nebensätze?
Pädagogische Fachkräfte können Kinder in der Erweiterung ihrer Fähigkeiten im Bereich der Grammatik in vielfältiger Weise unterstützen. Sie regen Kinder dazu an, mit anderen Jungen und Mädchen zu spielen und zu kommunizieren. Dabei können sie Kinder bei Bedarf intensiv in der Kommunikation mit anderen Kindern begleiten. Auch sind vielfältige Hilfestellungen möglich, damit Kinder mit Unterstützungsbedarf andere Kinder beim Spiel und in der Sprache imitieren. Eine Aufforderung zum Nachsprechen sollte vermieden werden.

Eine langsame und deutliche Sprache ist für die Erweiterung sprachlicher Fähigkeiten wichtig. Pädagogische Fachkräfte sind ein Sprachvorbild und halten in der Kommunikation mit Kindern Blickkontakt. Sie wenden sich Kindern gerne kommunikativ zu und lassen sich auf Dialoge mit ihnen ein. Sie greifen kindliche Äußerungen auf und erweitern diese entsprechend der vorhandenen Fähigkeiten. Im folgenden Beispiel greift die Erwachsene die kindliche Äußerung auf, erweitert sie um den korrekten Artikel und nimmt eine Angleichung von Adjektiv und Nomen vor:

K: Kleine Elefant und große Elefant und kleine Elefant.
E: Ja, da ist ein *kleiner* Elefant und da ist *ein großer* Elefant und dort ist wieder *ein kleiner Elefant*.

In diesem Beispiel ergänzt die Erwachsene die Äußerung des Kindes um den fehlenden Artikel:

K: Aber ich darf kein Eis essen, wenn Eismann kommt.
E: Ach so. Du darfst kein Eis essen, wenn *der* Eismann kommt.

Neue Worte sollten, wenn möglich, von den Fachkräften mit einem bestimmten Artikel und im Nominativ eingeführt werden, z. B. die Gabel, das Messer, der Löffel. Durch das Aufgreifen von Nomen, die unterschiedliche Artikel benötigen, wird für Kinder ersichtlich, dass sich Artikel ändern können:

E: Da ist *die* Gabel. Wo ist *der* Löffel? *Das* Messer liegt auf dem Tisch.

Bei der Verwendung von unbestimmten Artikeln erkennen Kinder nicht, dass es im Deutschen drei verschiedene Artikel gibt: *ein* Löffel, *ein* Messer, *eine* Gabel. Wenn Kinder eine Unterstützung beim Erwerb von Artikeln benötigen, können von den Fachkräften auch kürzere Äußerungen, nach Möglichkeit im Nominativ, gewählt/verbalisiert werden.

E: *Die* Katze oder Das ist *der* Hund.

Hierbei sollten jedoch Äußerungen wie: „*der* Hund, *das* Hündchen, *die* Hunde" vermieden werden. Pädagogische Fachkräfte sollten auch die Erwerbsreihenfolge beim Erwerb der Fälle beachten: Nominativ, Akkusativ und Dativ.

Vermieden werden sollten Formulierungen, die dann im Akkusativ stehen, wie: „Ich esse den Schinken."
Präpositionen sollten, wenn möglich, mit dem Verb eingeführt werden (Achtung: Wechselpräpositionen), z. B.:

E: Ich gehe *in den* Garten. Wo bist du? Ach, du bist schon *in dem* Garten.

Pädagogische Fachkräfte sollten regelmäßige Äußerungen mit folgenden Verben verwenden:
... mit Kopulaverben: Ich *bin* müde. Das Haus ist schön.
... mit Modalverben: Du *darfst*. Willst du?
... mit Hilfsverben: Ich *habe* geschlafen.
... in denen zusammengesetzte Verben aufgelöst werden (z. B. Ich *esse* die Schokolade *auf*).

Pädagogische Fachkräfte sollten auch auf die Übereinstimmung von Subjekt und Prädikat achten: z. B. ich gehe – du gehst.

Beim Erwerb der Grammatik treten Zwischenschritte auf. Wenn Kinder z. B. anfangen, Artikel oder Präpositionen zu äußern, werden sie sie nicht sofort in der korrekten Form verwenden.

Sprachliche Fähigkeiten einschätzen zu können, ist eine wesentliche Voraussetzung für eine Sprachförderung. Auch wenn Kinder Schwierigkeiten beim Erwerb der Grammatik haben und Eltern eine sprachtherapeutische Abklärung empfohlen wird, benötigen Kinder eine alltagsintegrierte Sprachförderung in der Kindertagseinrichtung. Die dargestellten Überlegungen verstehen sich als Anregungen.
Sprachförderung als begleitendes Handeln von pädagogischen Fachkräften zeigt sich darin, dass sie mögliche Schwierigkeiten auf einzelnen Sprachebenen erkennen. Treten sie beim Erwerb von Fähigkeiten auf pragmatischer und semantischer Ebene oder beim Erwerb der Aussprache auf, sollte den Bezugspersonen eine sprachtherapeutische Abklärung empfohlen werden (vgl. Kap. 2 und Kap. 3). Zeigt das Kind Schwierigkeiten beim Erwerb der Grammatik? Treten sie im Bereich der Syntax (z. B. bei der Verbstellung) auf? Oder liegen sie eher im Bereich der Morphologie (z. B. bei den Artikeln)?

3.5 Sprachtherapie auf grammatischer Ebene

Beispielkind *Mirco*
Schon wenige Äußerungen von Mirco (6;5 Jahre alt, Deutsch als Erstsprache) zeigen, dass er das Regelsystem der deutschen Sprache nicht in den von Clahsen dargestellten Phasen erwirbt. Er zeigt die für jüngere Kinder bis zu einer gewissen Entwicklungsphase typische Verbendstellung in Hauptsätzen und keine Auflösung zusammengesetzter Verben. Auch bei W-Fragen äußert er das Verb am Satzende.

Den nächsten ich nicht kann.	Du Mutter sagen.
Mirco, ich heiß.	Nur meinen ich lesen kann.
Wie du heißen?	

Allerdings tritt die Verbzweitstellung bei Entscheidungsfragen auf:

Du haben Golf?	Iris, du haben Ampel?

Bei vielen Äußerungen fehlt die Subjekt-Verb-Kongruenz:

Wie du noch mal heißen?	Du malen.

Es treten auch Äußerungen auf, die zeigen, dass der Junge dabei ist, diese Entwicklungsphasen zu überwinden. Es gibt einige Äußerungen mit korrekter Verbzweitstellung im Hauptsatz. Bei der sprachlichen Bildung erwerben Kinder mit der Verbzweitstellung gleichzeitig Ansätze der Subjekt-Verb-Kongruenz. Mirco verwendet dagegen die Verben weiterhin im Infinitiv:

Ich sehen nicht die gelben Blumen. Ich haben keinen mehr.

Andere Äußerungen mit Verbendstellung zeigen dagegen, dass er sich schon mit der Subjekt-Verb-Kongruenz auseinandersetzt:

Keine Fahne ich habe. Den nächsten ich kann.

Es gibt sogar wenige Äußerungen, in denen er die Verbzweitstellung mit korrekter Subjekt-Verb-Kongruenz äußert:

Nein, habe ich nicht. Dann kommt sieben.

Es zeigt sich weiterhin, dass Mirco zahlreiche Wortarten, z.B. Modalverben, sowie Satzglieder, z.B. Subjekte und Objekte, auslässt. Es gibt keine Äußerung, in der eine Form von „sein" auftritt. Ihm scheinen die syntaktischen Voraussetzungen für den Erwerb von Kopula-Verben zu fehlen. Er äußert:

Wa de? (Was ist das?)
Puder weiß. (Der Puder ist weiß.)
Weiß anmalen. (Das Bild weiß anmalen.)
Du Mutter sagen. (Du sollst das Mutter sagen.)

Bestimmte Artikel werden oft ausgelassen oder durch unbestimmte ersetzt, so dass zu Beginn der Therapie kaum eine Aussage über ihren Erwerb gemacht werden kann:

Du haben grüne Fahne? Und ein Löwe.

Akkusativformen werden entweder korrekt benutzt oder durch einen Nominativ ersetzt:

Du haben die gelbe Fahne? Wer reinrufen?

Eine Sprachtherapie, die sich an der sprachlichen Bildung orientiert, geht von einer Diagnose der Fähigkeiten und der Schwierigkeiten der Kinder aus. Diese Kinder zeigen in der Regel eine asynchrone Entwicklung. In manchen Erwerbsphasen verharren sie auf einer Entwicklungsphase, wie *Mirco,* der in Hauptsätzen überwiegend in der Verbendstellung spricht.

Andererseits befinden sich Kinder in anderen Bereichen in einer weiteren Erwerbsphase: Die Äußerungen von Mirco enthalten viele Elemente und bereits Akkusativobjekte. Eine genaue Analyse der kindlichen Äußerungen ist eine Voraussetzung für eine Sprachtherapie. Dass Mirco dabei ist, die Verbendstellung zu überwinden und sich mit der Subjekt-Verb-Kongruenz auseinandersetzt, zeigen einige seiner Äußerungen. Trotz der unbestrittenen Individualität beim Sprechenlernen, die auch bei Kindern mit Schwierigkeiten vorhanden ist, lassen sich einige Problembereiche beim Erwerb der Grammatik näher beschreiben und sich hieraus Ziele für eine Therapie ableiten.

Auf die Therapie von *Mirco* wird in Kapitel 3.5 eingegangen. Das Kind hatte ebenfalls Schwierigkeiten bei der Erweiterung des Systems der Aussprache. Das diagnostische Vorgehen sowie die Therapie in diesem Bereich ist Gegenstand von Kapitel 4.

3.5.1 Grammatik: Fähigkeiten und Schwierigkeiten erkennen

Freie Sprachproben als Grundlage der Analyse

Die Formulierung „Analyse freier Sprachproben grammatischer Fähigkeiten und Schwierigkeiten" macht deutlich, dass zunächst die schon erworbenen Fähigkeiten eines Kindes herausgefunden werden. Die Erkenntnis von Clahsen, dass Kinder in Schritten die zielsprachliche Grammatik erwerben, macht eine fähigkeitszentrierte Sichtweise möglich. Ebenso ist es notwendig zu wissen, in welcher Form das Kind Zielstrukturen ersetzt oder auslässt, z. B. den Artikel. Die alleinige Bewertung in *richtig* und *falsch* kann keine differenzierten Informationen über das schon Erworbene geben und zeigt auch nicht, welche Regeln und Strukturen einem Kind aus welchem Grund Schwierigkeiten bereiten.

Dazu ein Beispiel: Ein Kind mit Deutsch als Zweitsprache ersetzt den bestimmten Artikel stets durch den unbestimmten. Dabei ersetzt es meist die femininen Formen durch Maskulinum oder Neutrum. Dies zeigt, dass dieses Kind schon die Artikel in der deutschen Sprache wahrnimmt. Die genaue Beobachtung macht deutlich, dass das Kind v. a. Schwierigkeiten hat, die unterschiedlichen Artikel zielgerecht auszuwählen. Deswegen übergeneralisiert es die maskulinen und neutralen Formen, die beim unbestimmten Artikel identisch sind, und verzichtet auf den bestimmten Artikel, weil dieser zudem eine Unterscheidung zwischen Maskulinum und Neutrum erfordern würde. Diese genaue Einsicht in die Fähigkeiten und Schwierigkeiten des Kindes hätten wir nicht, wenn im Auswertungsbogen nur *richtig* oder *falsch* stehen würde. Wir brauchen eine Unterscheidung zwischen Übereinstimmung, Ersetzung durch eine andere Wort- bzw. Satzstruktur und Auslassung. Diese Informationen helfen, unmittelbare Therapieziele abzuleiten. Die differenzierte Diagnostik phonologischer Fähigkeiten erfolgt mit AVAK, dem Analyseverfahren zu Aussprachestörungen bei Kindern (Hacker/Wilgermein 2002, vgl. Kap. 4). Es wird im AVAK durch die Form der Auswertung deutlich, welchen Laut das Kind durch welchen anderen Laut ersetzt oder ob es diesen auslässt. Daran ansetzend kann eine zielgenaue Therapie erfolgen. Dieses Vorgehen ist die methodische Basis für die im Folgenden dargestellte Diagnose grammatischer Fähigkeiten.

Grundlage dieser Herangehensweise sind freie Sprachproben eines Kindes. Sie werden in Alltags- und Spielformaten erhoben, in denen sich Kinder sicher, selbstgestaltend und unbeschwert fühlen. Entweder ist die Sprachtherapeutin selbst Spielpartnerin, oder sie beobachtet eine Spielsituation, in der ein Kind allein, mit anderen Kindern oder mit einer Erwachsenen agiert. Das gewählte Format sollte den Interessen eines Kindes entsprechen, z. B. ein Spiel mit Zootieren und Bauklötzen oder das Anschauen eines Bilderbuches, und zum Sprechen anregen. In angenehmen und anregenden Situationen zeigt ein Kind am ehesten seine schon erworbenen Fähigkeiten.
Die Äußerungen eines Kindes werden mit **audiovisuellen Medien** aufgenommen und später abgehört und transkribiert. Je mehr Äußerungen analysiert werden, desto differenzierter und aussagekräftiger wird die Diagnostik. Jedoch muss der Zeitfaktor

berücksichtigt werden, welcher für Logopädinnen und Sprachtherapeutinnen von nicht unerheblicher Bedeutung ist. Wir sind der Meinung, dass ein Transkript von 30 bis 40 Äußerungen schon eine aussagekräftige Stichprobe der sprachlichen Fähigkeiten eines Kindes bietet.
Für die Analyse unter syntaktisch/morphologischen Gesichtspunkten eignet sich v.a. das „bereinigte Transkript“ als **Verschriftlichung der freien Sprachprobe.** Dabei wird das Gehörte in Äußerungen eingeteilt. Für die Niederschrift werden zwei Spalten gebildet. Die linke Spalte enthält die tatsächlich geäußerten Strukturen in nummerierter Form. Clahsen hält in der rechten Spalte Kontextinformationen fest. Für uns hat es sich jedoch in der Analysearbeit als hilfreich erwiesen, in der rechten Spalte eine Zielstruktur zu formulieren, sofern die tatsächliche Äußerung einer Ergänzung bedarf.

Kindliche Äußerung	**Zielstruktur**
Morgen wieder Kindergarten gehen.	Morgen **will ich** wieder **in den** Kindergarten gehen.

Kommentare oder die Äußerungen der Dialogpartnerin werden ergänzend in das bereinigte Transkript aufgenommen, wenn sie für das Verständnis der kindlichen Äußerungen von Bedeutung sind. Da das Annehmen und Formulieren einer Zielstruktur immer nur im eigenen Ermessen stattfindet, also nur vermutet werden kann, dass dies die intendierte Struktur eines Kindes ist, muss dieser Arbeitsschritt besonders überlegt werden: Ist die Äußerung tatsächlich grammatisch unvollständig, oder handelt es sich nur um eine Äußerung, die der Situation angemessen ist? Ist z. B. die Auslassung des Flexivs -e (z. B. „Ich geh“) dialektal bedingt oder tatsächlich ein Ausdruck grammatischer Schwierigkeiten? Eine Faustregel bei der Erstellung der Zielstrukturen ist es, der Äußerung eines Kindes so nahe wie möglich zu kommen und sie so wenig wie möglich zu verändern. Das Ergänzte bzw. Korrigierte wird fett oder kursiv markiert. Das fertige Transkript stellt die unmittelbare Grundlage für die grammatische Analyse dar.

Analyse grammatischer Fähigkeiten und Schwierigkeiten in ausgewählten Kategorien

Das Raster zur grammatischen Analyse von kindlichen Äußerungen (Abb. 21) umfasst die therapeutisch relevanten Kategorien der Grammatik und versucht, diese so differenziert und gleichzeitig so übersichtlich wie möglich zu präsentieren. Übereinstimmungen, Ersetzungen und Auslassungen werden in der Form dargestellt, dass die jeweiligen Äußerungsnummern in die dafür vorgesehenen Felder geschrieben werden. Die zielsprachlichen Felder sind fett markiert, so dass auf dem ersten Blick sichtbar wird, ob ein Kind die jeweilige Zielstruktur schon erworben hat.

	Kindliche Äußerung	Zielstruktur
1.	**Der** Ritterburg schützt die.	**Die** Ritterburg schützt die.
2.	**Die** Mensch geht hin.	**Der** Mensch geht hin.
3.	Flugzeug viel schneller.	**Das** Flugzeug **ist** viel schneller.
4.	Der Mann steht in die Straße.	Der Mann steht in **der** Straße.

	Übereinstimmung	**Ersetzung**	**Auslassung**
Feminin		*1*	
Maskulin	*4*	*2*	
Neutrum			*3*

Für die Vorstellung der Kategorien werden Beispieläußerungen von verschiedenen Kindern unterschiedlichen Alters verwendet. Anschließend werden an Äußerungen von zwei Kindern (Deutsch als Erst- und als Zweitsprache) die Vorgehensweise erläutert und Konsequenzen für die Therapie gezogen.

Für das erste Beispielkind *Jasmin* werden alle Kategorien ausgefüllt, sofern Äußerungen des Kindes zur Auswertung vorliegen. Die freien Sprachproben des zweiten Kindes *Selim* zeigen bereits, dass das Kind keinerlei Probleme in der Syntax aufweist, so dass eine genaue Auswertung dieser entsprechenden Kategorien nicht erforderlich ist. Im Hinblick auf die Therapie ist allerdings eine Auswertung wichtiger Kategorien der Morphologie erforderlich. Diese Vorgehensweise zeigt, dass nicht alle Kategorien des vorliegenden Rasters für jedes Kind ausgefüllt werden. Mit entsprechendem Vorwissen und dem Notieren von kindlichen Äußerungen können grammatische Fähigkeiten und Schwierigkeiten in ausgewählten Kategorien genau erfasst werden. Sollte es für die Überlegungen zur Therapie erforderlich sein, bestimmte Äußerungen von Kindern zu erhalten, die bei einer freien Sprachprobe nicht vorhanden sind, lassen sich Äußerungen evozieren. Die diagnostischen Verfahren „Modularisierte Diagnostik grammatischer Störungen (ESGRAF-R)“ (Motsch 2009) und „Linguistische Sprachstandserhebung – Deutsch als Zweitsprache (LiSe-DaZ)“ (Schulz/Tracy 2011) können ggf. Anregungen geben.

Raster zur Analyse grammatischer Fähigkeiten und Schwierigkeiten

Name und Alter des Kindes: ______________________

Name der Sprachtherapeutin: ______________________

Erstsprache: ______________ Zweitsprache: ______________

Familiensprache/n: ______________ Kontaktdauer mit Deutsch: ______________

Datum: ______________

Syntaktische Aspekte

Verbstellung in Aussagesätzen (Hauptsätzen, HS)

a. **Zweitstellung:** ______________________

b. Endstellung: ______________________

mehrteiliges Prädikat wird geäußert oder ist die Zielstruktur: ______________

c. Andere: ______________________

Verbstellung bei Fragen

a. W-Fragen

Fragepronomen **Ja:** ______________________

Nein: ______________________

Verbzweitstellung: ______________________

Andere: ______________________

b. Entscheidungsfragen

Verberststellung: ______________________

Andere: ______________ Auslassung des Verbs: ______________

Verbstellung bei Imperativen

a. **Anfangsstellung:** ______________________

b. Andere: ______________ Modalverb fehlt: ______________

Verbstellung in Nebensätzen, sofern vorhanden

a. **Endstellung** ______________________

b. Andere: ______________________

Syntaktische Aspekte

Auflösung zusammengesetzter Verben

Ja: ______________________

Nein: ______________________

Verneinung

Postverbal: ______________________

Präverbal: ______________________

Finites Verb ausgelassen: ______________________

Sonstige: ______________________

Ausgewählte Satzglieder

	Vorhanden	Auslassung
Subjekte	____________	____________
Prädikate	____________	***vollständig:*** *teilweise (siehe ausgewählte Wortarten):*
Akkustivobjekte	____________	____________
Dativobjekte	____________	____________
Präpositionalobjekte *	Präposition ausgelassen:	____________
(*eventuell weiter differenzieren)	Präposition nicht passend:	

Satzgefüge/Satzreihe

Nebensätze mit Konjunktion: ______________________

Nebensätze ohne Konjunktion: ______________________

Nebensätze mit Hauptsatz: ______________________

Nebensätze ohne Hauptsatz: ______________________

Verbstellung im Nebensatz ____________ **Endstellung:** ____________

Andere: ______________________

Morphologische Aspekte

Subjekt-Verb-Kongruenz

	Übereinstimmung	Ersetzung
1. P. Sgl.	____________ Subjektauslassung: ____________	Infinitiv: Stammform: Andere:
2. P. Sgl.	____________ Subjektauslassung: ____________	Infinitiv: Stammform: Andere:
3. P. Sgl.	____________ Subjektauslassung: ____________	Infinitiv: Stammform: Andere:
1. P. Pl.	____________ Subjektauslassung: ____________	Infinitiv: Stammform: Andere:
2. P. PL.	____________ Subjektauslassung: ____________	Infinitiv: Stammform: Andere:
3. P. Pl.	____________ Subjektauslassung: ____________	Infinitiv: Stammform: Andere:

Ausgewählte Wortarten

	Vorhanden	Auslassung
Vollverben	____________	____________
Kopulae	____________	____________
Modalverben	____________	____________
Auxiliare	____________	____________
Artikel *	bestimmt: ________ unbestimmt: ________	____________
Pronomen *	____________	____________
Präpositionen *	____________	____________
Adjektive *	____________	____________
Konjunktionen	____________	____________
Nomen	____________	____________

* Unter Umständen weiter differenzieren.

Morphologische Aspekte

Genus

	Übereinstimmung	Ersetzung	Auslassung
Feminin			
Maskulin			
Neutrum			

Unbestimmte Artikel im Kontext von bestimmten Artikeln:

Kasus

	Nominativ	Akkusativ	Dativ	andere
Nom.				
Akkusativ				
Dativ				
Andere				

Wechselpräpositionen

	auf	hinter	in	an	neben	über	unter	zwi- schen	vor
Akk.									
Dativ									
Ersetzung mit Akk.									
Ersetzung mit Dativ									

Morphologische Aspekte				
Singular-Plural-Bildung				
	Übereinstimmung		Ersetzung	
	Singular	Plural	Singular	Plural
Umlaut				
- e				
Umlaut + e				
- er				
Umlaut + er				
- (e)n				
- s				
0				

Zusammengesetzte Zeiten

mit ‚sein': **Ja:**

Auxiliar ausgelassen:

Ersetzung mit ‚haben':

mit ‚haben': **Ja:**

Auxiliar ausgelassen:

Ersetzung mir ‚sein':

Anwendung der schwachen Flexion auf starke Verben:

Zusammenfassung der diagnostischen Daten und Konsequenzen für die Therapie	
Syntaktische Aspekte	
	Phasen: Grammatikerwerb
Verbstellung in Aussagesätzen	
Verbstellung bei Fragen	
Verbstellung bei Imperativen	
Verbstellung in Nebensätzen	
Auflösung zusammengesetzter Verben	
Verneinung	
Satzglieder	
Satzgefüge/Satzreihe	
Morphologische Aspekte	
Subjekt-Verb-Kongruenz	
Wortarten	
Genus	
Kasus	
Zusammengesetzte Zeiten	
Singular-Plural-Bildung	
Wo sollte die Therapie ansetzen?	

Abb. 21: Raster zur Analyse grammatischer Fähigkeiten und Schwierigkeiten

Syntaktische Aspekte

Zunächst werden die syntaktischen Aspekte untersucht. Dazu gehören die Verbstellung im Aussagesatz, bei Fragen und bei Imperativen, die Auflösung zusammengesetzter Verben, die Position des Negationselementes, das Vorhandensein ausgewählter Satzglieder und die Struktur von Satzgefügen.

Verbstellung in Aussagesätzen

Bei der Verbstellung im Aussagesatz wird festgehalten, welche Äußerungen ein Kind in der zielsprachlich korrekten Zweitstellung des Verbs beherrscht, bei welchen Äußerungen noch das Verb an letzter Stelle steht und ob es andere Verbstellungen vornimmt. Äußerungen wie „Mama Hause gehen" (Zielstruktur: „Mama, ich will nach Hause gehen"), in denen ein Modalverb an zweiter Stelle verlangt wird, erfordern nicht unbedingt eine Verbendstellung, weil auch in der Zielstruktur der Infinitiv an letzter Stelle steht. Trotzdem führen wir solche Strukturen unter „Endstellung" an. Um solche Äußerungen, in denen das Modalverb ausgelassen und nur der Infinitiv verwendet wird, von anderen Finalstellungen zu differenzieren, werden sie unter „Endstellung – Modalverb ausgelassen" eingetragen.

	Kindliche Äußerung	Zielstruktur
1.	Anna macht ei.	
2.	Teddy mein Bett schlafen.	**Der** Teddy **schläft** in meinem Bett.
3.	Fisch den hauen kann.	Ich **kann** den Fisch **hauen.**
4.	Fenster putzen.	**Der putzt** Fenster.
5.	Einbrechen.	**Der will** einbrechen.
6.	Schwein Bauernhof wohnen.	**Das** Schwein **wohnt** auf dem Bauernhof.
7.	Den Esel essen Karotte.	**Der** Esel **isst** Karotten.

a. **Zweitstellung:** 1, 7

b. Endstellung: 2, 3, 4, 6

mehrteiliges Prädikat wird geäußert oder ist die Zielstruktur: 5

c. Andere: ______

Verbstellung bei Fragen

Bei Fragen wird unterschieden zwischen W-Fragen, in denen das Verb ebenfalls zielsprachlich an zweiter Position steht, und Entscheidungsfragen. Bei Entscheidungsfragen wird im Deutschen eine Subjekt-Verb-Umstellung vorgenommen, so dass das Verb an erster Stelle steht, indem es seinen Platz mit dem Subjekt tauscht. Im Raster wird festgehalten, welche Äußerungen schon eine Subjekt-Verb-Umstellung und welche andere Verbstellungen enthalten. Möglicherweise wird das Verb auch ausgelassen.

	Kindliche Äußerung	Zielstruktur
1.	Willst Du mit mir spielen?	
2.	Wo ist Papa?	
3.	Apfelsaft trinken?	Trinkst **du** Apfelsaft?

a. W-Fragen

Fragepronomen **Ja:** 2

Nein: ____

Verbzweitstellung: 2

Andere: ____

b. Entscheidungsfragen

Verberststellung: 1

Andere: 3 Auslassung des Verbs: ____

Verbstellung bei Imperativen

Beim Bilden von Imperativen ist ebenfalls eine Subjekt-Verb-Umstellung erforderlich. Im Raster zur Analyse grammatischer Fähigkeiten und Schwierigkeiten werden die korrekte Anfangsstellung oder andere Verbstellungen eingetragen. Es sind Befehlsformen möglich, in denen nicht der Imperativ gebraucht wird, der eine Subjekt-Verb-Umstellung verlangt, sondern Modalverbkonstruktionen, wie z. B. „Du sollst mich tragen!". Solche Formen werden unter „Andere" eingetragen. Möglicherweise lässt das Kind das Modalverb bei diesen Konstruktionen auch aus.

	Kindliche Äußerung	Zielstruktur
1.	Spiel mit mir!	
2.	Das holen!	**Hol** mir das!
3.	Mich tragen!	**Du sollst** mich tragen!

a. **Anfangsstellung:** 1

b. Andere: 2 Modalverb fehlt: 3

Sollten Nebensätze auftreten, wird ähnlich verfahren:

a. **Endstellung** ______________________

b. Andere: ______________________

Auflösung zusammengesetzter Verben
Unter der „Auflösung zusammengesetzter Verben" werden solche Verben eingetragen, die im Infinitiv zusammengesetzt produziert werden, bei denen jedoch in finiter Form das Präfix vom Verbstamm getrennt wird.

	Kindliche Äußerung	Zielstruktur
1.	Ich mach die Tür alleine zu.	
2.	Mama, aufmachen!	Mama, **mach** das **auf!**
3.	Der aufschließ Auto.	Der **schließt** das Auto **auf.**
4.	Blau anmalen.	Ich **male** den Fisch blau **an.**

Ja: *1*

Nein: *2, 3, 4*

Verneinung
Im Deutschen steht die Verneinung nach dem Verb. Kinder äußern die Verneinung zunächst jedoch präverbal. Im Raster wird die jeweilige Position eingetragen. Wird das finite Verb ausgelassen, ist es schwierig, die Position des Negationselements zu bestimmten. Solche Strukturen werden unter „finites Verb ausgelassen" eingetragen.

	Kindliche Äußerung	Zielstruktur
1.	Du sollst das nicht machen.	
2.	Nein, Hause.	**Ich will nicht** nach Hause gehen.
3.	Mama nicht schlafen.	Mama schläft nicht.
4.	Straße parke dürfe nein.	**Du** darfst nicht auf der Straße parken.

Postverbal: *1*

Präverbal: *3*

Finites Verb ausgelassen: *2*

Sonstige: *4*

Ausgewählte Satzglieder

Die Tabelle „Ausgewählte Satzglieder“ enthält die Spalten „Vorhanden“ und „Auslassung von Subjekten, Prädikaten, Akkusativobjekten, Dativobjekten und Präpositionalobjekten“. Präpositionalobjekte und adverbiale Bestimmungen können, aber müssen der Übersichtlichkeit halber nicht voneinander unterschieden werden, wenngleich sie natürlich zwei unterschiedliche Arten von Satzgliedern darstellen. Beim Vorhandensein von Akkusativ- oder Dativobjekten geht es zunächst nur um das Füllen dieser Satzposition und nicht um die Wahl des richtigen Kasus. Dieser wird in der Kategorie „Kasus“ differenziert betrachtet. So sind in dem Satz „Maya gibt den Hund einen Knochen“ alle Satzglieder, insbesondere Akkusativ- und Dativobjekt vorhanden, obwohl der Dativ nicht korrekt markiert wird. Wird bei zusammengesetzten Prädikaten ein Element ausgelassen, z. B. Kopula in der Äußerung „Papa müde“, wird die Äußerung in der Spalte ‚teilweise Auslassung‘ eingetragen. Unter ‚Präpositionalobjekt‘ wird außerdem festgehalten, wenn die Präposition ausgelassen wird oder in dem Kontext nicht passt.

	Kindliche Äußerung	Zielstruktur
1.	Die machen einen Schneemann.	
2.	Lebt nicht mehr.	**Der** lebt nicht mehr.
3.	Fenster rausgespringt.	Der **ist aus dem** Fenster rausgesprungen.
4.	Einbrechen.	**Der will** einbrechen.
5.	Serhat gucken mir ab.	Serhat **guckt von** mir ab.
6.	Papa müde.	Papa **ist** müde.
7.	Der Esel Körner.	Der Esel **mag** Körner.
8.	Der Esel ist bei den Stall.	Der Esel ist **im** Stall.

	Vorhanden	Auslassung
Subjekte	*1, 5, 6, 7, 8*	*2, 3, 4*
Prädikate	*1, 2, 3, 5, 8*	vollständig: *7* teilweise: Vollverb: Auxiliar: *3* Modalverb: *4* Kopulaverb: *6*
Akkustivobjekte	*1*	
Dativobjekte		
Präpositionalobjekte (dazu werden auch adverbiale Bestimmungen gezählt)	Präposition nicht passend/ andere Präposition: 8 Präposition ausgelassen: 3, 5	

Satzgefüge/Satzreihe

Die Tabelle „Satzgefüge/Satzreihe“ hält fest, ob ein Kind Nebensätze bildet, diese mit Hauptsätzen verbindet und an welcher Position das Verb steht. Die Zielstruktur ist hier die Verbendstellung.

	Kindliche Äußerung	Zielstruktur
1.	Der kann sich gar nichts kaufen, weil er kein Geld hat.	
2.	Tom ist wütend, wenn Kevin spielt mit der Feuerwehr.	Tom ist wütend, wenn Kevin mit der Feuerwehr **spielt**.

Nebensätze mit Konjunktion: *1, 2*

Nebensätze ohne Konjunktion: ______

Nebensätze mit Hauptsatz: *1, 2*

Nebensätze ohne Hauptsatz: ______

Verbstellung im Nebensatz ______ **Endstellung:** *1*

Andere: *2*

Morphologische Aspekte

In der Rubrik „Morphologische Aspekte“ werden die Subjekt-Verb-Kongruenz, ausgewählte Wortarten, Genus, Kasus, Singular-Plural-Bildung und die Verwendung von zusammengesetzten Zeiten erfasst.

Die Subjekt-Verb-Kongruenz ist eng an das Vorhandensein des Subjekts und die Verbzweitstellung gekoppelt. Mit dem Erwerb der Verbzweitstellung fängt ein Kind an, die Verben zu flektieren. Die Voraussetzung dafür ist, dass es das Stadium der Auslassungen von Subjekten nahezu überwunden hat. Bei manchen Kindern ist häufig zu beobachten, dass sie Verben an der schon korrekten zweiten Position noch im Infinitiv gebrauchen oder flektierte Verben in der Endposition verwenden. Da die Flexion der Verben im Deutschen differenziert ist, treten oft Ersetzungen oder Auslassungen auf.

Subjekt-Verb-Kongruenz

Die Tabelle „Subjekt-Verb-Kongruenz“ besteht aus drei Spalten. Die erste Spalte enthält die verschiedenen Personen im Singular und im Plural. In der zweiten Spalte werden die Verben eingetragen, die ein Kind korrekt in Übereinstimmung mit Person und Numerus produziert. In der dritten Spalte werden die Ersetzungen von Verbformen durch den Infinitiv, die Stammform (z. B. geh- oder lauf-) oder durch eine andere Form erfasst. Auch wenn die Realisierung von Subjekten für die Kongruenz von Subjekt und Verb eine Voraussetzung darstellt, kann es möglich sein, dass ein Kind das Verb in Übereinstimmung mit dem Subjekt bildet und trotzdem das Subjekt auslässt. Diese Äußerungen werden bei „Auslassung von Subjekt“ eingetragen. Damit die Kongruenz regelgeleitet erworben werden kann, sollte erst später an der Realisierung des Subjekts gearbeitet werden.

	Kindliche Äußerung	Zielstruktur
1.	Ich male einen Vogel.	
2.	Lebt nicht mehr.	**Der** lebt nicht mehr.
3.	Spucken.	**Der** spuckt.
4.	Fallt hier runter.	**Der fällt** hier runter.
5.	Den Esel essen Karotte.	**Der** Esel **isst** Karotte.

	Übereinstimmung	Ersetzung
1. P. Sgl.	*1* Subjektauslassung: ________	Infinitiv: Stammform: Andere:
2. P. Sgl.	________ Subjektauslassung: ________	Infinitiv: Stammform: Andere:
3. P. Sgl.	*2* Subjektauslassung: *2, 3, 4*	Infinitiv: Stammform: Andere:
1. P. Pl.	________ Subjektauslassung: ________	Infinitiv: *5* Stammform: Andere:
2. P. PL.	________ Subjektauslassung: ________	Infinitiv: Stammform: Andere:
3. P. Pl.	________ Subjektauslassung: ________	Infinitiv: Stammform: Andere:

Ausgewählte Wortarten

Bei den Wortarten werden die wichtigsten erfasst: Vollverben, Kopulae, Modalverben, Auxiliare, bestimmte und unbestimmte Artikel, Pronomen, Präpositionen, Adjektive und Adverbien, Konjunktionen sowie Nomen. Unter Umständen können einzelne Wortarten weiter differenziert werden. In der Tabelle wird vermerkt, wann die betreffende Wortart vorhanden ist bzw. ausgelassen wird.

	Kindliche Äußerung	Zielstruktur
1.	Ich male einen Vogel.	
2.	Der kann sich gar nichts kaufen, weil er kein Geld hat.	
3.	Auto ist schnell.	**Das** Auto ist schnell.
4.	Einbrechen.	**Der will** einbrechen.
5.	Das Esel	Das ist der Esel.

	Vorhanden	Auslassung
Vollverben	1, 2, 4	
Kopulae	3	5
Modalverben	2	4
Auxiliare		
Artikel *	bestimmt: ___ unbestimmt: 1	3, 5
Pronomen *	1, 2	4
Präpositionen *		
Adjektive *	3	
Konjunktionen	2	
Nomen	1, 2, 3, 5	

Genus

Den Bereich „Genus" differenziert zu betrachten, ist v.a. für Kinder mit Deutsch als Zweitsprache wichtig, zumal das Kasussystem darauf aufbaut. Ob ein Kind über die Wortart „Artikel" verfügt, wurde bereits in der Tabelle „Ausgewählte Wortarten" erfasst, ebenfalls die Häufigkeit des bestimmten und unbestimmten Artikels. Die Tabelle „Genus" erfasst die morphologischen Aspekte der Genusbildung. Es werden jeweils die femininen, maskulinen und neutralen Formen in Übereinstimmung mit der Zielstruktur oder in Form einer Ersetzung eingetragen. Eine Ersetzung wäre „Ich gehe in der Schule". Auslassungen von Artikeln werden ebenfalls vermerkt. In einem Zusatzkasten wird erfasst, ob ein Kind in Kontexten, in denen der bestimmte Artikel verlangt wird, möglicherweise eher den unbestimmten Artikel gebraucht. Die Verwendung des unbestimmten Artikels für ein Kind (mit Deutsch als Zweitsprache) scheint leichter zu sein, da die maskulinen und neutralen Formen zusammenfallen und sich von den femininen Formen unterscheiden. Kinder erlernen Artikel mit den Wörtern. Adjektive sind ebenfalls genusmarkiert, z. B. „mein liebes Kind“. Diese Formen werden auch in die Tabelle eingetragen.

	Kindliche Äußerung	**Zielstruktur**
1.	Da ist eine Katze.	
2.	Ich gehe in der Schule.	Ich gehe in **die** Schule.
3.	Meine Puppe ist weg.	
4.	Ich will deine kleine Hund streicheln.	Ich will deine**n** kleine**n** Hund sreicheln.
5.	Gestern in Schule habe ich Diktat geschrieben.	Gestern in **der** Schule habe ich **ein** Diktat geschrieben.
6.	Ein Gras.	**Das** Gras.
7.	Eine Apfel.	**Ein** Apfel.

	Übereinstimmung	Ersetzung	Auslassung
Feminin	*1, 3*	*2*	*5*
Maskulin		*4, 7*	
Neutrum			
Unbestimmte Artikel im Kontext von bestimmten Artikeln:			*6*

Kasus
Die Tabelle „Kasus“ ist so aufgebaut, dass die linke Spalte den gewählten Kasus präsentiert und die oberste Zeile den verlangten Kasus. Ist zum Beispiel in Äußerung 1 der Akkusativ verlangt und ein Kind produziert den Akkusativ, wird die Nummer 1 in die Zelle eingetragen, die den gewählten und verlangten Akkusativ verbindet. Die grau unterlegten Zellen verdeutlichen die Übereinstimmungen zwischen verlangtem und gewähltem Kasus. Erfordert dagegen die Zielstruktur den Dativ, und ein Kind wählt stattdessen Akkusativ, wird die betreffende Äußerungsnummer (hier die 2) in die Zelle eingetragen, welche „gewählter Kasus: Akkusativ“ und „verlangter Kasus: Dativ“ verbindet.

Der Genitiv wird in der Tabelle nicht aufgeführt, weil er von den meisten Kindern erst zwischen dem 8. und 12. Lebensjahr erworben wird. Der Dativ wird ebenfalls spät erworben. Werden Akkusativ- oder Dativobjekte ausgelassen, wird dies nicht unter „Kasus“ vermerkt. Hier wird noch einmal auf die Tabelle „ausgewählte Satzglieder“ verwiesen.

Kasusträger sind Nomen und ihnen vorausgehende Artikel und Adjektive. Die neun Wechselpräpostionen „auf“, „hinter“, „in“, „an“, „neben“, „über“, „unter“, „zwischen“,

„vor" können sowohl den Dativ als auch den Akkusativ zuweisen. Darum wird unter „Kasus" in einer zusätzlichen Tabelle erfasst, mit welchem Kasus das Kind Wechselpräpositionen verknüpft. Dabei wird auch geschaut, ob ein Kind beide Kasusvarianten mit der Präposition realisiert.

	Kindliche Äußerung	**Zielstruktur**
1.	Ich mag die Mama.	
2.	Ich geb meinen Esel Brot.	Ich gebe meine**m** Esel Brot.
3.	Ich geb mein Esel Brot.	Ich gebe meine**m** Esel Brot.
4.	Den Ziege frisst Karotte.	**Die** Ziege frisst **die** Karotte.
5.	Mein Auto fährt auf die Brücke.	
6.	Der Bagger fährt auf dem Teppich.	
7.	Tim spielt unter den Tisch.	Tim spielt unter dem Tisch.

	Nominativ	Akkusativ	Dativ	andere
Nom.			*3*	
Akkusativ	*4*	*1, 4*	*2*	
Dativ				
Andere				

Wechselpräpositionen (sofern erforderlich)

	auf	hinter	in	an	neben	über	unter	zwi-schen	vor
Akk.	*5*								
Dativ	*6*								
Ersetzung mit Akk.							*7*		
Ersetzung mit Dativ									

Singular-Plural-Bildung

Unter „Singular-Plural-Bildung" wird die Bildung der neun Pluralformen im Deutschen betrachtet. Dabei fassen wir die Formen -n und -en zusammen. Der Plural ist ebenfalls wie der Kasus eng mit dem Genus des Wortes verbunden. Der Numerus Plural wird in verschiedenen Wortarten markiert: bei Pronomen, Verben, Adjektiven, Nomen und auch beim Artikel. Die Pluralformen von Verben werden schon unter „Subjekt-Verb-Kongruenz“ erfasst. In der Tabelle „Singular-Plural-Bildung“ geht es v.a. um die Pluralmarkierung von Nomen und Adjektiven. Ist der Plural korrekt markiert, wird die Äußerung unter „Übereinstimmung“ eingetragen, ansonsten unter „Ersetzung“.

	Kindliche Äußerung	Zielstruktur
1.	Ich will heute Eier essen.	
2.	Die haben Huts auf.	Die haben **Hüte** auf.
3.	Die Katzen lecken sich ihre Münder.	
4.	Den Ziege mag Karotte.	Die Ziege mag Karotte**n.**

	Übereinstimmung		Ersetzung	
	Singular	Plural	Singular	Plural
Umlaut				
- e	*4a*			
Umlaut + e				*2*
- er		*1*		
Umlaut + er		*3b*		
- (e)n		*3a*		*4b*
- s				
0				

Zusammengesetzte Zeiten

Als Letztes wird die Bildung zusammengesetzter Zeitformen analysiert. Dabei geht es v.a. um das Perfekt, welches Kinder oft benutzen. Es wird untersucht, welche Auxiliare ein Kind bei der Perfektbildung verwendet und wie es das Partizip II bildet. Möglicherweise übergeneralisieren Kinder die schwache Flexion des Partizips auf die starke, z.B. „Das habe ich mir genimmt“.

	Kindliche Äußerung	Zielstruktur
1.	Der ist da reingekommen.	
2.	Fenster rausgespringt.	Der **ist aus dem** Fenster heraus**gesprungen.**
3.	Der hat da reingeklettert.	Der **ist** da reingeklettert.

mit ‚sein':	**Ja:**	1
	Auxiliar ausgelassen:	2
	Ersetzung mit ‚haben':	3
mit ‚haben':	**Ja:**	
	Auxiliar ausgelassen:	
	Ersetzung mir ‚sein':	
Anwendung der schwachen Flexion auf starke Verben:		2

Beispielkinder *Jasmin* und *Selim*
Anhand von zwei Transkripten wird die Diagnose grammatischer Fähigkeiten dargestellt. Die Beispielkinder *Jasmin* und *Selim* haben beide beim Erwerb der Grammatik Schwierigkeiten, zeigen aber auf Grund ihrer verschiedenen sprachlich-familiären Hintergründe ganz unterschiedliche Fähigkeiten und Schwierigkeiten.

Beispielkind *Jasmin*
Jasmin ist zum Zeitpunkt der freien Sprachprobe sechs Jahre und zwei Monate alt. Deutsch ist ihre Erstsprache.

	Kindliche Äußerung	Zielstruktur
1.	Was ist das?	
2.	Ein Rock, eine Hose.	**(Das ist)** ein Rock, eine Hose.
3.	Hast du de gelber Schal?	Hast du den gelben Schal?
4.	Weil turne muss.	Weil **ich** turnen muss.
5.	Des weiß auch so.	Des weiß **ich** auch so.
6.	Das eine rote fehlt.	
7.	Wo ist denn das eine rote?	
8.	Wo ist das nächste (…)?	
9.	Des weiß, was das ist.	Des weiß **ich,** was das ist.
10.	Nö, ich mische gut, ich karte will alle.	Nö, ich mische gut, ich will alle Karte**n** **haben.**
11.	Aber net meine Karte angucke.	**(Du sollst)** meine Karte nicht angucke**n.**
12.	Doch, des darf.	Doch, das darf **ich.**
13.	Die mitpielt.	Die spielt mit (oder: Die **soll** mitspielen).
14.	Die mir alles stohln.	Die **hat** mir alles **ge**stohl**en**.
15.	Man immer alles uns stohln.	Man **(die) hat** uns immer alles **ge**stohl**en.**

16. Aber meine Karte nicht anguckt.	Aber **du darfst** meine Karte nicht angucken.
17. Da das alles gebt uns (?)	(Da. Gib uns das alles.)
18. Was ist das denn?	
19. Dann i anfangen, okay?	Dann **fange** ich **an**, okay?
20. Aber ich solle austeile, gell?	Aber ich soll austeilen, gell?
21. Die Karte i fertig viel (sch)neller.	(Die Karte **habe** ich viel schneller fertig.)
22. Und du die gelbe Tasse?	
23. Und die blaue?	
24. Hast du der baue Schaum?	Hast du **den** blaue**n** Schaum.
25. Ich hab grad gewonn.	Ich habe gerade gewonn**en.**
26. Jetzt gut aufpassen muss.	Jetzt **muss** (ich/du) gut aufpassen.
27. Mir nicht sagen, oder?	**Du darfst** mir **das** nicht sagen, oder?
28. Die alles holt.	Die **hat** alles geholt.
29. Du hast gewonnen.	
30. Und du hast verloren.	
31. Was denn?	Was **ist** denn?
32. Du sagen…	Du **sollst das** sagen.
33. Aber keckig doch.	Aber **die ist** doch keckig (dreckig).
34. So wie Käse aussieht.	**Die** sieht wie Käse aus.
35. Wo mein Bruder Schule hat.	Wo **hat** mein Bruder Schule.
36. Des gar nicht weiß.	Des weiß **ich** gar nicht.
37. Was ist das?	
38. Meine Hose auch so dreckig.	Meine Hose **ist** auch so dreckig.
39. Ich esse will.	Ich will essen.
40. Aber die alle bald gemacht.	Aber **ich habe** die alle bald gemacht.

Syntaktische Aspekte

Verbstellung in Aussagesätzen (Hauptsätzen, HS)

Jasmin zeigt in vielen Äußerungen, z. B. in 5, 6, 20, 25, die zielsprachlich korrekte Verbzweitstellung in Hauptsätzen. In einigen steht das finite Verb noch an letzter Stelle, z. B. in 19 oder 26. In Prädikaten mit Modalverben oder Auxiliaren lässt *Jasmin* häufig einen Teil weg, wie in 15 oder 27. Das Verb „will" in 10 steht weder an zweiter noch an letzter Stelle, deswegen wurde es bei der Kategorie „Andere" eingetragen.

In Äußerung 11 ist die Auslassung des Modalverbs zielsprachlich angemessen, da in der mündlichen Sprache nicht in Sätzen gesprochen werden muss, wie in der Äußerung „Aber nicht meine Karten angucken!". Die Zielstruktur der Äußerung 13 ist nicht eindeutig zu bestimmen. Sie könnte aus zwei Satzgliedern bestehen, so dass das finite Verb sowohl an zweiter Stelle als auch an finaler Position stehen könnte. Deswegen tragen wir diese Äußerung in Klammern gesetzt unter Zweitstellung ein.

a. **Zweitstellung:** *5, 6, 9, 10, 12, (13), 20, 25, 29, 30*

b. Endstellung: *13, 19, 26, 34, 36, 39*

mehrteiliges Prädikat wird geäußert oder ist die Zielstruktur: *11, 14, 15, 16, 27, 28, 32, 40*

c. Andere: *10*

Verbstellung bei Fragen

Jasmin äußert in allen W-Fragen das Fragepronomen und wendet die Verbzweitstellung an. Die Verbauslassung in 31 ist in der mündlichen Sprache angemessen. Die Subjekt-Verb-Umstellung bei Entscheidungsfragen beherrscht Jasmin in den Äußerungen 3 und 24. Die Äußerungen 19, 20, 22, 23 und 27 sind grammatisch keine Entscheidungsfragen, in denen eine Subjekt-Verb-Umstellung vorgenommen werden müsste. Deswegen werden sie unter „Andere" eingetragen. In den Äußerungen 22 und 23 wird zwar das Verb ausgelassen, aber möglicherweise ist die Auslassung in der mündlichen Sprache angemessen.

a. W-Fragen

Fragepronomen Ja: *1, 7, 8, 18, 31, 35, 37*

Nein: ______

Verbzweitstellung: *1, 7, 8, 18, 37*

Andere: *35* Auslassung des Verbs: *(31)*

b. Entscheidungsfragen

Verberststellung: *3, 24*

Andere: *19, 20, 27* Auslassung des Verbs: *(22, 23)*

Verbstellung bei Imperativen

Imperativkontexte, in denen eine Subjekt-Verb-Umstellung vorgenommen wird, gibt es in dem Transkript nicht. Eventuell könnte Äußerung 17 ein solcher Kontext sein. Hier nimmt Jasmin jedoch keine Subjekt-Verb-Umstellung vor. Befehlsformen mit Modalverbkonstruktionen gibt es dagegen, wobei Jasmin das Modalverb jeweils auslässt.

a. **Anfangsstellung:** ______________________

b. Andere: 17 Modalverb fehlt: 11, 16, 32

Auflösung zusammengesetzter Verben

Jasmin löst zusammengesetzte finite Verben noch nicht auf, z. B. in 34 „So wie Käse aussieht."

Ja: ______________________

Nein: 13, 19, 34

Verneinung

Die zielsprachlich postverbale Verneinung führt Jasmin nicht durch. Sie stellt das Negationselement vor das finite Verb, wie in 36 „Des gar nicht weiß." In den anderen verneinten Sätzen lässt Jasmin das finite Verb aus, z. B. in Äußerung 11: „Aber net meine Karte angucke."

Postverbal: ______________________

Präverbal: 36

Finites Verb ausgelassen: 11, 16, 27

Sonstige: ______________________

Ausgewählte Satzglieder

Jasmins Äußerungen sind teilweise komplex. Sie realisiert die meisten Satzglieder wie Subjekte, Prädikate und Objekte. Trotzdem finden sich im Transkript häufig Äußerungen, in denen Jasmin Subjekte und Prädikate auslässt, z. B. in 5 „Des weiß auch so" oder in 21 „Die Karte i fertig viel (sch)neller".

Da im bereinigten Transkript nicht alle Zielstrukturen als obligatorische Strukturen aufgeführt werden und daher in Klammern gesetzt stehen, werden auch bei der Analyse Äußerungen eingeklammert in Spalten eingetragen. So steht z. B. unter „Subjektauslassung" Äußerung 2 in Klammern, weil die Zielstruktur nicht unbedingt ein Subjekt erfordert, es aber dennoch passend wäre, dieses zu realisieren. Das Gleiche ist bei Prädikaten der Fall, da in der mündlichen Sprache nicht unbedingt ein Prädikat realisiert werden muss.

	Vorhanden	Auslassung
Subjekte	*1, 3, 6, 7, 8, 9b, 10, 13, 14, 18, 19, 20, 21, 22, 23, 24, 25, 28, 29, 30, 32, 35, 37, 38, 39*	*(2), 4, 5, 9a, 11, 12, 15, 16, 26, 27, 33, 34, 36, 40*
Prädikate	*1, 3, 4, 5, 6, 7, 8, 9, 10, 12, 17, 18, 19, 20, 24, 25, 26, 29, 30, 34, 35, 36, 37, 39*	vollständig: *(2), 21, (22), (23), (31), 33, 38* teilweise: *(10b), 11, (13), 14, 15, 16, 27, 28, 32, 40*
Akkustivobjekte	*3, 5, 9, 10, 11, 12, 14, 15, 16, 17, 21, (22), (23), 24, 28, 35, 36, 40*	*32*
Dativobjekte	*14, 15, 17, 27*	*(20)*
Präpositionalobjekte *	Präposition ausgelassen:	
(*eventuell weiter differenzieren)	Präposition nicht passend:	

Satzgefüge/Satzreihe

Im Transkript finden sich einige Nebensätze, die *Jasmin* mit einer Konjunktion realisiert. Das finite Verb stellt sie dabei korrekt an die letzte Stelle. In 9 verbindet sie Haupt- und Nebensatz miteinander.

Nebensätze mit Konjunktion: *4*

Nebensätze ohne Konjunktion: _____

Nebensätze mit Hauptsatz: *9*

Nebensätze ohne Hauptsatz: *4*

Verbstellung im Nebensatz _____ **Endstellung:** *4, 9*

Andere: _____

Morphologische Aspekte

Subjekt-Verb-Kongruenz

Jasmin konjugiert die Verben trotz häufiger Auslassung von Subjekten weitestgehend korrekt. Nur in der ersten Person Singular äußert sie einmal den Infinitiv „Dann i anfangen, okay?“ (19) und einmal eine andere Form. Das „hab“ in Äußerung 25 ist eine dialektal gefärbte Stammform und muss nicht extra aufgeführt werden.

	Übereinstimmung	Ersetzung
1. P. Sgl.	*9, 10, (25), 26, 36, 39* Subjektauslassung: *4, 5, 9a, 12, (26), 36*	Infinitiv: *19* Stammform: Andere: *20*
2. P. Sgl.	*3, 24, 29, 30* Subjektauslassung: ___	Infinitiv: Stammform: Andere: *(17)*
3. P. Sgl.	*1, 6, 7, 8, 9, 13, 18, 35, 37* Subjektauslassung: *34*	Infinitiv: Stammform: Andere:
1. P. Pl.	___ Subjektauslassung: ___	Infinitiv: Stammform: Andere:
2. P. PL.	*17* Subjektauslassung: ___	Infinitiv: Stammform: Andere:
3. P. Pl.	___ Subjektauslassung: ___	Infinitiv: Stammform: Andere:

Ausgewählte Wortarten

Jasmin verfügt in ihrem aktiven Wortschatz über alle wichtigen Wortarten. Zu den Präpositionen kann jedoch noch keine Aussage gemacht werden, da im Kontext der freien Sprachprobe keine Präpositionen vorkommen. Für die Planung der therapeutischen Schritte ist der Blick auf Präpositionen noch nicht erforderlich.

Wie bei der Analyse der vorhandenen Satzglieder schon deutlich wurde, werden noch viele Satzelemente ausgelassen. Dies spiegelt sich auch bei der Analyse der vorhandenen Wortarten wider. So fällt auf, dass *Jasmin* v. a. Vollverben, Kopulae, Modalverben, Auxiliare und Pronomen auslässt. Da die meisten Kinder über viele Nomen verfügen, muss in der Spalte „Nomen … vorhanden“ nicht jede Äußerung vermerkt werden, wenn schon nach den ersten Äußerungen deutlich wird, dass ein Kind hier keine Schwierigkeiten hat. Ebenso wird mit den Pronomen verfahren. Wenn sich ein bestimmtes Wort wie das Nomen „Karten“ in diesem Transkript häufig wiederholt, ist es ratsam, die betreffenden Äußerungsnummern, die eine Wiederholung darstellen, in Klammern zu setzen. So wird deutlich, dass es sich nicht um verschiedene Nomen handelt.

	Vorhanden	Auslassung
Vollverben	3, 4, 6, 9, 10 ...	10, (21), (22)
Kopulae	1, 7, 8, 9, 18, 37	(2), (31), 33, 38
Modalverben	4, 10, 20, 26, 39	11, 16, 27, 32
Auxiliare	25, 29, 30	14, 15, 28, 40
Artikel *	bestimmt: 3, 6, 8, 21, 22, 23, 24, unbestimmt: 2, 6, 7	
Pronomen *	1, 3, 7, 8, 9, 10, 11, 12, 14, 17, 18, 21, 22, 24, 25, 27, 29, 30, 32, 35, 36, 37, 39, 40	(2), 4, 5, 9, 11, 12, 15, 16, 26, 27, 32, 33, 34, 36, 40
Präpositionen *		
Adjektive *	3, 6, 7, 10, 21, 22, 23, 24, 25, 26, 33, 38, 40	
Konjunktionen	4, 11, 16, 20, 22, 23, 30, 33, 40	
Nomen	2, 3, 10, (11), (16), (21), 22, 24, 34, 35, 38	

* Unter Umständen weiter differenzieren.

Genus

Im Bereich „Genus“ zeigt *Jasmin* keine Auffälligkeiten. Sie lässt an keiner Stelle den Artikel aus oder ersetzt ihn.

	Übereinstimmung	Ersetzung	Auslassung
Feminin	*2b, 11, 13, 14, 16, 21, 22, 23, 28, 38, 40*		
Maskulin	*2a, 3, 24, 35*		
Neutrum	*(6), (7), 8*		

Unbestimmte Artikel im Kontext von bestimmten Artikeln:

Kasus

In Äußerungen 3 und 24 übergeneralisiert *Jasmin* den Nominativ auf Akkusativkontexte. In den anderen Akkusativkontexten, z. B. 10, 11, 14, 15 etc., wird der Akkusativ nicht eigens markiert, da er in diesen Äußerungen eine mit dem Nominativ identische

Form aufweist, z. B. Äußerung 15 „Man immer **alles** uns stohln" oder Äußerung 16 „Aber **meine Karte** nicht anguckt". Das Transkript weist keine echte akkusativmarkierte Form auf, wohl aber Dativformen, wie z. B. in Äußerung 17 „Das alles gebt **uns**".

Verlangter/ Gewählter Kasus	Nominativ	Akkusativ (die Äußerungen, in denen „des" vorkommt, sind nicht berücksichtigt)	Dativ	andere
Nom.	*1, 2, 6, 7, 8, 9b, 13, ...*	*3, 24*		
Akkusativ		*10, 11, 14, 15, 16, 17, 21, 22, 23, 28, 35, 37, 38, 40*		
Dativ			*14, 15, 17, 27*	
Andere				

Singular-Plural-Bildung

In dem Transkript lässt sich nur ein einziger Pluralkontext finden, in dem Jasmin jedoch den Plural mit der Markierung -en durch den Singular ersetzt.

	Übereinstimmung		Ersetzung	
	Singular	Plural	Singular	Plural
Umlaut				
- e				
Umlaut + e				
- er				
Umlaut + er				
- (e)n				*10*
- s				
0				

Zusammengesetzte Zeiten
Jasmin kann das Perfekt als zusammengesetzte Zeitform mit „haben“ bilden. Teilweise produziert sie diese Form wie in Äußerung 25 korrekt, teilweise lässt sie wie in 28 das Auxiliar aus. Ein Beispiel für eine stark flektierte Partizip-II-Form ist „stohln“ in 14 und 15. Zwar lässt Jasmin das ge- weg, jedoch zeigt die Äußerung, dass Jasmin das Verb „stehlen“ korrekt stark flektieren kann.

mit ‚sein‘:	**Ja:**	____________
	Auxiliar ausgelassen:	____________
	Ersetzung mit ‚haben‘:	____________
mit ‚haben‘:	**Ja:**	*25, 29, 30*
	Auxiliar ausgelassen:	*14, 15, 28, 40*
	Ersetzung mir ‚sein‘:	____________
Anwendung der schwachen Flexion auf starke Verben:		____________

Zusammenfassung der diagnostischen Daten und Konsequenzen für die Therapie: Beispielkind *Jasmin*
Die Kriterien des grammatischen Rasters werden im Folgenden zusammengefasst und auf die Phasen des Grammatikerwerbs von Clahsen übertragen.

Syntaktische Aspekte	
Grammatikerwerb	Phasen:
Verbstellung in Aussagesätzen Verben sind sowohl in der zweiten als auch in der Endstellung vorhanden. Die Endstellung wäre richtig, wenn die Sätze Modalverben enthielten (siehe Kommentar zu Auflösung zusammengesetzter Verben und Auslassung von Satzgliedern.	Phase III
Verbstellung bei Fragen	Phase IV
Verbstellung bei Imperativen	
Auflösung zusammengesetzter Verben Bei einigen Sätzen ist nicht zu klären, ob das Modalverb fehlt oder ob das zusammengesetzte Verb nicht aufgelöst wird.	Phase III
Verneinung Taucht nur präverbal auf.	Phase II – III
Satzglieder Subjekte sind vorhanden und werden auch ausgelassen, Auslassung entsprechen oft der Umgangssprache. Prädikate vorhanden und nicht vorhanden. Vor allem werden Kopulae, Modalverben und Auxiliare ausgelassen.	Phase III – IV
Satzgefüge/Satzreihe	Phase IV

Morphologische Aspekte	
Subjekt-Verb-Kongruenz	Phase IV
Wortarten Siehe Kommentar zu Satzgliedern.	Phase III – IV
Genus zu wenig Beispiele	
Kasus Es kommen bereits Äußerungen im Dativ vor.	Ende von Phase V
Zusammengesetzte Zeiten	zu wenig Beispiele, keine Auswertung möglich
Singular-Plural-Bildung	zu wenig Beispiele, keine Auswertung möglich

Konsequenzen für die Therapie

Die Analyse der freien Sprachprobe ergibt, dass *Jasmin* teilweise komplexe Äußerungen produziert, aber insbesondere im Bereich der Verbstellung und der vollständigen Realisierung von Satzgliedern Therapie benötigt. Nach dem Modell von Clahsen befindet sich *Jasmin* ungefähr zwischen Phase III und IV und muss noch wichtige Besonderheiten der deutschen Grammatik erwerben, wie die Auflösung zusammengesetzter Verben und die korrekte (postverbale) Position der Verneinung. *Jasmin* braucht vor allem eine Sprachtherapie bei der Überwindung der (teilweisen) Auslassung von Prädikaten und Subjekten und bei der konsequenten Realisierung der Verbzweitstellung im Hauptsatz. Diese Aspekte stellen wichtige Meilensteile der Phase IV im Grammatikerwerbsmodell von Clahsen dar. Das Genussystem beherrscht *Jasmin* und Probleme mit dem Kasussystem sind therapeutisch nicht relevant. Trotzdem kann bei der Markierung des Akkusativs eventuell noch Therapie nötig sein.

Beispielkind *Selim*

Selim ist zum Zeitpunkt der freien Sprachprobe 6 Jahre und 4 Monate alt und erlernt Deutsch als Zweitsprache. Seine Erst- und Familiensprache ist Türkisch.

	Kindliche Äußerung	Zielstruktur
1.	Der Schatz muss ich finden.	**Den** Schatz muss ich finden.
2.	Der will der töten.	Der will **den** töten.
3.	Hast du das gesehen?	
4.	Die schießen hier bis hier.	Die schießen **von** hier bis hier.
5.	Der Ritterburg schützen die.	**Die** Ritterburg schützen die.

6. Die Roten und Blauen kämpfen gegen.	Die Roten und Blauen kämpfen gegen**einander.**
7. Das hab die kaputt gemacht.	Das hab**en** die kaputt gemacht.
8. Die Mensch geht hin und tötet den Mensch.	Der Mensch geht hin und tötet den Mensch**en.**
9. Und das ist der König.	
10. Der muss ganz hier verstecken.	Der muss **sich** (ganz) hier verstecken.
11. Der Böse neben die Frau.	Der Böse **ist** neben **der** Frau.
12. Hier ist ein Schwert.	
13. Ich möchte die Ritterbuch haben.	Ich möchte das Ritterbuch haben.
14. Ich will hier gucken.	
15. Nein, ich hab das nicht gefunden.	
16 Wie heißt du nochmal?	
17. Ich lese ein Buch.	Ich lese **das** Buch. (Kontext: Es ist nur ein Buch da.)
18. (Was ist da drauf?) … ein großer Flugzeug und ein Krankenwagen	… ein groß**es** Flugzeug
19. Hundertzweiunddreißig war das Weg.	Hundertzweiunddreißig (km) war **der** Weg.
20. Wir mussten Krankenhaus gehen.	Wir mussten **in das** Krankenhaus gehen.
21. Mit Flugzeug geht's viel besser.	Mit **dem** Flugzeug geht's viel besser.
22. Mit Auto langsam.	Mit **dem** Auto **geht's** langsam.
23. Flugzeug viel schneller.	**Das** Flugzeug **ist** viel schneller.
24. Der Mann steht in die Straße.	Der Mann steht in **der** Straße.
25. Hund lauft einfach weg.	**Der** Hund **läuft** einfach weg.
26. Meinst du die Polizei?	
27. Ich seh Dieb.	Ich sehe **den** Dieb.
28. Klettert oben auf dem Fenster.	**Er** klettert oben **in** das Fenster.
29. Der kann sich gar nichts kaufen, weil er kein Geld hat.	

30. (Wo ist der denn?) ... neben den Kino	… neben **dem** Kino.
31. Die Augen sind tot.	
32. Das hat meine Schwester auch.	
33. Des viel anderser.	Des **ist** ganz anders.
34. Da sind zwei Rutschen.	
35. Welche findest du toll?	
36. Das da viel schneller.	**Die** (meint „die Rutsche") da **ist** viel schneller.
37. Wir können auch hier hochklettern.	
38. Ich kann das jemand anrufen.	Ich kann **damit** jemanden anrufen.
39. (Wie sieht denn euer Telefon aus?) … viel anderser.	(ganz anders)
40. Hier so eine und hier reinmachen.	Hier ist so eine und dann **kann man das** hier reinmachen.
41. Wie viel ist Feuerwehrnummer?	Wie ist **die** Feuerwehrnummer?
42. Hallo Feuerwehr, wie geht's so?	
43. Ich weiß Polizeinummer.	Ich weiß **die** Polizeinummer.
44. Ich hab das mal zu Hause angeruft.	Ich habe **die** (Polizei) mal zu Hause ange**rufen.**

Syntaktische Aspekte

Bei der Durchsicht des Trankripts ist offensichtlich, dass der Junge keine Probleme mit der Verbstellung in Hauptsätzen und bei Fragen aufweist, so dass eine weitere Auswertung nicht erforderlich ist. Dies zeigt sich z. B. in den Äußerungen 1 und 3: „Der Schatz muss ich finden" und „Hast du das gesehen?".

Zusammengesetzte Verben äußert er zweimal und löst sie auf. Ebenso steht die Verneinung postverbal, so dass diese beiden Kategorien nicht weiter ausgewertet werden müssen. Dies zeigt sich in den Äußerungen 8 und 15: „Die Mensch geht hin und tötet den Mensch" und „Nein, ich habe das nicht gefunden".

Ausgewählte Satzglieder

Selim produziert komplexe Äußerungen, in denen meist alle Satzglieder vorhanden sind. In einigen Äußerungen fehlt ein Teil des Prädikats. Es wird vorzugsweise das Kopulaverb ausgelassen. In wenigen Äußerungen fehlt das Akkusativobjekt.

	Vorhanden	Auslassung
Subjekte	*1, 2, 3, 4, 5, 6, 7, 8, 9, 10, 11, 13, 14, 15, 16, 17, 19, 20, 21, 23, 24, 25, 26, 27, 29, 31, 32, 33, 35, 36, 37, 38, 40, 41, 42, 43, 44*	*28, 40*
Prädikate	*1, 2, 3, 4, 5, 6, 7, 8, 9, 10, 12, 13, 14, 15, 16, 17, 19, 20, 21, 24, 25, 26, 27, 28, 29, 29, 31, 32, 34, 35, 37, 38, 41, 42, 43, 44*	vollständig: *11, 22* teilweise: *11, 23, 33, 36, 40*
Akkustivobjekte	*1, 2, 3, 5, 8, 13, 15, 17, 26, 27, 29, 32, 38, 43, 44*	*6, 10, 40*
Dativobjekte	*24, 29, 38*	
Präpositionalobjekte * (*eventuell weiter differenzieren)	*4, 11, 12, 14, 20, 21, 22, 28, 30, 34, 35, 36, 37, 40, 44* Präposition ausgelassen: *4, 20* Präposition nicht passend: *24, 28, 30*	

Satzgefüge/Satzreihe

In Äußerung 29 produziert *Selim* einen Hauptsatz, dem durch eine Konjunktion ein Nebensatz beigefügt wird. In dem Nebensatz stellt *Selim* das finite Verb korrekt an die letzte Stelle.

Morphologische Aspekte

Subjekt-Verb-Kongruenz

Die Verbformen zeigen, dass *Selim* das System der Subjekt-Verb-Kongruenz sicher erworben hat. Die Stammform „hab", mit der an manchen Stellen die erste Person Singular ersetzt wird, kann umgangssprachlich als angemessen angesehen werden. Es bleibt dann nur die Ersetzung in Äußerung 7 und in Äußerung 25.

	Übereinstimmung	Ersetzung
1. P. Sgl.	*1, 13, 14, 17, 38, 43*	Infinitiv: Stammform: *(15), (27), (44)* Andere:

	Übereinstimmung	Ersetzung
2. P. Sgl.	*3, 16, 26, 35*	Infinitiv: Stammform: Andere:
3. P. Sgl.	*2, 8, 9, 10, 12, 21, 24, 29, 31, 32, 34, 41, 42* Auslassung von Subjekt: *28*	Infinitiv: Stammform: Andere: *25 (Umlaut)*
1. P. Pl.	*20, 37*	Infinitiv: Stammform: Andere:
2. P. PL.		Infinitiv: Stammform: Andere:
3. P. Pl.	*4, 5, 6*	Infinitiv: Stammform: *7* Andere:

Ausgewählte Wortarten

Selims Wortschatz ist reich an verschiedenen Wortarten, v.a. auch an Vollverben und Modalverben. Kopulae lässt er bevorzugt aus. Auslassungen und Realisierung des bestimmten Artikels sind im Transkript ähnlich verteilt, wobei *Selim* den bestimmten Artikel öfter verwendet. *Selim* benutzt Präpositionen, jedoch passen diese teilweise nicht in den Kontext.

	Vorhanden	Auslassung
Vollverben	*1, 2, 3, 4, 5, 6, 8, 8b, 10, 13, 14, 15, 16, 17, 24, 26, 27, 28, 29, 32, 35, 37, 38, 40, 42, 43, 44*	*40*
Kopulae	*9, 12, 19, 34, 41*	*11, 22, 23, 33, 36*
Modalverben	*1, 2, 10, 13, 14, 20, 29, 37*	*40*
Auxiliare	*3, 7, 15, 44*	
Artikel	best. Artikel: *1, 5, 6, 8, 9, 11, 13, 19, 24, 26, 28, 30, 31* unbestimmter Art.: *12, 17, 18*	*best. Artikel: 20, 21, 22, 23, 25, 27, 41, 43*
Pronomen	*1, 2, 3, 4, 5....*	*10, 28*
Präpositionen	*4, 6, 11, 21, 24, 28, 30*	*4, 20*

Adjektive	*4, 12, 18, 21, 23, 31, 34, 35, 36, 40*	
Konjunktionen	*6, 8, 18, 29*	
Nomen	*1, 5, 8, 9, 12, 13, 17 …*	

Genus

Bei der Analyse der verwendeten Genera ist gerade bei zusätzlichen Kasusersetzungen darauf zu achten, Genus und Kasus möglichst getrennt zu betrachten. Da Genus und Kasus eng miteinander verbunden sind, ist nicht immer gleich zu sehen, ob der Fehler am Kasus oder am Genus liegt. In der Äußerung 11 „Der Böse neben die Frau“: Hier ist zwar der Kasus falsch, das Genus aber trotzdem richtig gewählt. Äußerung 24 ist ein ähnlicher Fall: „Der Mann steht in die Straße“: Das Genus ist korrekt, nur der Kasus wurde ersetzt.

Insgesamt zeigen sich beim Erwerb des Genussystems deutliche Schwierigkeiten. *Selim* ersetzt feminine, maskuline und neutrale Formen. Teilweise lässt er den Artikel aus. Es zeigen sich deutliche Unsicherheiten, den korrekten Artikel im Deutschen zu verwenden. Die vermutlich größten Schwierigkeiten liegen beim Neutrum. Hier benutzt *Selim* eher den unbestimmten Artikel oder er ersetzt das Neutrum durch die beiden anderen Genera. In Äußerung 13 ersetzt er den neutralen Artikel durch den femininen: „die Ritterbuch“. In 30 ersetzt *Selim* das Neutrum durch ein Maskulinum: „neben den Kino“. Dies ist auf den ersten Blick nicht so schnell zu erkennen, weil hier das beschriebene Problem der Kasusüberlagerung auftritt. Würde er das Neutrum als richtiges Genus wählen, müsste er „neben das Kino“ sagen, weil „das Kino“ die Akkusativform darstellt. In einer Äußerung (17) benutzt *Selim* den unbestimmten Artikel anstelle des im Kontext passenden bestimmten. In Äußerung 44 ersetzt *Selim* das Demonstrativpronomen „die“ durch Neutrum „das“.

	Übereinstimmung	Ersetzung	Auslassung
Femininum	*6, 11, 24, 26, 32, 35*	*5, 36 (Pronomen), 44 (Pronomen)*	*41, 43*
Maskulinum	*1, 8, 9, 11, 18, 24*	*8, 19*	*25, 27*
Neutrum	*12 (unbest.), 17 (unbest.), 28, 29*	*13, 18, 30*	*20, 21, 22, 23*
Unbestimmte Artikel im Kontext von bestimmten Artikeln:			*17*

Kasus

Bei der Bestimmung des Kasus muss vom gewählten Genus abstrahiert werden. So ist z. B. in Äußerung 13 „Ich möchte die Ritterbuch haben" der gewählte Kasus richtig, obwohl die Form an sich falsch ist. Dies liegt jedoch nicht am Kasus, sondern am falschen Genus, der die richtige Kasusform überlagert. Ähnlich ist es in Äußerung 8. Dagegen sind in Äußerung 5 sowohl Genus als auch Kasus falsch gewählt: „Der Ritterburg schützen die." Würde *Selim* den Kasus korrekt wählen, müsste er „den Ritterburg" sagen. Der Akkusativ im Maskulinum wird sowohl durch den Artikel als auch durch die Wortendung markiert. In Äußerung 8 „Die Mensch geht hin und tötet **den Mensch**" markiert *Selim* den Artikel richtig, lässt aber die Akkusativendung -en weg. Der Akkusativ ist demnach nur teilweise markiert. Dies wird in der Tabelle durch eine Notiz kenntlich gemacht. Im Femininum und im Neutrum ist der Akkusativ identisch mit dem Nominativ. *Selim* kann in einigen Äußerungen den Akkusativ korrekt ausdrücken, jedoch handelt es sich dabei jeweils um solche dem Nominativ identische feminine oder neutrale Formen. In Äußerung 29 verwendet *Selim* eine Dativform: „Der kann sich gar nicht kaufen ...", die jedoch morphologisch nicht gesondert markiert werden muss. Äußerungen, in denen der Artikel ausgelassen wird, können streng genommen nicht als kasustragend analysiert werden bzw. kann von ihnen nicht der Kasus abgelesen werden. Sie werden unter „Andere" aufgeführt.

Es zeigt sich, dass *Selim* die Kasusvergabe und Markierung schwer fällt. Er kann den Nominativ, wenn er den Artikel realisiert, richtig markieren und teilweise einige Akkusativformen. Formersetzungen sind jedoch sehr häufig.

Verlangter/ Gewählter Kasus	Nominativ	Akkusativ	Dativ	Andere
Nominativ	*2, 4, 5, 6, 7, 8, 9, 10, 11, 12, 19, 24, 29, 31, 32, 34, 35, 36*	*1, 2, 5, 8 (teil)*	*11, 24, 38*	
Akkusativ		*7, 13, 15, 17, 26, 29, 32, 44*	*30*	
Dativ		*28*	*29*	
Andere	*23, 25, 41*	*20, 27, 43*	*21, 22*	

Singular-Plural-Bildung

In dem Transkript finden sich zwei korrekt gebildete Pluralformen. Es handelt sich dabei jeweils um den Plural mit der Endung -en.

Zusammengesetzte Zeiten

In dem Transkript finden sich Perfektformen, die mit „haben" gebildet werden. In Äußerung 44 wendet *Selim* die schwache Flexion auf das stark flektierte Verb „anrufen" an.

mit ‚sein':	**Ja:**	
	Auxiliar ausgelassen:	
	Ersetzung mit ‚haben':	
mit ‚haben':	**Ja:**	*3, 7, 15, 44*
	Auxiliar ausgelassen:	
	Ersetzung mir ‚sein':	
Anwendung der schwachen Flexion auf starke Verben:		*44*

Wo sollte die Therapie ansetzen?

Selim drückt sich in komplexen Sätzen aus. Die Satzglieder sind zum größten Teil komplett, nur in wenigen Äußerungen werden das Objekt und ein Teil des Prädikats ausgelassen. Zwei Mal lässt er das Subjekt aus. *Selim* beherrscht sicher die Verbzweitstellung im Hauptsatz und zeigt kaum Schwierigkeiten beim Markieren der Subjekt-Verb-Kongruenz. Auslassungen betreffen v.a. Artikel und Kopula-Verben. Großen Unterstützungsbedarf hat *Selim* beim Erwerb des Genus- und Kasussystems. Es verwundert keinesfalls, dass *Selim* Schwierigkeiten bei den verschiedenen Kasusformen zeigt, wenn die Genusmarkierung ebenfalls Probleme macht. Wenn *Selim* durch sprachtherapeutische Hilfen den (bestimmten) Artikel konsequent zu verwenden lernt, kann er auch das Kasussystem erwerben.

3.5.2 Sprachtherapeutisches Vorgehen und Erweiterung grammatischer Fähigkeiten

Unter dem Einfluss von sprachwissenschaftlichen Fragestellungen und einer veränderten Sicht von sprachlicher Bildung setzt das sprachtherapeutische Handeln bei den individuell vorhandenen Fähigkeiten eines Kindes an. Die linguistische Analyse beschreibt das Sprachsystem eines Kindes und prognostiziert die nächste Entwicklungsstufe. Die Strukturierung von Spielsituationen ist eine Voraussetzung, dass ein Kind lernt, seine sprachlichen Strukturen zu erweitern. Es wird versucht, einem Kind grammatische Strukturen, die in seiner nächsten Entwicklungsphase liegen, durch das gemeinsame Handeln und durch Modellierungsformen anzubieten, damit es diese übernehmen und in sein eigenes Sprachsystem integrieren kann. Anregungen für ein sprachtherapeutisches Vorgehen geben Dannenbauer (2002) und Motsch (2010).

Im Unterschied zu einer künstlichen Übungstherapie versucht eine entwicklungsproximale Therapie, die weitere sprachliche Bildung zu unterstützen, indem in dialogischen Formaten über Sprachverstehen und Produktion ausgewählte sprachliche Formen angeboten werden. „Da die Bedingungen eines natürlichen Spracherwerbs für diese

Kinder nicht ausreichend waren, um alters- und umweltentsprechende Sprachfähigkeiten ausbilden zu können, wird von der Annahme ausgegangen, dass die Kinder einen besonderen Zugang zur Sprache brauchen, der ihnen Spracherfahrungen bietet, die ein erhebliches Mehr von dem enthalten, was im normalen Spracherwerb eher unsystematisch und beiläufig enthalten ist: z. B. Begrenzung und Spezifizierung des Inputs, erhöhte Deutlichkeit, Kontrastivität, Frequenz und Rekurrenz gezielter Strukturvermittlung, klare Referenz- und Funktionsbeschreibungen der Zielformen, motivierende und orientierende Sach- und Interaktionskontexte ...". (Dannenbauer 2002, S. 137)

Zahlreiche Kinder – vor allem Kinder mit Deutsch als Erstsprache – zeigen eine asynchrone Entwicklung beim Erwerb von Syntax und Morphologie der deutschen Grammatik. In einigen Bereichen der Grammatik haben sie entsprechend der Phasen von Clahsen eine höhere Stufe des Erwerbs erreicht, während sie in anderen Bereichen stagnieren. Weiterhin weisen sie in anderen sprachlichen und nichtsprachlichen Bereichen alters- und entwicklungsangemessene Fähigkeiten auf, so dass der Schwerpunkt der Sprachtherapie auf der Erweiterung grammatischer Fähigkeiten liegt. Dass es Kinder mit Schwierigkeiten beim Erwerb der Grammatik gibt, die vor allem aber im Zusammenhang mit semantischen Schwierigkeiten zu sehen sind, zeigt Kapitel 3.4.

Die sprachtherapeutische Förderung von Jasmin setzt bei der Grammatik an und nicht bei der Semantik. Gute semantische Fähigkeiten zeigen sich z. B. darin, dass in den transkribierten 40 Äußerungen von Jasmin 17 verschiedene Verben vorkommen: anfangen, angucken, aufpassen, aussehen, austeilen, essen, fehlen, geben, gewinnen, holen, machen, mischen, mitspielen, sagen, stehlen, turnen und wissen.

Manche Kinder benötigen eine sprachtherapeutische Unterstützung beim Erwerb der Aussprache und der Grammatik. Die Therapie sollte möglichst dort beginnen, wo die Kommunikation am meisten beeinträchtigt ist (Dannenbauer 2002; Füssenich/Heidtmann 1995). Bei manchen Kindern kann zuerst eine Sprachebene im Vordergrund der Therapie stehen. Um den verschiedenen Schwierigkeiten gerecht zu werden, ist ein Wechsel der Sprachebenen sinnvoll.

Bei manchen Kindern bietet es sich an – sofern sie nicht überfordert sind –, bei der Therapie mehrere Sprachebenen zu berücksichtigen.

Die Schwierigkeiten von Mirco lagen beim Erwerb der deutschen Grammatik und bei der Erweiterung des Aussprachesystems (vgl. Kap. 4). Für die Therapie galt es, einen Rahmen zu finden, der Mircos Interessen entgegenkam, einer für alle Beteiligten akzeptablen Handlungssituation entsprach und nach Möglichkeit seine Probleme mit der Grammatik und der Aussprache berücksichtigte (Füssenich/Heidtmann 1995; Füssenich 1992). Es wurden zunächst ein speziell auf die Aussprache abgestimmtes Quartett-Spiel und ein Würfelspiel entwickelt. Seine biografischen Daten sowie seine Fähigkeiten und Schwierigkeiten beim Erwerb der Aussprache sind in Kapitel 4 dargestellt.

Da der Junge in der Sprachtherapie zunächst seine Konzentration auf die Erweiterung seiner Aussprache legte, zeigte er kaum Änderungen bei der Verbstellung (zu seinen

Fähigkeiten und Schwierigkeiten beim Erwerb der Grammatik vgl. Kap. 3.5). In Aussagesätzen behielt er die Verbendstellung bei: „Du gewonnen haben“ oder „Du nicht gucken“. Bei Entscheidungsfragen wählte er dagegen die Verbzweitstellung. Eine Inversion von Subjekt und Verb nahm er nicht vor: „Du haben Amsel Nummer vier?“. Dabei äußerte er das Verb meist im Infinitiv.

In einigen wenigen Äußerungen zeigten sich allerdings Fortschritte. Mirco äußerte das Verb bereits an 2. Stelle im Satz und zeigte erste Subjekt-Verb-Kongruenzen: „Ich will gewinnen“, „Iris, ich meint“ und „Nun ich haben sieben“. Es zeigte sich weiterhin, dass er zahlreiche Wortarten und Satzglieder ausließ. Es gab zunächst keine Äußerung, in der er ein Kopula-Verb äußerte. Es ist davon auszugehen, dass er noch keine Kopula-Verben verwendete. Vermutlich fehlten ihm die syntaktischen Voraussetzungen für ihren Erwerb. Er äußerte: „Wa de?“ (Zielstruktur: Was ist das?) und „Das Dach nicht so babyleicht“ (Zielstruktur: Das Dach ist nicht so babyleicht). Über den Gebrauch des Genus ließen sich zu Beginn der Therapie keine Aussagen machen. Trotz umfangreicher Sprachproben gab es kaum Äußerungen mit Artikel, z. B.: „Du haben grüne Fahne?“. Einige wenige beherrschte er in der weiblichen Form: „Du haben die gelbe Fahne?“. Der Akkusativ wurde entweder korrekt (siehe letztes Beispiel) oder durch den Nominativ ersetzt: „Wer reinrufen?“.

Nach der genauen Analyse wurde deutlich, warum sich das Kind „keine längeren Sätze und kleinen Verschen“ merken konnte. Ein Kind, das derartige Probleme mit der Verbendstellung hat, kann solche Anforderungen nicht erfüllen, was allerdings wenig mit „geringer Merkfähigkeit“ zu tun hat (vgl. Kap. 4.5.1).
Aufgrund der ausgewählten Spiele hatte Mirco in kurzer Zeit sein System der Aussprache der sprachlichen Umgebung angepasst (vgl. Kap. 4.5.2). Durch die Wiederkehr des Spielrahmens und der modellierenden Sprache übernahm Mirco viele Äußerungen und integrierte sie in sein Grammatiksystem. Dies zeigen seine Korrekturen im Bereich Grammatik. Zunächst korrigierte er seine Sprache aufgrund von Rückmeldungen der Kommunikationspartnerin. Danach korrigierte das Kind seine Sprache eigenständig.

K: **Du hab** Ampel Nr. 4?
E: Wie?
K: **Hast du** Ampel Nr. 4?
K: **Du ha/hast du** Ampel Nr. 2?
K: **Du hast/hast du** Golf Nr. 3?
Du **h/hast du** Golf Nr. 4?

Jedoch belegten andere Äußerungen, dass er weiterhin die Verbendstellung bevorzugte und keine Subjekt-Verb-Kongruenz vornahm. So wurde ein neues Spielformat gewählt, das dem Jungen die Verbzweitstellung und die Subjekt-Verb-Kongruenz näherbringen sollte. Da Mirco kurz vor der Einschulung stand, und er Interesse für Schrift entwickelt hatte, wurde mit ihm in der Therapie Schule gespielt und ein eigenes Lesebuch erstellt. Die Wahl dieses Handlungsrahmens hatte den Vorteil, die Gegenständlichkeit der geschriebenen Sprache (vgl. Kap. 5) zu nutzen. Mit der Schrift lernen

Kinder, Sprache als gegenständliche, dauerhafte optisch zur Verfügung stehende Sprache zu erkennen. Damit wird die Konzentration auf die Aufmerksamkeit von der bedeutungs- und inhaltsbezogenen Ebene auf die Form und die Struktur von Sprache ausgeweitet. Die Sprache kann einer wiederholten Betrachtung und bewussten Analyse unterzogen werden, was bei der Flüchtigkeit von lautsprachlichen Äußerungen kaum möglich ist. In der Auseinandersetzung mit Schrift werden sprachliche Regeln entdeckt, die sich rückwirkend auch positiv auf die Entwicklung der gesprochenen Sprache auswirken können.

Mit einer entsprechenden Ausstattung, einer alten Schulbank, einer Tafel und einem Schulranzen, wurde eine Schulkulisse geschaffen, in der es Spaß machte, zu spielen. Durch eine Mitspielerin konnten einzelne Handlungen gut koordiniert werden und das Vor- und Nachmachen erhielt echten Spielcharakter. Mirco machte es Spaß, Schule zu spielen. Die Einheit dauerte vier Sitzungen. In der ersten wurde der Handlungsrahmen „Schule spielen" geschaffen. Es wurde u. a. Mircos Ranzen, den er eine Woche zuvor geschenkt bekommen hatte, angeschaut, auf den Rücken geschnallt, und es wurden Fotos gemacht. Ebenfalls wurden zunächst die Rollen verteilt: Mirco und die Mitspielerin waren der/die Schüler/in und die Sprachtherapeutin die Lehrerin. Abschließend malten die beiden Schüler ein Bild von einer Schule, das später ins eigene Lesebuch aufgenommen wurde. In der zweiten Sitzung wurden die ersten Seiten eines Lesebuchs erstellt. Auf die erste Seite wurde das eigene Bild mit dem Ranzen geklebt, und jeder Schüler bekam das Pronomen „ich" und den Stamm des Verbs „gehen" in einzelnen Großbuchstaben. Die Buchstaben mussten nach dem Vorbild des Tafelbildes richtig zusammengesetzt unter das Bild geklebt und das fehlende Endmorphem – die Lehrerin gab vor, es vergessen zu haben – bei der Verbform ergänzt werden. Die zweite Seite wurde mit dem Bild des Mitschülers bzw. der Mitschülerin beklebt und analog zur vorherigen Vorgehensweise nun mit dem Namen des Banknachbarn/der Banknachbarin und der entsprechenden Verbform untertitelt. Das selbst gemalte Bild einer Schule stellte die dritte Seite dar und ergänzte die Subjekt-Verb-Sätze der ersten Seiten.

Die Sätze wurden mit wechselnden Rollen gelesen. Hiermit wurde dem Kind die Verbzweitstellung und die Subjekt-Verb-Kongruenz auf verschiedenen Ebenen vermittelt: erstens durch das eigenständige Schreiben und das selbstständige Ergänzen des grammatischen Morphems und zweitens durch das Vorlesen des Geschriebenen, wobei die Unterschiede in der gesprochenen Sprache zwischen der ersten und dritten Person auch optisch sichtbar wurden. Drittens erhielt das Kind durch den Rollenwechsel beim Vorlesen ein Modell, an dem es sich orientieren konnte. In der dritten Sitzung wurde der Einband des Buches erstellt und das Deckblatt beschriftet. Bei den Tätigkeiten lochen, kleben, heften etc. haben sich die beiden Schüler gegenseitig geholfen. Mirco wünschte die Vorbildfunktion der Mitschülerin, was sich darin zeigte, dass sie bestimmte Handlungen wie Vorlesen zuerst ausführen musste. Es wurde offensichtlich, wie Mirco sich an ihrem Lesen orientierte und sie imitierte. Weiterhin wurde in der Stunde gerechnet, was dem Kind großes Vergnügen bereitete. Selbstverständlich gab es auch einen Rollenwechsel: Alle übernahmen die Lehrerrolle und auch die Rolle der Schüler, so dass jeder Aufgaben stellte, die die anderen lösen mussten. Auf einem weiteren Blatt des Büchleins wurden die erste und die zweite Person Singular Präsens der Verben rechnen, malen, und schreiben durch Symbole verständlich gemacht und in der ersten und zweiten Person Singular konjugiert (Abb. 22). Die Auswahl der Verben erfolgte aufgrund des Situationszusammenhangs „Schule spielen“.

Abb. 22: Aus dem Lesebuch der Mitschülerin

Mirco war nicht nur motiviert und konzentriert beim Spiel, sondern fühlte sich auch in seiner Rolle als zukünftiges Schulkind angesprochen. Er bemühte sich, die „Aufgaben der Lehrerin“ gewissenhaft zu erfüllen und orientierte sich dabei an seiner Mitschülerin. Die Leseaufgaben konnte er durch die Bilder und Symbole jederzeit selbstständig lesen. Stolz las er nicht nur im „Unterricht“, sondern zeigte sein Buch auch seiner pädagogischen Fachkraft und seinen Eltern, denen er gerne eine Kostprobe des Neugelernten vorführte. Die Leseaufgaben waren so strukturiert, dass er – wie selbstverständlich – die Verbzweitstellung „lesen“ musste. Die Subjekt-Verb-Kongruenz las er immer richtig, wenn er das Vorbild der Mitschülerin noch präsent hatte. Ansonsten schwankte er zwischen korrekter Verbform und der Infinitivform; dabei wurde er nicht korrigiert. Wenn beim Spiel das Gespräch auf das Geschriebene kam, erkannte Mirco, dass es nicht „ich rechnen“ und „du rechnen“ heißen kann, da die Wörter mit verschiedenen Graphemen enden.

Das Lesebuch nahm Mirco mit in die Sommerferien und hat es hoffentlich noch oft gelesen. Die weitere Kooperation zwischen Klassenlehrerin und Sprachtherapeutin, die sich beide verstärkt an den Vorteilen der Schrift orientieren konnten, müsste einen schnellen Abbau noch vorhandener Probleme mit der gesprochenen Sprache bewirkt haben.

4 Aussprache: Blick auf Kinder – Blick auf Erwachsene

4.1 Zum Beispiel *Leo, Mirco* und andere Kinder

Leo ist vier Jahre alt und seine Erstsprache ist Deutsch. Er äußert:

Kindliche Äußerung	Zielstruktur	Kindliche Äußerung	Zielstruktur
Duhl	**St**uhl	**B**au	**Fr**au, **S**au
Baster	**Pfl**aster	Fis	Fi**sch**
Dachen	**Dr**achen	**d**eiben	**schr**eiben
Ka**l**otte	Ka**r**otte	**D**ane	**Schl**ange
Dos	**Fr**osch	**Kikik**	**S**i**g**ri**d**

Diese wenigen Äußerungen zeigen, wie unverständlich die Aussprache des Kindes ist. Eltern und Geschwister hören sich in die Sprache von Kindern ein und deshalb fallen ihnen oft die Schwierigkeiten nicht gleich auf. Pädagogische Fachkräfte berichten, dass andere Kinder manchmal als „Übersetzer" tätig sind, denn auch sie haben sich in die Sprache ihrer Spielpartnerin eingehört. Gehen Eltern zu Kinderärzten oder anderen Fachleuten und erkundigen sich, ob die sprachliche Bildung ihres Kindes normal verläuft, hören sie nicht selten den Rat, abzuwarten, die Probleme würden die Kinder bald überwinden. Doch nach welchen Kriterien lässt sich erkennen, ob der Erwerb der Aussprache in normalen Bahnen, verzögert oder in ungewöhnlichen Erwerbsphasen verläuft?

Trotz der Unverständlichkeit ist die Aussprache von Leo regelgeleitet:

- /d/ wird geäußert für /d/, /scht/, /schr/, /schl/ und für /fr/:
  Dachen (**Dr**achen), **D**uhl (**St**uhl), **d**eiben (**schr**eiben), **D**ane (**Schl**ange), **D**os (**Fr**osch)
- /b/ wird für /b/, /pfl/, /f/ und /s/ verwendet:
  Baster (**Pfl**aster), **B**au (**Fr**au, **S**au)
- /r/ wird durch /l/ ersetzt:
  Ka**l**otte (Ka**r**otte)
- Mehrfachkonsonanz wird auf einen Konsonanten reduziert:
  Dachen (**Dr**achen), **D**os (**Fr**osch), **D**uhl (**St**uhl), **d**eiben (**schr**eiben), **D**ane (**Schl**ange), **B**aster (**Pfl**aster)
- /s/ wird nur in der Wortmitte (Pflaster) und am Wortende (Fi**s** statt Fi**sch**) geäußert. Am Wortanfang wird es durch /b/ ersetzt (**B**au statt **S**au)

- Das Wort „**Sigrid**" spricht der Junge [**Kikik**] aus: Er nimmt eine Lautangleichung vor: /g/ in der Wortmitte wird durch /k/ ersetzt, und der vordere Laut [s] und der hintere Laut [t] werden an /k/ angeglichen.

Welche Konsequenzen ergeben sich bei *Leo* für die sprachliche Bildung und die Sprachförderung? Oder benötigt das Kind sogar eine Sprachtherapie? Um diese Fragen zu beantworten, ist ein Blick in die sprachwissenschaftlichen Grundlagen zur Aussprache erforderlich, die in den Teildisziplinen der Linguistik (Phonologie und Phonetik) beschrieben sind. Auf das Kind *Leo* wird in Kapitel 4.3 erneut eingegangen.

4.2 Sprachwissenschaftliche Grundlagen der Phonologie und Phonetik

Die folgenden Ausführungen zu den sprachwissenschaftlichen Grundlagen stellen die Basis für die Ausführungen zur sprachlichen Bildung und zur Sprachförderung sowie dem Erkennen von möglichen Schwierigkeiten in der Aussprache dar. Sie sind ebenfalls erforderlich für das diagnostische Vorgehen, von dem Schritte für eine Sprachtherapie abgeleitet werden.

Wir sprechen Laute und schreiben Buchstaben (vgl. Kap. 5). Da Erwachsene die Sprache über den Filter der geschriebenen Sprache wahrnehmen, trennen sie oft nicht zwischen Lauten und Buchstaben. Sie meinen dann, dass wir Buchstaben sprechen und glauben oft in dem Wort „Hund" am Ende ein [d] zu hören, obwohl es in der deutschen Sprache die Auslautverhärtung gibt: Es werden zahlreiche stimmhafte Laute am Wortende stimmlos gesprochen. Kinder ohne Schriftkenntnisse nehmen Sprache über die mündliche Sprache wahr und hören selbstverständlich ein [t] am Ende des Wortes „Hund". Manchen Buchstaben werden unterschiedliche Laute zugeordnet, z. B. wird der Buchstabe <d> im Wort „Dose" als [d] gesprochen. Doch in dem Wort „Hund" wird dieser Buchstabe als Laut [t] realisiert. Das Wort „Schaf" besteht aus fünf Buchstaben, aber nur aus drei Lauten [sch-a-f].

Die Phonologie beschäftigt sich mit den Funktionen, den Eigenschaften und der Verteilung sprachlich relevanter Lauteinheiten. Die Grundeinheit in der Phonologie ist das Phonem: die kleinste bedeutungsunterscheidende Einheit. So sind /k/ und /t/ zwei Phoneme, denn sie haben eine bedeutungsunterscheidende Funktion. Am Beispiel von Minimalpaaren zeigt sich dies: Wird das /k/ im Wort „Kanne" durch /t/ ersetzt, entsteht ein neues Wort: „Tanne".

Die Phonetik beschäftigt sich mit der Bildung einzelner Laute. Die Grundeinheit ist der Laut (Phon). Ein Laut ist die Realisierung eines Phonems. Das Wort „Sonne" bleibt erhalten, auch wenn das [s] gelispelt wird.

Laute

Jeder Sprachlaut kann schriftlich in Form einer phonetischen Umschrift dargestellt werden, z. B. wird das [sch] in der phonetischen Umschrift als [ʃ] verschriftet. Im Folgenden wird auf die phonetische Umschrift verzichtet (außer in Kapitel 4.5), stattdessen werden die Laute in Buchstaben verschriftet, z. B. <p> für [p]. Sofern keine Übereinstimmung zwischen der Verschriftung von Lauten durch Buchstaben möglich ist, werden ergänzend zum Buchstaben Wörter mit entsprechendem Laut aufgeführt: z. B. [f] in Fass und vier.
Im Folgenden werden Buchstaben in Klammern < > verschriftet; Laute in eckigen Klammern [ ] und Phoneme in folgenden Zeichen / / wiedergegeben.

Laute werden unterschieden in Vokale, Konsonanten und Diphtonge:

Vokale (Selbstlaute)	Diphtonge (Doppellaute)	Konsonanten (Mitlaute)
a, e, i, o, u ä, ö, ü Vokale werden kurz oder lang gesprochen. Beispiel: Mitte (kurz) – Miete (lang)	au (**Au**to, ei (**Ei**s), eu (h**eu**te)	p; b; t; d; k; g f **F**ass, **v**ier; v **w**as **V**ase; s Bu**s**; s **S**onne; sch **Sch**ule [ʒ] Gara**g**e; ch i**ch**; j; ch a**ch**; h m; n; ng Ri**ng** l r; R (rollend) pf, ts

An der Lauterzeugung sind die Atmung, die Stimmgebung und die Lautbildung beteiligt. Vor allem längere Äußerungen lassen sich durch prosodische Merkmale beschreiben. Dies sind vor allem Tonhöhe, Betonung, Akzent, Rhythmus, Sprechtempo und Lautstärke.

Überblick über das Konsonantensystem im Deutschen

Um das Aussprachesystem von Kindern zu erfassen, reicht es in der Regel, wenn der Erwerb der Konsonanten genauer betrachtet wird (Abb. 23). Konsonanten werden unterschieden nach

- Artikulationsort
- Artikulationsart
- Stimmgebung: stimmlos (stl.) und stimmhaft (sth.)

Artikulationsort		
labial	mit den Lippen	p; b; m; pf
labio/dental	Lippen und Zähne	f **F**ass, **v**ier; v **w**as, **V**ase
dental/alveolar	Zähne/Zahndamm und Zungenspitze	t; d; s Bu**s**; s **S**onne; n; l; r; ts
palatal/alveolar	Zahndamm und harter Gaumen	sch Bu**sch**; [ʒ] Garage
palatal	harter Gaumen	ch ich; j
velar	weicher Gaumen	k, g, ch Da**ch**; ng Ri**ng**
uvular	Zäpfen	R (rollend)
glottal	Stimmlippen	h; ? (Glottisschlag)

Artikulationsart		
Plosiv (Verschlusslaut)	Luftstrom wird im Mundraum gestoppt.	p; b; t; d; k; g
Frikativ (Reibelaut)	Luftstrom fließt kontinuierlich und reibt sich an einem Hindernis	f **F**ass, **v**ier; v **w**as, **V**ase; s Bu**s**, s **S**onne, sch Bu**sch**; [ʒ] Gara**g**e; j ch i**ch**; ch Da**ch**; h
Nasal	Luft tritt durch die Nase aus	m; n; ng Ri**ng**
Lateral	Luft entweicht seitlich	l
Vibrant	Artikulationsorgan schwingt	r, R (rollend)
Affrikat	Kombination von Plosiv und Frikativ	pf, ts

Stimmgebung: stimmlos (stl.) oder stimmhaft (sth.)	
stimmlos	p, t, k, f **F**ass **v**ier, s Bu**s**, sch Bu**sch**, h, ch i**ch**, ch Da**ch** (Glottisverschlusslaut:) ʔ, pf, ts
stimmhaft	b, d, g, v **V**ase **w**as, s **S**onne, [ʒ] Gara**g**e, j, m, n, ng Ri**ng**, l, r, R (rollend)

2. Artikulationsart / 1. Artikulationsort (vorne gebildet → hinten gebildet)	labial	labio/ dental	dental/ alveolar	palatal/ alveolar	palatal	velar	uvular	glottal
Plosiv								
stl.	p **P**ein		t **T**ier			k **K**arten		ʔ
sth.	b **B**ein		d **d**ir			g **G**arten		Glottis-schlag
Frikativ								
stl.		f **v**ier, **F**ass	s Bu**s**	sch Bu**sch**	ch i**ch**	ch Da**ch**		h **H**ose
sth.		v **V**ase, **w**as	s **S**onne	[ʒ] Gara**g**e	j **J**acke			
Nasal	m **M**utter		n **N**ase			ng Ri**ng**		
Lateral			l **L**ippe					
Vibrant			r **R**ose				R gerollt	
Affrikat	pf A**pf**el		ts **Z**ange Ka**tz**e					

Abb. 23: Überblick über das Konsonantensystem der deutschen Sprache

Im Wort- und Silbenanlaut sind Vokale vom vorhergehenden Laut durch einen Knacklaut (Glottisverschlusslaut) getrennt, z. B. bei „beʔenden" oder bei „Baumʔast".

Mehrsprachig aufwachsende Kinder müssen das **Aussprachesystem der deutschen Sprache** genauso wie einsprachige Kinder erwerben. Wenn mehrsprachige Kinder bereits über Lautstrukturen in ihrer Erstsprache verfügen, müssen sie sich erst in die Laute und die Sprachmelodie der deutschen Sprache einhören. Sie werden Gemeinsamkeiten und auch Unterschiede zwischen den Sprachen wahrnehmen. Dabei kann der Erwerb der deutschen Sprache in einer anderen Reihenfolge als in der Erstsprache erfolgen. Kinder lassen manchmal Laute zunächst weg, die es in ihrer Erstsprache nicht gibt, oder sie übertragen Laute der einen Sprache in das System der anderen.

Im Folgenden werden exemplarisch einige Besonderheiten des türkischen und des russischen Lautsystems dargestellt.

Sprachen der Kinder

Im Türkischen ...

Vokalharmonie: In jedem echten türkischen Wort kommen entweder nur helle Vokale (e, i, ö, ü) oder nur dunkle Vokale (a, o, u, ä) vor.

Es stehen nie zwei Vokale in einem Wort nebeneinander. Es gibt also kein /au/, /ei/ oder /eu/.

Die erste Silbe fängt nie mit zwei Konsonanten an. Es gibt z. B. kein /kl/ wie in „**Kl**ammer".

Manche Menschen mit Erstsprache Türkisch setzen zwischen die Konsonanten einen Vokal, der Sproßvokal genannt wird, z. B.: „Kölün (Köln), Düsburug (Düsburg), Schiepigel (Spiegel), Schututtgart (Stuttgart), Schitrasse (Straße) (Hatice 2005, S. 16 f.).

Stimmhaftigkeit/Stimmlosigkeit ist vorhanden, hat aber keine bedeutungsunterscheidende Funktion wie im Deutschen, z. B. bei den Wörtern „Pein" und „Bein".

In Deutschland lebende Türken werden als „Almanci" bezeichnet. Ihr Türkisch unterscheidet sich in der Aussprache und im Wortschatz vom „Originaltürkisch".

Im Russischen ...

Die Wortbetonung kann unterschiedliche Bedeutung ausdrücken. Sätze unterscheiden sich durch die Betonung und nicht wie im Deutschen durch die Verbstellung.

Vokale werden gleich lang gesprochen. Es gibt keine kurzen und langen Vokale wie in der deutschen Sprache (Mitte – Miete).

Vokale werden meist weiter hinten (velarer) gesprochen.

Es gibt mehr Konsonanten als im Deutschen. Sie werden ebenfalls hinten gesprochen (palatal und velar).

Stimmhaftigkeit/Stimmlosigkeit ist vorhanden, hat aber keine bedeutungsunterscheidende Funktion wie im Deutschen, z. B. bei den Wörtern „Pein" und „Bein".

4.3 Sprachliche Bildung auf phonetisch-phonologischer Ebene

Bereits in den ersten Lebenswochen teilen Kinder ihre Bedürfnisse über das Schreien mit. Bezugspersonen geben diesem Schreien eine Bedeutung und können die unterschiedlichen Bedürfnisse, die ein Kind dann ausdrückt, wahrnehmen. Später trainieren Kinder ihre Lautfähigkeit, indem sie Laute, die sie noch nie gehört haben, realisieren. Kinder geben unterschiedlichste Geräusche von sich und lieben Lautspiele mit Erwachsenen (Jampert u. a. 2011, S. 76). Anschließend reduzieren Kinder das Lautrepertoire, um sich die Laute der Umgebungssprache allmählich anzueignen. Gehörlose Kinder stellen in der Regel dann das Lallen ein.

Wie auf allen Sprachebenen erwerben Kinder die Aussprache ihrer Umgebungssprache(n) in Phasen. Dabei vereinfachen sie das Aussprachesystem der Erwachsenen. Diese regelgeleiteten Abweichungen von der Erwachsenensprache werden phonologische Prozesse genannt.

Der Vater von dem kleinen Max heißt Vol**k**er. Der Junge nannte ihn bis zum dritten Lebensjahr „Vol**t**er", denn er ersetzte /k/ durch /t/ wie fast alle Kinder in dem Alter.

Kinder verstehen meist die Äußerungen der Erwachsenen, sprechen aber dieselben Wörter zunächst oft anders aus. Es liegt die Vermutung nahe, dass Kinder über zwei Repräsentationsformen eines Wortes verfügen. Dem Sprachverstehen liegt die Repräsentation der Aussprache der Erwachsenen zugrunde, während die Sprachproduktion von dem eigenen Aussprachesystem bestimmt ist, das mit phonologischen Prozessen beschrieben wird.

So sagt Mirco zum Wort Sieb „Piep". Als eine Kommunikationspartnerin das Wort wie er ausspricht, sagt Mirco: „Sag ruhig Piep" und meint, so heißt das Wort nicht. Mirco zeigt mit dieser Antwort, dass er die Unterschiede zwischen Sprachverstehen und Sprachproduktion eines Wortes wahrnimmt.

In der Literatur über die sprachliche Bildung im Kontext der Aussprache wird kaum unterschieden zwischen Kindern mit Deutsch als Erst- oder Zweitsprache.

Phonologische Entwicklung

Perzeption (Sprachwahrnehmung) und *Produktion* stellen zwei Aspekte der sprachlichen Bildung dar. Beide Bereiche nähern sich langsam an. Die folgende Darstellung orientiert sich an Hacker (2002).

Perzeption	
Säugling	unterscheidet Stimmen von Geräuschen Die Perzeptionsentwicklung erstreckt sich über mehrere Jahre und schreitet der Lautproduktion leicht voraus.

Produktion	
Prälinguistisches Stadium	
Geburt	*Schreien* (Die Umgebung unterstellt dem Kind die Absicht, Mitteilungen zu machen: Hunger und Schmerz werden mit verschiedenen Formen des Schreiens identifiziert.)
ab 6. Lebenswoche	*Gurrlaute* (meist: Kind fühlt sich wohl); meist Vokale *Lallen* (Kind erwirbt sprechmotorische Fertigkeiten) Vielfalt an Lauten, die nicht zur Umgebungssprache des Kinder gehören. Gehörlose Kinder stellen anschließend in der Regel das Lallen ein. Erste Wörter: Referenzbezug Annäherung an Laute der Umgebungssprache: Verlagerung auf die vorderen Laute (p, m ...) danach: t, d, n Lautfolgen: mamman, dadada
Phonologie der ersten 50 Wörter	
	Lexikalisches Lernen erfolgt zuerst (und nicht die Aussprache) Typische Strukturen: K (Konsonant), V (Vokal) KV (da), KVKV (Mama) VKV (Vater, ata) KVKVK (Mumum) Meist Plosive und Nasale: p, b, t, d, m, n Vokale: a, i, u
Erwerb des phonologischen Systems*	
	Erste Zwei-Wort-Äußerungen und Wortschatzspurt Kinder vereinfachen regelgeleitet das Aussprachesystem der Erwachsenen.

Silbenstrukturprozesse Die Silbenstruktur von Wörtern wird verändert.	
Auslassung unbetonter Silben	Nane (Ba**nane**), put (ka**putt**)
Vereinfachung mehrsilbiger Wörter	Lade (Schoko**lade**), Tive (Lokomo**tive**)
Silbenwiederholungen	**da**da (da), Baba (**Ba**ll)
Auslassung von Endkonsonanten	Da (Da**ch**)
Reduktion von Mehrfachkonsonanz**	**B**ett (**Br**ett), Lammer (**Kl**ammer)
Assimilationsprozesse** = Lautangleichungen (Laute werden innerhalb einer Lautgruppe angeglichen)	
Labialassimilation	**B**abel (**G**abel); **P**am (**K**a**mm**), **pap**ut (**kap**utt)
Velarassimilation	**K**i**k**en (**K**i**ss**en), **B**an**k** (**G**an**k**)
Prävokalische Stimmgebung	**T**asche (**D**asche), **K**amm (**G**amm)
Substitutionsprozesse = Ersetzungsprozesse	
Alveolarisierung (= Vorverlagerung, vgl. Kap. 4.4 und 4.5)**	Fi**s** (Fi**sch**), **K**asse (**T**asse)
Velarisierung	Be**k** (Be**tt**), **K**anne (**T**anne)
Labialisierung	**V**ak (**S**ack); Ha**b**e (Ha**s**e)
Plosivierung**	**P**uppe (**S**uppe), Am**p**el (Am**s**el)
Frikativierung	To**f** (To**pf**), **S**ange (**Z**ange)
Affrizierung	Bu**sch** (Bu**ts**), Lö**ff**el (Lö**pf**el)
Vervollkommnung des phonologischen Systems 4 bis 5 Jahre (bis 8 Jahre)	
	Erweiterung der Laute der Umgebungssprache Schrift ermöglicht, Sprache lautlich zu segmentieren.
Weitere Prozesse, z. B. :	
Öffnung**	**R**eis (**H**eis)
Entstimmlichung	**G**arten (**K**arten)

* Die im Folgenden dargestellten Prozesse treten parallel auf.

** siehe Schwierigkeiten beim Erwerb der Aussprache (Kap 4.5)

Kinder erweitern ihr System der Aussprache meist in folgender Reihenfolge:

- Vokale [a, e, i ...] – Plosive [p, b ...] – Nasale [m, n ...] – Frikative [f, s, sch ...] – Affrikate [pf, ts]
- Zuerst Laute, die vorne gebildet werden [p, b, m ...]; es folgen hintere Laute [k, g, sch ...]
- Einzelkonsonanten vor Mehrfachkonsonanz: [**B**ett vor **Br**ett ...]
- Artikulationsarten [p, b, f, m ...] vor Artikulationsorten [g, k, sch ...]
- Frikative [f, s, sch ...], [k] sowie Mehrfachkonsonanz [kl, schr ...] zuerst am Silben- oder Wortende und in der Wortmitte [Roc**k** vor **K**asse, Am**s**el vor **S**ahne]

Phonetische Entwicklung: Lauterwerb (Deutsch als Erstsprache)

Iven (2009, S. 46) fasst Untersuchungsergebnisse zusammen und gibt folgende Reihenfolge beim Erwerb von Lauten an. Dabei stellen die Altersangaben nur eine grobe Orientierung dar.

1. Lebensjahr	Labiale: [p, b, m] und Vokale; Lallmonologe; Silbenketten; mamamam
2. Lebensjahr	Alveolare: [t, d, n, l], erste Wörter: ata für Auto, baba für Baby
3. Lebensjahr	Erste Frikative: [f, v, s (stimmhaft)], erste Mehrfachkonsonanz: bla für blau, flassa für Flasche
4. Lebensjahr	Weitere Frikative: [ch, sch, s (stimmlos)] Velare wie [g, k] und [r] noch nicht sicher
5. Lebensjahr	Vorhandene Laute werden gefestigt, [s] und [sch] vorhanden; sie werden eventuell als Sigmatismus ausgesprochen. Es treten Mehrfachkonsonanz auf, z. B. Blume, fliegen ...
6. Lebensjahr	[s] und [sch] sind meist stabil, und schwierige Mehrfachkonsonanzen treten auf: Straße, Pflanze ...

Singer (2011, S.141) zeigt am Beispiel der Wörter „Schlüssel", „Spritze" und „Nacktschnecke", wie Kinder diese Wörter in verschieden Altersstufen aussprechen:
„Schlüssel: Lüsse (2;4), Lüssel (2;8), Slüssel (3;3), Schlüssel (5;10)
„Spritze: Bisse (2;3 Jahre), Bitze (2;9), S-pitze (4;2), S-pritze (4;9) Spritze (5;11)
Nacktschnecke: Nette (2;0); Nesse (2;4), Natnecke (2;7), Nacktnecke (3:1), Nacktsnecke (3;9),Nacktschnecke (5;10)".

75 Prozent aller Kinder mit Deutsch als Erstsprache haben im Alter von ungefähr drei Jahren alle Laute bis auf das [sch] erworben. Es ist kein Grund zur Beunruhigung, wenn Kinder die Konsonaten [k] und [g] später erwerben. Neue Laute werden nicht unbedingt sofort in allen Wörtern geäußert. Es kann sein, dass ein Kind z. B. [g] isoliert kann und in einigen Wörtern verwendet, doch das Wort „Jogger" weiterhin als „Joter" ausspricht.

Max hatte alle Konsonanten und auch [k] in sein System der Aussprache integriert, doch die Aussprache des Vornamens seines Vater änderte er zunächst nicht: Er nannte ihn weiterhin „Vol**t**er“ statt „Vol**k**er“.

Das Aussprachesystem des dreijährigen Nico (Schiefele 2008) ist seinem Alter und seiner Entwicklung angemessen. Deutsch ist seine Erstsprache. Er hat zahlreiche Konsonanten in seine Aussprache integriert. Er äußert

- Plosive [p, b, t, d]: **P**olizei, Ba**b**el (Gabel), **T**ier, **d**außen (draußen)
- Frikative [f, v, s, ch (ich), h]: **F**is (Fisch), **v**ei (**zw**ei), i**ch**, **H**unt (Hund)
- Andere Konsonanten [l, r, ts]: **L**ampe, Ta**r**te (Karte), **Z**irkus
- Erste Mehrfachkonsonanz: **Tr**ahn (Krahn), **Fl**utzeug (Flugzeug)
- Konsonanten, die weiter hinten gebildet werden: [k, g, sch, ng].

Es liegen noch folgende phonologischen Prozesse vor, die für seinen Entwicklungsstand angemessen sind:

- Einige Konsonanten verlagert er nach vorne.
  /k/ realisiert er als /t/ aus: **T**issen (**K**issen), **t**ommt (**k**ommt).
  /sch/ wird meist als /s/ realisiert: Fi**s** (Fi**sch**), Fro**s** (Fro**sch**).
- Bei Wörtern, die mit /sch/ und einem weiteren Konsonanten beginnen, lässt er das /sch/ aus: **M**etterling (**Schm**etterling), **N**abel (**Schn**abel).

Nico ist ein Jahr jünger als Leo (vgl. Kap. 4.1). Sein Lautrepertoire ist umfassender und differenzierter als das von Leo, dem älteren Kind. Nicos phonologische Prozesse entsprechen entwicklungsangemessenen Phasen, und es sind auch keine ungewöhnlichen Prozesse. Mehrfachkonsonanz ist vorhanden, wird aber noch teilweise ausgelassen. Dies zeigt, dass Nico dabei ist, seine Fähigkeiten zu erweitern. Die noch nicht vorhandenen Konsonanten [k] und [sch] wird er wahrscheinlich erst in der Wortmitte und am Wortende in sein Aussprachesystem übernehmen. Erst später werden diese Laute vermutlich am Wortanfang geäußert.

Die wenigen Äußerungen von Leo (vgl. Kap. 4.1) zeigen, dass sein Lautrepertoire eingeschränkt ist. Auffällig ist die Lautpräferenz, denn er ersetzt zahlreiche Konsonanten durch /d/. Dieser phonologische Prozess ist eher ungewöhnlich und zeigt, dass der Junge eine sprachtherapeutische Diagnose benötigt, von der sich eine theoriegeleitete Sprachtherapie ableiten lässt. Die wenigen Beispiele reichen, um zu erkennen, dass seine Aussprache nicht den Regeln der sprachlichen Bildung entspricht.

4.4 Sprachförderung auf phonetisch-phonologischer Ebene

Es gibt Kinder mit Deutsch als Erst- oder Zweitsprache, die „nur“ einen Sprachförderbedarf beim Erwerb der Grammatik und/oder der Aussprache aufweisen. Kinder mit Deutsch als Zweitsprache – aber nicht nur diese – haben in der Regel einen Sprachförderbedarf im Bereich des Bedeutungserwerbs, der sich auf den Erwerb pragmatischer und metasprachlicher Fähigkeiten auswirkt (vgl. Kap. 2 und die folgenden Beispiele). Weiterhin ist ggf. eine Unterstützung beim Erwerb der Grammatik (vgl. Kap. 3) und der Aussprache notwendig.

Adnan beherrscht im Alter von 4;7 Jahren alle Laute der deutschen Sprache in allen Wortpositionen. Er reduziert die Mehrfachkonsonanz. Sein Förderbedarf liegt darüber hinaus vor allem im Bereich der Erweiterung des Bedeutungserwerbs und dem Erwerb von Artikeln, Kasus und Äußerungen mit Präpositionen.

Auf den ersten Blick fielen die Probleme mit der Aussprache von Mia (4;0 Jahre alt, Erstsprache: Kroatisch) auf (Frey/Reyser 2008). Doch zeigte sich bei einer genauen Beobachtung des Kindes, dass das Mädchen vor allem Schwierigkeiten mit dem Bedeutungserwerb hatte und keine bestimmten Artikel verwendete. Ihre Fähigkeiten und Schwierigkeiten bei der Aussprache wurden sprachtherapeutisch erfasst. Die Ergebnisse wurden bei der Planung der Sprachtherapie berücksichtigt: Mia verwendete [l] nur am Wortende. [k] konnte sie isoliert sprechen, doch hatte sie diesen Laut noch nicht in ihr Aussprachesystem integriert. Die Förderung setzte beim Bedeutungserwerb an und griff ihr Thema Lebensmittel in Form von Regelspielen auf. Bei der Auswahl der Wörter wurde auch ihre Schwierigkeit mit der Aussprache berücksichtigt. Folgende Wörter enthalten [k] und [l]: Käse, Kaba, Zucker, Kuchen, Salat und Nutella.

Schwierigkeiten bei der Lautbildung

Die Artikulation gelingt durch abgestimmte Bewegungen von Zähnen, Kiefern, Lippen, Zunge und Wangen. Weiterhin ist eine normale Zahn- und Kieferstellung für eine korrekte Aussprache erforderlich. „Dieses Gleichgewicht von festen Strukturen und umliegenden Muskelgruppen ist jedoch störanfällig. Eine Veränderung im Mund- und Gesichtsbereich zieht oft viele andere Veränderungen nach sich. Das ganze System gerät ins Ungleichgewicht. Meist ist nicht herauszufinden, was die eigentliche auslösende Ursache war, weil oft mehrere der im Folgenden beschriebenen Störungen gleichzeitig in Erscheinung treten.“ (Giel/Tillmann-Karus 2006, S. 5) Dies sind im Einzelnen:

- Gewohnheiten wie Daumenlutschen
- Zahn- und Kieferfehlstellung
- Mundatmung
- Schluckstörungen

Die Ursachen gestörter Funktionen in Mund und Gesicht können dazu führen, dass Kinder Schwierigkeiten haben, Laute zu bilden bzw. sie richtig zu bilden. Diese Schwierigkeiten können auch bei Kindern mit spezifischen Krankheitsbildern auftreten wie Hörschädigungen oder anatomischen Veränderungen im Mund- und Gesichtsbereich (Hacker 2002, S. 28 f.).

Es kommt der Sprachförderung hierbei zwei Aufgaben zu: Zum einen müssen Eltern auf den Zusammenhang zwischen Lautbildung, ungünstigen Gewohnheiten von Kindern und Schwierigkeiten im Gesichts- und Mundbereich aufmerksam werden. Hierzu gehört auch der Hinweis auf eine diagnostische Abklärung, an der Medizinerinnen und Sprachtherapeutinnen beteiligt sind (Kittel 2011). Zum anderen können bei manchen Kindern mundmotorische Übungen für die Koordination der Gesichtsmuskeln hilfreich sein. Bei der Aussprache bedarf es abgestimmter Bewegungen aller am Sprechvorgang beteiligten Organe. Kinder, die von der genannten Problematik betroffen sind, benötigen vielfältige Anregungen zur Verbesserung der Beweglichkeit von Sprechwerkzeugen wie Lippen, Zunge und weichem Gaumen. Dies sind vorbereitende Übungen für die mögliche Anbildung von einzelnen Lauten, bevor diese in Silben und Wörtern eingesetzt werden. Auf derartige Schwierigkeiten wird im Folgenden nicht weiter eingegangen.

Schwierigkeiten beim Erwerb des Lautsystems

Es gibt Kinder, die sowohl Schwierigkeiten bei der Lautbildung als auch bei der Erweiterung des Lautsystems haben. Die meisten Kinder zeigen keine verursachenden Momente. Im Folgenden wird nur auf Kinder eingegangen, bei denen keine organischen Schwierigkeiten vorhanden sind. Kinder mit Sprachförderbedarf beim Erwerb des Lautsystems können in der Regel alle Laute bilden bzw. der Erwerb einzelner Laute ist im Kontext ihrer gesamten Entwicklung noch nicht erwartbar.

Schwierigkeiten beim Erwerb des Systems der Aussprache erkennen

Das Spielformat „Rollenspiel/Einkaufen" beherrscht Stephan bestens (vgl. Kap. 1. An seinen Äußerungen fällt die Aussprache einiger Wörter auf (Abb. 24).

Einkaufs-Spiel und Aussprache

Kindliche Äußerung	Zieläußerung	Prozess
dut	**g**ut	Vorverlagerung
Tind	**K**ind	Vorverlagerung
Tuchen	**K**uchen	Vorverlagerung
Do**d**en	Do**s**en	Lautangleichung/Plosivierung
Tasten	**K**asten	Vorverlagerung
Demüse	**G**emüse	Vorverlagerung

Einkaufs-Spiel und Aussprache		
Kindliche Äußerung	Zieläußerung	Prozess
Tartoffeln	**K**artoffeln	Vorverlagerung
Heis	**R**eis	Öffnung
Maga**h**ine	Marg**ar**ine	Öffnung
danzen	**g**anzen	Vorverlagerung
tochen	**k**ochen	Vorverlagerung
tank	**k**rank	Vorverlagerung, Reduktion von Mehrfachkonsonanz
delbst	**s**elbst	Plosivierung
ab**t**ocknen	ab**tr**ocknen	Reduktion von Mehrfachkonsonanz
Stümpfe	Strümpfe	Reduktion von Mehrfachkonsonanz
sticken	stricken	Reduktion von Mehrfachkonsonanz

Abb. 24: Kindliche Äußerungen bei einem Einkaufsspiel

Auch wenn in 34 Äußerungen Stephans Aussprache nicht der Erwachsenennorm entspricht, zeigt eine genauere Betrachtung, dass nur noch wenige phonologische Prozesse vorhanden sind. Stephan verlagert einige Laute nach vorne, was bei jedem Kind beim Erwerb des phonologischen Systems auftritt.

Vorverlagerung (Alveolarisierung)	/t/ setzt Stephan für /k/ ein: **T**uchen (**K**uchen), **T**ind (**K**ind), **T**asten (**K**asten) **t**ochen (**k**ochen), **T**artoffeln (**K**artoffeln), **t**ank (**k**rank), /d/ setzt Stephan für /g/ ein: **d**ut (**g**ut), **D**emüse (**G**emüse), **d**elbst (**s**elbst), **d**anzen (**g**anzen). Doch in dem Wort „tank" für „krank" ist das /k/ bereits am Wortende vorhanden.

Auch die Reduktion von Mehrfachkonsonanz ist ein Prozess der sprachlichen Bildung, der immer auftritt.

Reduktion von Mehrfachkonsonanz	/schtr/ wird reduziert auf /scht/: **St**ümpfe (**Str**ümpfe), **st**icken (**str**icken). /kr/ und /r/ werden reduziert auf /t/: tank (krank), ab**t**ocknen (ab**tr**ocknen).

In einigen Wörtern ersetzt Stephan den Frikativ /s/ durch den Plosiv /d/. Dies tritt nur in Wörtern auf, in denen er auch eine Lautangleichung vornimmt.

Plosivierung	/s/ wird ersetzt durch /d/: Do**d**en (Do**s**en), **d**elbst (**s**elbst)

Auffallend an der Aussprache ist, dass Stephan /r/ durch /h/ersetzt. Dieser Prozess gehört eher zu den ungewöhnlichen Prozessen, der – wenn überhaupt – nur sehr kurz bei der sprachlichen Bildung auftritt.

Prozess der Öffnung	/r/ wird durch /h/ ersetzt: **H**eis (**R**eis), Maga**h**ine (Marga**r**ine)

Anhand einiger Äußerungen zeigt Stephan, dass er dabei ist, sein Aussprachesystem zu erweitern. So verändert er bereits /s/ in einigen Äußerungen und nimmt keine Ersetzung mehr durch einen Plosiv vor. Im Wort „Demüse" wird /g/ am Wortanfang noch durch den Plosiv /d/ ersetzt. Das Wort „Kasten" spricht er einige Male korrekt aus. An anderer Stelle ersetzt er /k/ durch /t/ und sagt „Tasten". Ebenso beherrscht er die Mehrfachkonsonanz im Wort „Streichhölzer", auch wenn er sie in anderen Wörtern noch nicht anwendet.

4.4.1 Sprachliche Bildung beobachten und begleiten

Hacker (vgl. 2002, S. 29-34) führt Schwierigkeiten beim Erwerb des Aussprachesystems auf folgende vier Bereiche zurück:

1. Verzögerung bei der Überwindung phonologischer Prozesse
2. Ungewöhnliche Prozesse, z. B. Prozess der Öffnung
3. Lautpräferenz
4. Unausbalancierte Entwicklung

Phonologische Prozesse	Beispiele	Zieläußerungen
Verzögerungen*	Teller	Keller
Ungewöhnliche Prozesse, z. B. - Rückverlagerung - Öffnung	Gaga Keller Hose	Wasser Teller Rose
Lautpräferenz: Konsonanten einer Lautgruppe werden durch einen Konsonanten ersetzt.	Donne Dange Dot	Sonne Schlange Frosch
Unausbalancierte Entwicklung	Platte, Klammer (korrekt) Aber: Tap	 Schaf

* Siehe Fettdruck beim Erwerb des phonologischen Systems

Bei den oben dargestellten Äußerungen von Stephan treten mehrere phonologische Prozesse auf, die auf Schwierigkeiten beim Erwerb der Aussprache hinweisen. Zunächst fallen die Äußerungen auf, die auf eine Verzögerung bei der Überwindung phonologischer Prozesse hinweisen. Diese sind:

- Vorverlagerung
- Reduktion von Mehrfachkonsonanz
- Plosivierung

Stephan ist bereits sechs Jahre alt, und es sind mehrere Prozesse vorhanden, die Kinder in diesem Alter bereits überwunden haben. Dies ist ein Hinweis auf ein Warnsignal beim Erwerb der Aussprache. Weiterhin ist der Prozess der Öffnung vorhanden, der ebenfalls ein Indiz für Schwierigkeiten beim Erwerb der Aussprache darstellt.

Aufgabe von pädagogischen Fachkräften ist es, mögliche Schwierigkeiten und Stagnationen beim Erwerb des Aussprachesystems und der Lautbildung zu erkennen und Bezugspersonen auf die Notwendigkeit einer Sprachtherapie hinzuweisen. Anhand eines Beobachtungsbogens (Abb. 25) können pädagogische Fachkräfte die sprachliche Bildung von Kindern im Bereich der Aussprache beobachten und begleiten sowie Schwierigkeiten erkennen.

Neben biografischen Daten wie Alter, Erst-, Zweit- und Familiensprache und ggf. Kontaktdauer mit Deutsch als Zweitsprache sind phonologische Prozesse mit Beispielen dargestellt, die alle Kinder durchlaufen, die jedoch bei Kindern mit Schwierigkeiten länger auftreten. Weiterhin enthält der Bogen ungewöhnliche phonologische Prozesse, die bei der sprachlichen Bildung in der Regel nicht auftreten. Ebenfalls wird im Bogen festgehalten, wenn sich eine unausbalancierte Entwicklung zeigt, d.h. dass Kinder bereits phonologische Prozesse überwunden haben und bei anderen die weitere Entwicklung stagniert. Treten Schwierigkeiten oder Stagnationen beim Erwerb der Aussprache auf, sollte auf die Notwendigkeit einer professionellen Diagnose und ggf. auf eine Sprachtherapie hingewiesen werden.
Auf der ersten Seite des Beobachtungsbogens werden kindliche Äußerungen zu drei verschiedenen Zeitpunkten eingetragen und phonologischen Prozessen zugeordnet. Somit wird erfasst, ob sich das System der Aussprache eines Kindes verändert. Sollte eine Stagnation oder kaum eine Weiterentwicklung sichtbar werden, ist eine sprachtherapeutische Abklärung erforderlich. Die Häufigkeit einzelner Prozesse wird durch die Zahlen 1 bis 3 notiert: 1: selten, 2: häufig, 3: immer. Auf der zweiten Seite des Bogens werden vorhandene Laute eingetragen. Um eine Weiterentwicklung der kindlichen Aussprache festzuhalten, werden die Laute farblich gekennzeichnet: 1. Datum: grün, 2. Datum: blau, 3. Datum: rot.

Da Leo bereits vier Jahre alt ist (vgl. Kap. 4.1), bei ihm die Lautpräferenz sowie zahlreiche Prozesse auftreten und er ein eingeschränktes Lautrepertoire zeigt, ist eine professionelle Diagnose erforderlich (Abb. 26).

Beobachtungsbogen. Aussprache: Sprachliche Bildung beobachten und begleiten

Name des Kindes: ____________________

Alter: ____________________

Kontakt Deutsch seit: ____________________

Erst-, Zweit- und Familiensprache: ____________________

Fachdienst Sprachförderung / -therapie beteiligt: ☐ ja ☐ nein

Spricht das Kind alle Laute? ☐ ja ☐ nein

Welche nicht? ____________________

Ist ein Sigmatismus (Lispeln) vorhanden? ☐ ja ☐ nein

Legende zur Häufigkeit (H) der Beispiele: 1 – selten 2 – häufig 3 – immer

Phonologische Prozesse	*Beispiele*	Äußerungen des Kindes					
		Datum:	H	Datum:	H	Datum:	H
Verzögerungen							
• Reduktion von Mehrfachkonsonanz	*„Kammer"* für ‚**Kl**ammer'						
• Lautangleichung	*„**P**am"* für ‚**Kamm**'						
• Vorverlagerung	*„**T**anne"* für ‚**K**anne'						
• Plosivierung	*„**P**uppe"* für ‚**S**uppe'						
• Reduktion von Silben	*„put"* für ‚ka**putt**'						
• …							
Ungewöhnliche Prozesse							
• Rückverlagerung	*„**K**anne"* für ‚**T**anne'						
• Prozess der Öffnung	*„**H**ose"* für ‚**R**ose'						
Lautpräferenz							
Konsonanten einer Lautgruppe werden durch einen Konsonanten ersetzt.	*„**D**onne"* für ‚**S**onne' *„**D**aumen"* für ‚**G**aumen'						

Phonologische Prozesse	*Beispiele*	Äußerungen des Kindes					
		Datum:	H	Datum:	H	Datum:	H
Unausbalancierte Entwicklung	*„**Pl**atte“, „**Kl**ammer“* (richtig) Aber: *„**T**a**p**“* für ‚**Sch**a**f**‘ *„**D**e**t**el“* für ‚**S**e**ss**el‘						

Folgende Laute äußert das Kind:

Um eine Entwicklung des Kindes zu notieren, werden die Laute farblich gekennzeichnet: 1: Datum grün, 2. Datum: blau, 3. Datum rot.

2. Artikulationsart		1. Artikulationsort: vorne gebildet → hinten gebildet							
		labial	**labio/dental**	**dental/ alveolar**	**palatal/ alveolar**	**palatal**	**velar**	**uvular**	**glottal**
Plosiv	stl.	p **P**ein		t **T**ier			k **K**arten		ʔ
	sth.	b **B**ein		d **d**ir			g **G**arten		Glottisschlag
Frikativ	stl.		f **v**ier, **F**ass	s Bu**s**	sch Bu**sch**	ch i**ch**	ch Da**ch**		h **H**ose
	sth.		v **V**ase, **w**as	s **S**onne	[ʒ] Gara**g**e	j **J**acke			
Nasal		m **M**utter		n **N**ase			ng Ri**ng**		
Lateral				l **L**ippe					
Vibrant				r **R**ose				R gerollt	
Affrikat		pf A**pf**el		ts **Z**ange Ka**tz**e					

Abb. 25: Kopiervorlage. Beobachtungsbogen. Aussprache: Sprachliche Bildung beobachten und begleiten

Beobachtungsbogen. Aussprache: Sprachliche Bildung beobachten und begleiten

Name des Kindes: *Leo*

Alter: *4;0 Jahre*

Kontakt Deutsch seit: ____________

Erst-, Zweit- und Familiensprache: *deutsch*

Fachdienst Sprachförderung / -therapie beteiligt: ☐ ja ☑ nein

Spricht das Kind alle Laute? ☐ ja ☑ nein

Welche nicht? *p, g, s, sch, v, j, r, h, m, ts, pf (f nur1 x)*

Ist ein Sigmatismus (Lispeln) vorhanden?
☐ ja ☐ nein

Legende zur Häufigkeit (H) der Beispiele: 1 – selten 2 – häufig 3 – immer

Phonologische Prozesse	*Beispiele*	Äußerungen des Kindes					
		Datum:	H	Datum:	H	Datum:	H
Verzögerungen							
• Reduktion von Mehrfachkonsonanz	„*Kammer*“ für ‚**Kl**ammer‘	„*Duh*“ für ‚*St*uhl‘	*3*				
• Lautangleichung	„*Pam*“ für ‚**Kamm**‘	‚*Kikik*‘ für ‚*Sigrid*‘	*1*				
• Vorverlagerung	„*Tanne*“ für ‚**K**anne‘	„*Fis*“ für ‚*Fisch*‘	*3*				
• Plosivierung	„*Puppe*“ für ‚**S**uppe‘	„*Bau*“ für ‚*Frau*‘	*3*				
• Reduktion von Silben	„*put*“ für ‚ka**putt**‘						
• …							
Ungewöhnliche Prozesse							
• Rückverlagerung	„*Kanne*“ für ‚**T**anne‘						
• Prozess der Öffnung	„*Hose*“ für ‚**R**ose‘						
Lautpräferenz			*3*				
Konsonanten einer Lautgruppe werden durch einen Konsonanten ersetzt.	„*Donne*“ für ‚**S**onne‘ „*Daumen*“ für ‚**G**aumen‘	„*Dane*“ für ‚*Schlange*‘ „*Dos* “ für ‚*Forsch*‘					

Phonologische Prozesse	*Beispiele*	Äußerungen des Kindes					
		Datum:	H	Datum:	H	Datum:	H
Unausbalancierte Entwicklung	*„Pl**atte“, „**Kl**ammer“* (richtig) Aber: *„**Tap**“* für ‚**Sch**af‘ *„**Det**el“* für ‚**Sess**el‘						

Folgende Laute äußert das Kind:

Um eine Entwicklung des Kindes zu notieren, werden die Laute farblich gekennzeichnet: 1: Datum grün, 2. Datum: blau, 3. Datum rot.

2. Artikulationsart		1. Artikulationsort							
		vorne gebildet							hinten gebildet
		labial	**labio/dental**	**dental/ alveolar**	**palatal/ alveolar**	**palatal**	**velar**	**uvular**	**glottal**
Plosiv	stl.	p **P**ein		t **T**ier			k **K**arten		ʔ
	sth.	b **B**ein		d **d**ir			g **G**arten		Glottisschlag
Frikativ	stl.		f **v**ier, **F**ass	s Bu**s**	sch Bu**sch**	ch **ich**	ch Da**ch**		h **H**ose
	sth.		v **V**ase, **w**as	s **S**onne	[ʒ] Gara**g**e	j **J**acke			
Nasal		m **M**utter		n **N**ase			ng Ri**ng**		
Lateral				l **L**ippe					
Vibrant				r **R**ose				R gerollt	
Affrikat		pf A**pf**el		ts **Z**ange Ka**tz**e					

Abb. 26: Beobachtungsbogen. Aussprache: Sprachliche Bildung beobachten und begleiten: Kind Leo

Schwierigkeiten beim Erwerb der Aussprache werden oft mit Stammeln, Dyslalie oder Artikulationsstörung bezeichnet. Diese Begriffe unterscheiden nicht phonetische von phonologischen Störungen.

> Phonetische Störungen liegen vor, wenn Kinder Laute abweichend oder gar nicht sprechen: Wenn z. B. ein Kind kein [ʃ] bildet, liegt ein Schetismus vor. Werden Laute abweichend gebildet, wird die Schwierigkeit durch die Endung -ismus bezeichnet, die an dem griechischen Namen des betroffenen Lautes angehängt wird, z. B. Sigmatismus.
> Bei phonologischen Störungen liegt bei Kindern ein abweichendes phonologisches System der Aussprache zugrunde. In der Regel können Kinder entwicklungsangemessen Laute sprechen, ggf. haben sie sie jedoch noch nicht in ihr System der Aussprache integriert.
> Es gibt Kinder mit phonetischen und phonologischen Störungen.

Eine **sprachtherapeutische Abklärung** ist bei mehr- und einsprachigen Kindern insgesamt erforderlich, wenn ein Kind ...
... unverständlich spricht.
... die dargestellten Schwierigkeiten zeigt.
... sein System der Aussprache nicht erweitert.
... Laute nicht spricht.
... Laute abweichend (z. B. Sigmatismus) realisiert.
... organische Auffälligkeiten zeigt (z. B. Mundatmung oder Lähmungen).

Bei Kindern mit Deutsch als Zweitsprache ist ein Blick in das Aussprachesystem der Erstsprache sinnvoll.

4.4.2 Sprachförderung als begleitendes Handeln von pädagogischen Fachkräften

Eine langsame und deutliche Sprache ist für die Erweiterung sprachlicher Fähigkeiten wichtig. Pädagogische Fachkräfte sind ein **Sprachvorbild** und halten in der Kommunikation mit dem Kind Blickkontakt. Sie wenden sich Kindern kommunikativ zu und lassen sich auf Dialoge mit ihnen ein. Sie greifen die kindlichen Äußerungen auf und helfen den Kindern, diese entsprechend der vorhandenen Fähigkeiten zu erweitern.

In folgendem Beispiel greift die pädagogische Fachkraft die kindliche Äußerung auf, teilt dem Kind ihre inhaltliche Zustimmung mit und korrigiert dabei die Aussprache des Kindes:

K: Ich habe den **Fis**.
E: Ja, du hast den **Fisch** geangelt.

Spiele mit Minimalpaaren (z. B. **K**anne –**T**anne) zeigen Kindern die bedeutungsunterscheidende Funktion von Lauten. Dabei ist bedeutsam, darauf zu achten, dass Kinder die Wörter kennen und auch die Unterschiede zwischen den Minimalpaaren hören, z.B: **T**asse – **K**asse; **T**anne –**K**anne; Bus – Bu**sch**; **G**arten – **K**arten.

Ein gehäuftes Angebot an ausgewählten Wortstrukturen hilft Kindern, ihr System der Aussprache zu erweitern. Dies sind vor allem Wörter ...
... mit Mehrfachkonsonanz: **sp**ielen, **tr**inken, **Fl**asche,
... mit Frikativen: **S**and, **F**u**ß**, **Sch**aufel,
... mit Velaren: **K**anne, **K**amm, **G**abel, **G**arten, Da**ch**,
... mit Einzellauten: Sa**l**at, **l**aufen, **R**ose, **r**ot.

Pädagogische Fachkräfte sollten auf die Reihenfolge beim Erwerb der Laute und bei der Überwindung von phonologischen Prozessen achten sowie Zwischenschritte wahrnehmen:

- Wird ein Laut bereits in einigen Wörtern geäußert?
- Wird ein Laut bereits am Wortende geäußert?
- Korrigiert sich das Kind selbst?

Wenn eine neue Lautgruppe (z. B. Frikative) erworben wird, werden zuerst die vorderen Laute in das eigene Aussprachesystem übernommen (es werden dann z. B. viele Frikative durch [f] ersetzt).

Schrift ist nicht so flüchtig wie die mündliche Sprache (vgl. Kap. 5) und ist somit bestens geeignet, Kindern Unterschiede in der Aussprache zu zeigen und ihnen zu helfen, ihr System der Aussprache zu erweitern. Spielkarten, z. B. Quartett oder Memory-Karten, mit Bildern und großen Druckbuchstaben, sind hilfreich für Kinder, sich mit den Regeln der Aussprache vertraut zu machen. So können sich Kinder bei der Aussprache an den Schriftbildern orientieren.

Sprachförderliches Handeln von pädagogischen Fachkräften zeigt sich darin, dass Schwierigkeiten auf einzelnen Sprachebenen zunächst erkannt werden. Wenn sie beim Erwerb pragmatischer und semantischer Fähigkeiten oder beim Erwerb der Grammatik auftreten, sollte den Bezugspersonen eine sprachtherapeutische Abklärung empfohlen werden. Bei folgenden Problemen ist ebenfalls eine sprachtherapeutische Abklärung sinnvoll: Hat ein Kind organische Auffälligkeiten? Kann es entsprechend seinem Entwicklungsstand nicht alle Laute bilden? Stagniert es bei der Überwindung von phonologischen Prozessen oder treten ungewöhnliche Prozesse auf (vgl. Kapitel 4.4.2)?

Zum sprachförderlichen Handeln von Erwachsenen gehört es ebenfalls, zu erkennen, ob Kinder ihre Fähigkeiten beim Erwerb der Aussprache erweitern. Sie können Kinder beim Erwerb des Aussprachesystems auf vielfältige Weise unterstützen. Dabei können pädagogische Fachkräfte Kinder in der Kommunikation mit anderen Kindern begleiten. Auch können sie vielfältige Hilfestellungen geben, damit Kinder andere Kinder beim Spiel und in der Sprache imitieren. Eine Aufforderung zum Nachsprechen sollte vermieden werden.

4.5 Sprachtherapie auf phonetisch-phonologischer Ebene

Beispielkinder *Markus* und *Mirco*

Die Aussprache des sechsjährigen Markus war fast unverständlich. Beim Kaufladenspiel mit anderen Kindern traten immer wieder Situationen auf, in denen das Einkaufsspiel stagnierte, weil seine Mitspielerinnen ihn nicht verstanden. In solchen Situationen änderte er seine Einkaufswünsche und formulierte Äußerungen um. Es zeigte sich, dass er alle anderen Sprachebenen der Sprache souverän beherrschte. Es traten allerdings keine Korrekturen auf der Ebene der Aussprache auf. Der Junge konnte die Wörter „Tanne", „Tiger" und „Tisch" korrekt aussprechen. Doch in den Wörtern „Tafel" und „Topf" ersetzte er das Phonem /t/ durch /p/, so dass er diese Wörter als [paːfəl] und [pɔf] aussprach. Er äußerte /k/ im Wort „Karton" korrekt, doch das Wort „Kappe" sprach er als [papə] aus. So wurde es erforderlich, eine differenzierte Diagnose vorzunehmen, die die Grundlage für eine anschließende Sprachtherapie abgab. Die Diagnose ergab, dass der Junge vor allem Assimilationen vornahm: Wenn im Wort medial oder final ein Labial vorhanden war, ersetzte er den initialen Konsonanten durch einen Labial. Deshalb sprach er die Wörter „Tafel" und „Topf" als [paːfəl] und [pɔf] aus. Dies war auch der Grund, warum er das Wort „Kappe" nicht korrekt äußern konnte. In diesem Kapitel werden die Äußerungen der Kinder in phonetischer Umschrift verschriftet.

Mirco, 6;5 Jahre alt, Deutsch als Erstsprache (vgl. Kap. 3.5) zeigte nicht nur Auffälligkeiten beim Erwerb der Grammatik, sondern auch beim Erwerb des Aussprachesystems. Er sprach das Wort „Sonne" korrekt aus, doch zu „Hase" sagte er [haːtə], und das Wort „Glas" wurde zu [laː], denn er ließ das /s/ am Wortende aus und reduzierte die Mehrfachkonsonanz am Wortanfang.

Bei der Betrachtung dieser Wörter könnte der Eindruck entstehen, die Aussprache der beiden Kinder sei nicht regelgeleitet. In der Kommunikation waren sie kaum verständlich. Es wurde erforderlich, ein diagnostisches Vorgehen zu wählen, das das System ihrer Aussprache beschreibt.

4.5.1 Aussprache: Fähigkeiten und Schwierigkeiten

Die Anzahl an diagnostischen Verfahren zur Erfassung von phonologischen Fähigkeiten und Schwierigkeiten ist fast unüberschaubar. Im Folgenden wird exemplarisch auf AVAK –Analyseverfahren zu Aussprachestörungen bei Kindern (AVAK) (Hacker/Wilgermein 2002; 2001) eingegangen. AVAK versucht, die Aussprache von schwer verständlichen Kindern systematisch und umfassend zu erfassen. Die Analyse freier Sprachproben ist deshalb meist nicht möglich. Es ist erforderlich, möglichst alle Laute mehrmals und in unterschiedlicher Lautumgebung zu überprüfen. Ergänzend können freie Sprachproben erhoben werden, die ebenfalls mit AVAK ausgewertet werden. Die Auswertung stellt eine Grundlage für eine Therapieplanung dar. Die Auswahl der Wörter orientiert sich weitgehend an der Hochsprache und wählt für die Therapie relevante Einheiten aus. „Bezogen auf dialektale Besonderheiten müssen die Prüfwörter folglich der Umgebungssprache des zu untersuchenden Kindes angepasst werden." (Hacker/Wilgermein 2001, S. 26) Vokale werden nicht erhoben. Jede phonologische Analyse setzt eine phonetische Untersuchung voraus. Deshalb beginnt AVAK mit der Beschreibung des phonetischen Inventars.

Verwendetes Sprachmaterial
Die Auswahl der Wörter besteht aus 113 Nomen. Jedem Wort liegt ein zu benennendes Bild zugrunde. Es können auch Situationsbilder gewählt werden, die sich auf semantische Felder beziehen (Bilderbuch zum AVAK-Test, Hacker/Wilgermein 2003). Die meisten Wörter sind ein- oder zweisilbig. Die verwendete Silbenstruktur ist meist KV (Konsonant/Vokal) oder KVK (Konsonant/Vokal/Konsonant); bei einigen Wörtern auch: KVKK, KKVK und KKVKK. Die Überprüfung von Mehrfachkonsonanz beschränkt sich auf Doppelkonsonanz am Wortanfang und am Wortende. Wortinitial wird die Mehrfachkonsonanz in vier Gruppen gegliedert: K/l/-, K/n/-, K/r/- sowie /ʃ/K- und einige Endkonsonanten.

Die Einfachkonsonanten werden zunächst nach ihrer Stellung im Wort in initial, medial und final gegliedert. Die Einteilung der Konsonanten erfolgt nach Plosive, Frikative, Nasale etc. Jeder Konsonant erscheint mehrmals in unterschiedlicher Umgebung, meist drei- bis vierfach. AVAK erfasst zwölf phonologische Prozesse (Kap. 4.3), die bei der sprachlichen Bildung in der Regel auftreten und durch die Erweiterung von sprachlichen Fähigkeiten überwunden werden. Gleichzeitig sind sie therapierelevant, ggf. können bei der Auswertung von AVAK weitere Prozesse notiert werden.

Die Durchführung und Auswertung des Verfahrens ermöglicht Aussagen zu verwendeten Wortstrukturen, Silben, zum Lautinventar und zur Lautpräferenz. Mit AVAK werden u. a. folgende Fragen beantwortet:
- Welche Wort- und Silbenstrukturen verwendet ein Kind?
- Welche Konsonanten verwendet ein Kind und welche fehlen im Vergleich zur Umgebungssprache?
- Welche Konsonanten stehen in welcher Häufigkeit für andere Zielkonsonanten?
- Welche phonologischen Prozesse lassen sich bei einem Kind beschreiben?

Das weitere Vorgehen bei AVAK wird an den Äußerungen des Beispielkindes *Mirco* aufgezeigt. Es werden nur wesentliche Arbeitsschritte dargestellt (zu den einzelnen Arbeitsschritten vgl. Hacker 2002; Hacker/Wilgermein 2001; 2002).

Beispielkind *Mirco*
Mirco, der zu Beginn dieses Kapitels erwähnte Junge (vgl. seine grammatischen Fähigkeiten und Schwierigkeiten in Kap. 3), besuchte ab 3;6 Jahren einen Regelkindergarten. Dort zeigte er bei Konflikten regelmäßig „Verhaltensprobleme", denn er konnte sie verbal nicht lösen. Er wurde mit 4;1 Jahren einer sprachtherapeutischen Beratungsstelle vorgestellt. Eine systematische Überprüfung seiner sprachlichen Fähigkeiten und

Schwierigkeiten war damals nicht möglich, da der Junge zur gezielten Mitarbeit nicht zu bewegen war und auch kaum Kontakt zur Sprachtherapeutin aufnahm. Als ihm Gegenstände zum Spielen verweigert wurden, warf er sie durch den Raum. Er konnte allerdings länger als eine Stunde konzentriert spielen, ein Bilderbuch anschauen und sich mit einem Puzzle beschäftigen. Die allgemeine Entwicklung des Kindes war altersgemäß. Farben konnte er sicher. Auffällig waren damals seine sprachlichen Fähigkeiten in der Grammatik und in der Aussprache. Er sprach nur in Zweiwortäußerungen. Mehrsilbige Wörter reduzierte er, Auslaute und [s] wurden ebenfalls ausgelassen, und er ersetzte /g/ durch /d/. Folgende Äußerungen zeigen seine damaligen Schwierigkeiten, die leider im vorliegenden Gutachten nicht in phonetischer Umschrift notiert waren: „Ha" für „Haus", „La-a" für „Lastwagen", „gel" für „gelb", „ei" für „weiß" und „Kran" für „Krankenwagen". Die Mutter bekam Übungshinweise für häusliche Spiele, auch Fingerspiele. Es wurde der Besuch eines Sprachförderkindergartens vorgeschlagen, dem die Mutter nicht zustimmte.

Daraufhin besuchte der Junge einmal wöchentlich eine Kindergruppe, die von einer Sprachtherapeutin geleitet wurde, und in der die Kinder auch eine Einzeltherapie erhielten. Diese besuchte der Junge zwei Jahre lang. Er zeigte sich in der Gruppe lange Zeit „verhaltensauffällig", da er große Schwierigkeiten hatte, sich verständlich auszudrücken. Die Mutter musste häufig seine Äußerungen übersetzen. Auch in der Einzeltherapie war er oft aggressiv und verweigerte die Mitarbeit. Nach einem halben Jahr besserte sich sein Verhalten. Seine Sprache war weiterhin für Außenstehende unverständlich. Die Mutter entschied sich für ein weiteres Jahr für diese Unterstützung und wollte keine Sondereinrichtung für ihr Kind. Im Abschlussbericht wird seine allgemeine Entwicklung im Alter von 6;2 Jahren als altersgemäß eingeschätzt. Er habe über ein gutes Sprachverständnis verfügt und über einen differenzierten Wortschatz. Er habe alle Laute außer [s] isoliert gebildet, würde aber die erlernten Laute, z. B. die Laute [ç], [x], [f] und [ʃ] nicht in sein System integrieren. Er habe auch Schwierigkeiten mit der Mehrfachkonsonanz. Die Lautbildung sei noch so fehlerhaft gewesen, so dass er oft nicht verstanden worden sei. Bei der Satzbildung habe er Fortschritte gemacht, Zwei- bis Vierwortsätze würden überwiegen. Er habe Lautunterschiede gehört, jedoch nur über eine geringe Merkfähigkeit verfügt. Es sei ihm schwerfallen, sich längere Sätze oder kleine Verse zu merken.

Das Kind wurde von der Einschulung zurückgestellt und besuchte in diesem Jahr einen Sprachförderkindergarten. Dort wurde der AVAK-Test durchgeführt, und es zeigte sich folgendes Ergebnis:

Erhebungsbögen
Die in den Gutachten erwähnten guten semantischen Fähigkeiten von Mirco zeigten sich auch bei der Überprüfung der Aussprache. Er konnte fast alle Bilder benennen. Die Äußerungen werden nummeriert und in phonetischer Umschrift notiert, dabei erfolgt eine Gliederung der Segmente in die Wortpositionen initial, medial und final (Hacker/Wilgermein 2001;2002, S. 2 f). Auf den nächsten beiden Seiten (Hacker/Wilgermein

2001; 2002, S. 4 f) werden die kindlichen Äußerungen mit den Zielstrukturen verglichen. Die erste Seite enthält die Auswertung von Konsonanten am Wortanfang. Zunächst werden die überprüften Einzelkonsonanten aufgeführt und in die Spalten „Übereinstimmung" oder „Ersetzung" eingetragen. Anschließend folgt die Doppelkonsonanz am Wortanfang. Drei Spalten stehen für Übereinstimmung, Ersetzung und Reduktion zur Verfügung. Die Ersetzungen sind unterteilt in vollständige – [kraːn] durch [plaːn] – und teilweise Substitution [blumə] durch [glumə]. Die Reduktionen werden in drei Spalten gegliedert: Reduktion auf den ersten, den zweiten oder einen in der Zielkonstanz nicht enthaltenen Konsonanten. Auf der nächsten Seite erfolgt die Auswertung für die medialen und finalen Mehrfachkonsonanten. Da es am Wortende häufig zu Auslassungen kommt, ist hier eine Spalte „Auslassung" eingefügt. Ebenfalls ist die Auswertung finaler Mehrfachkonsonanz vorgesehen. Sie erfolgt analog der Vorgehensweise bei der Auswertung der Doppelkonsonanz am Wortanfang.

Beispiel: *Mirco,* Deutsch als Erstsprache, 6; 4 Jahre alt

Transkription

* Nr.	Zielwort	Transkript
1	ʃpɪnə	pɔ̃nə
2	katsə	katə
2	ʃlaŋə	laŋə

* Die Nummerierungen beziehen sich auf das Wortmaterial von AVAK (Hacker/Wilgermein 2002)

Ergänzend wurden folgende Äußerungen des Kindes (freie Sprachprobe) notiert:

Nr.	Zielwort	Transkript
105	bʀɛtsəl	bʀɛtəl
106	kastən	katən
107	vɪsən	vɪtən
108	ʃaxtəl	hatəl
110	zɔfa	hɔha
111	kɛrtsən	kɛrtən
112	taʃə	tatə
113	vaʃlapən	lalapən

Nr.	Zielwort	Transkript
114	mɪɔ̃əl	mɪçəl
115	zabinə	zabinə

Ermittlung des Phoninventars
Das Phoninventar wird von jedem Kind notiert. Unter jeder Artikulationsstelle stehen drei Spalten für die Wortpositionen initial, medial und final. Es sind alle Konsonanten der deutschen Sprache in allen drei Positionen eingetragen. Die von Mirco geäußerten Konsonanten sind eingetragen.

Vergleich der Zielstrukturen – initial

Zielkonsonant	Übereinstimmung	Ersetzung
p-	35	
t-	15/ 34/60/83/112	
k-	2/23/28/43/47/54/ 57/73/106/111	
…		
f-	38/65/67	
ʃ-		z: 62 h: 108 f: 78
v-	21/25/29/31/107	l: 113
z-	26/103/115	h: 86/110
…		

Vergleich der Zielstrukturen – initial: Mehrfachkonsonanz

Nr.	Übereinstimmung	Ersetzung vollständig	Ersetzung teilweise	Reduktion (R1)	Reduktion (R 2)	Reduktion (R 3)
pl-	*18*					
kl-					*93*	
bl-	*56/80*					
gl-					*19/96*	
…						

Vergleich der Zielstrukturen – medial

Zielkonsonant	Übereinstimmung	Ersetzung
-p-	*11/21/27*	
- t -	*13/18/44/64*	
…		
-f-	*52*	*P:14 t:60 h:110*
-s-		*t:15/28/107*
-ʃ-		*t: 16/31/34/58/112*
-ç-	*114*	*t: 53*
-x-		*t: 6/22/54/57*
-z-		*t: 37/50*
…		

Vergleich der Zielstrukturen - final

Zielkonsonant	Übereinstimmung	Ersetzung	Auslassung
-p	*103*		
-t	*80/84/94/95*		

-f			*70*
-s	*101*	*t:75*	*88/96*
-ʃ			*67/68/79/83*
-ç	*47*		
-x			*81/89/97*
…			

Auswertung
Mirco war in der Kommunikation weitgehend unverständlich. Doch zeigte die Auswertung seines Lautinventars, dass er fast alle Konsonanten in sein System der Aussprache integriert hatte. Es fehlten die Konsonanten [ʃ], [ts] und [x]. Die Plosive waren vollständig und traten in allen Wortpositionen auf. Die Frikative [f] und [s] waren nicht in allen Wortpositionen vorhanden. [f] trat initial und medial auf, fehlte aber am Wortende. [z] wurde am Wortanfang geäußert, aber nicht in der Wortmitte. [s] war medial vorhanden und einmal am Wortende. [ç] war medial und final vorhanden. Von den

Affrikaten wurde [pf] medial geäußert. Den Konsonanten [ʃ] konnte der Junge isoliert aussprechen.

In der Regel erwerben Kinder Frikative zuerst am Wortende und in der Wortmitte. Zumindest bei [f], [s] und [z] zeigt sich dies nicht in den Äußerungen von Mirco. Vor dieser Diagnose war Mirco zwei Jahre in sprachtherapeutischer Behandlung und dem Gutachten ist zu entnehmen, dass er eine phonetische Therapie hatte, denn dort heißt es: Er habe alle Laute außer [s] isoliert gebildet, würde aber die erlernten Laute, z. B. [ç], [x], [f] und [ʃ] nicht anwenden. Im Unterschied zu einer phonologischen Therapie beginnt eine phonetische Therapie bei der Anbildung eines Einzellautes, der anschließend in der Silbe und dann im Wort geübt wird. Die Anbildung der Laute hat dazu geführt, dass der Junge einige Laute initial und zum Teil auch medial übernommen hatte. Diese Erweiterung seines Lautinventars hat nicht dazu geführt, dass er eigenständig sein System der Aussprache erweiterte.

Aus den Bögen „Vergleich der Zielstrukturen" lassen sich therapierelevante phonologische Prozesse ablesen. Dies sind:

- Frikative werden fast vollständig am Wortende ausgelassen, z. B. „Fisch" wird zu [fI] und „Dach" zu [da].
- Frikative werden in der Wortmitte plosiviert, indem sie fast immer durch /t/ ersetzt werden, z. B. „Wäsche" wird zu [vɛtən] und „Kissen" zu [kItən].
- Die Affrikate /ts/ wird plosiviert, z. B. „Katze" wird zu [katə].
- Mehrfachkonsonanz wird bei /ʃ/ K fast obligatorisch auf den zweiten Konsonanten reduziert, z. B. „Spinne" wird zu [pɪnə] und „Schnecke" zu [nɛkə].

Weiterhin treten noch Prozesse auf, die vermutlich früher stärker ausgeprägt waren:

- Prozess der Öffnung: z. B. „Sack" wird zu [hak].
- Assimilation, z. B. „Sofa" wird zu [hɔha].

Auf die Prozesse der Stimmgebung bzw. Entstimmlichung wird nicht weiter eingegangen, da sie im Kontext mit dem Dialekt der Umgebungssprache zu sehen sind.

4.5.2 Sprachtherapeutisches Vorgehen und Erweiterung des phonologischen Systems

Für Kinder mit Schwierigkeiten beim Erwerb des phonologischen Systems reichen in der Regel die alltäglichen Kommunikationsmöglichkeiten nicht aus, die Aussprache der Umgebungssprache zu erwerben. In der Sprachtherapie wird die sprachliche Umgebung eines Kindes optimiert, damit es das Regelsystem seiner Umgebungssprache erkennen und erfassen kann. Ausgangspunkt sind immer für Kinder bedeutsame Handlungszusammenhänge, die im Sinne von Spielformaten strukturiert und variiert werden. Innerhalb der Therapie werden Situationen geschaffen, die alltägliche sprachliche Interaktionen ermöglichen. Diese knüpfen an die Umgebungssprache eines Kindes an. So ist auch die Orientierung am Dialekt der Ausgangspunkt und nicht die Hochsprache.

Die Betonung der Individualisierung bezieht sich auf zwei Aspekte: Zum einen ist an den Interessen und Möglichkeiten eines Kindes anzuknüpfen. Zum anderen verfügt jedes Kind mit Schwierigkeiten in der Aussprache über ein eigenes Aussprachesystem. Die Berücksichtigung beider Aspekte setzt eine differenzierte Diagnose voraus, um einem Kind sprachliche Möglichkeiten anbieten zu können.

Eine Sprachtherapie orientiert sich an der sprachlichen Bildung von Kindern. Über den Vergleich der zeitlichen Reihenfolge üblicher Entwicklungsschritte mit dem aktuellen Stand ist es möglich, Zielstrukturen auszuwählen, die im Rahmen der Zone der nächsten Entwicklung liegen. Bei manchen Kindern ist eine Orientierung an der sprachlichen Bildung von Kindern mit Deutsch als Erstsprache nicht möglich, da sie z. B. mehrsprachig aufwachsen. Sie erwerben die Regeln der Aussprache von weiteren Sprachen und vergleichen ggf. beide Systeme miteinander. Andere Kinder, z. B. *Mirco,* hatten trotz phonologischer Probleme eine phonetische Therapie, die unter Umständen keine Unterstützung bei der Erweiterung des phonologischen Systems darstellt, auch wenn Kinder einzelne Laute in ihr System der Aussprache integrieren.

Die Sprachtherapie orientiert sich auch insofern am normalen Spracherwerb, als Kinder ihre Aussprache sukzessiv an die Umgebungssprache annähern. Wurden in der Übungstherapie kindliche Äußerungen in „richtig“ oder „falsch“ klassifiziert, gilt bei einer entwicklungsproximalen Therapie die schrittweise Annäherung an die Umgebungssprache. So gelangen Kinder auch nicht direkt zur Realisierung von Zielkonsonanten. Ersetzen Kinder z. B. Frikative durch Plosive, kann es sein, dass sie bei der Überwindung dieses phonologischen Prozesses nicht alle Frikative direkt korrekt verwenden, sondern sie zunächst durch einen anderen Frikativ ersetzen, z. B. /ʃ/ zunächst durch /s/ oder /z/.

Therapieverläufe variieren in ihrer Entwicklungsdynamik. Die Zielsetzung einer Therapie besteht in der Verbesserung der Verständlichkeit der Äußerungen von Kindern. Dies kann sowohl in der Erweiterung ihres Phoninventars bestehen als auch in der schrittweisen Überwindung von phonologischen Prozessen.

Auswahl von Therapiezielen

Hacker (2002, S. 47 f.) formuliert folgende Überlegungen bei der Auswahl von Therapiezielen, die an die Daten der Diagnose anknüpfen. Am Beispiel des Kindes *Mirco* werden diese Kriterien für die Therapieplanung konkretisiert.

1. *Umfang und Art des Phoninventars, phonotaktische Besonderheiten* – Welche Lautfolgen produziert ein Kind? Treten spezifische Konsonanten, möglicherweise auch Lautgruppen, nur in bestimmten Positionen auf?

Mircos Phoninventar war umfangreich. Bis auf wenige Ausnahmen produzierte er alle Laute in seinen Äußerungen. Auffällig war die Verwendung von Frikativen, die er bis auf die Ausnahmen [ʃ] und [x] äußerte. Dabei traten sie in der initialen Position auf. Jedoch wurden sie medial meist durch [t] ersetzt und am Wortende meist ausgelassen.

2. *Anzahl beschriebener Prozesse* – Tritt eine eng begrenzte Anzahl an ph schen Prozessen auf, bietet es sich an, die Therapie zunächst auf die Überwin eines Prozesses auszurichten. Bei einer größeren Anzahl verschiedener Prozesse sollte hingegen die therapeutische Zielsetzung mehrere Prozesse fokussieren, sofern kein Prozess in starkem Umfang in Erscheinung tritt.

Aufgrund der geringen Anzahl von phonologischen Prozessen kann die Therapie Mircos bei den zwei Prozessen ansetzen, die sich auf die Frikative beziehen.

3. *Art und Bezug der Prozesse zum normalen Erwerb* – Sofern ein Bezug zur sprachlichen Bildung hergestellt werden kann, sollten frühe Prozesse zunächst überwunden werden. Ziel ist, den weiteren Erwerb des phonologischen Systems zu synchronisieren.

Diese beiden Prozesse weichen insofern vom normalen Spracherwerb ab, da in der Regel Frikative zunächst final und medial erworben werden, bevor sie initial geäußert werden.

4. *Häufigkeit des Auftretens einzelner Prozesse* – Es ist nicht immer sinnvoll, an den Prozessen anzusetzen, die gehäuft auftreten. Es gibt Kinder, die dabei sind, nicht häufig auftretende Prozesse zu überwinden.

Andere Prozesse sind kaum vorhanden. Eine Ausnahme ist die Reduktion von Mehrfachkonsonanz, die allerdings vor allem auf den fehlenden Laut [ʃ] zurückzuführen ist.

5. *Auswirkung einzelner Prozesse auf die Verständlichkeit* – Die Verbesserung der Verstehbarkeit eines Kindes ist ein bedeutsamer Aspekt bei der Therapieplanung.

Die fehlenden Frikative am Wortende und ihre Ersetzung medial durch [t] wirken sich auf die Verstehbarkeit des Kindes aus, ebenso die Reduktion von Mehrfachkonsonanz.

6. *Stimulierbarkeit des Kindes zur Überwindung eines Prozesses* – Ob ein Kind bereit ist, einen phonologischen Prozess zu überwinden, zeigt sich in ersten Therapieschritten und ebenfalls anhand der kindlichen Äußerungen.

Stimulierbarkeit zeigt Mirco insofern, als er die Frikative bereits am Wortanfang in sein System der Aussprache integriert hat.

7. *Funktionelle Belastung einzelner Konsonanten* – Konsonanten, die für verschiedene Zielkonsonanten eingesetzt werden, sollten nach Möglichkeit in den ersten Therapieschritten angegangen werden, damit sich die funktionelle Belastbarkeit reduziert.

Unter dem Gesichtspunkt der Belastung einzelner Konsonanten wird /t/ aufgeführt und sollte deshalb bei den ersten Therapieschritten berücksichtigt werden.

Bei der zusammenfassenden Betrachtung aller Aspekte werden folgende Prozesse in den Fokus gerückt, um in der Therapie Mircos als erste Zielsetzung behandelt zu werden:

- Frikative werden fast vollständig am Wortende ausgelassen, z. B. „Fisch" wird zu [fI] und „Dach" zu [da].

- Frikative werden in der Wortmitte plosiviert, indem sie fast immer durch /t/ ersetzt werden, z. B. „Wäsche" wird zu [vɛtən] und „Kissen" zu [kItən].

Zunächst bleibt jedoch unberücksichtigt, dass der Junge den Laut [ʃ] in seinen Äußerungen nicht verwendet, denn dieser Frikativ tritt bei der sprachlichen Bildung von Kindern mit Deutsch als Erstsprache auch später auf als andere Frikative.

Methodische Überlegungen

Bei der Auswahl von therapeutischen Angeboten muss als Erstes unterschieden werden, ob es sich um eine phonologische Störung handelt oder ob eine Schwierigkeit bei der Artikulation vorliegt. Bei Letzterer benötigen Kinder eine Unterstützung auf phonetischer Ebene (Schlenker-Schulte/Schulte 1996). Ebenso ist abzuklären, ob eine myofunktionelle Störung vorliegt, die auch eine medizinische Diagnose erfordert (Kittel 2011), wenn die Probleme mit der Aussprache im Zusammenhang mit organischen Schwierigkeiten im Mundbereich auftreten. Bei einer phonologischen Störung ist Ziel, eine Umstrukturierung des phonologischen Systems anzugehen. Sollten phonetische und phonologische Bereiche gleichzeitig betroffen sein, ist bei der Therapieplanung eine Orientierung an den Erwerbsprozessen sinnvoll.

Die wenigen Laute, die Mirco in sein Aussprachesystem noch nicht integriert hat, werden im Laufe seiner sprachlichen Entwicklung als Erweiterung der vorhanden Frikative in medialer und finaler Position erworben. Aus diesem Grund setzt die Therapie beim phonologischen System und nicht bei der Erweiterung des Lautinventars an.

Therapeutische Situationen sind unter pragmatischen Gesichtspunkten zu gestalten. Therapeutisches Vorgehen heißt, nicht für alle Kinder gleiche Übungsprogramme einzusetzen, sondern für jedes Kind individuelle bedeutsame Handlungssituationen zu schaffen, die im Sinne von Spielformaten strukturiert sind. Zahlreiche Beispiele zur Überwindung einzelner phonologischer Prozesse auf der Basis von gemeinsamen Spielformaten zwischen Kind und Therapeutin zeigen Detlef Hacker und Herbert Wilgermein (2001). Weitere methodische Überlegungen stellt Hacker (2002, S. 50–61) dar:

1. Modellieren

Eltern modellieren kindliche Äußerungen (vgl. Kap. 2). Dies ist offensichtlich dazu geeignet, dass Kinder wesentliche Regeln der Umgebungssprache erwerben können. Therapeutisch werden diese Modellierungsformen genutzt, damit Kinder mit Schwierigkeiten bei ihrer sprachlichen Entwicklung eigenaktiv wesentliche Regeln entdecken und erwerben. Der entwicklungsproximale Therapieansatz geht davon aus, dass reflektiert verwendete Modellierungsformen in Spielformaten Kindern helfen, ihre sprachlichen Fähigkeiten zu erweitern.

2. Auflösung homophoner Wörter (Minimalpaarbildung)

Unterschiedliche Äußerungen in der Erwachsenensprache werden von Kindern aufgrund von vorliegenden phonologischen Prozessen oft gleich ausgesprochen. Wenn ein Kind z. B. eine Alveolarisierung vornimmt, werden wahrscheinlich die Wörter „Tanne" und „Kanne" als [tanə] realisiert. Solche homophonen Wörter können sehr hilfreich in der Therapie sein, denn sie führen unter Umständen in Spielformaten zu Missverstehenssituationen, die Kinder unter dem pragmatischen Druck auflösen und die somit zur Erweiterung ihres phonologischen Systems beitragen. Dies setzt allerdings voraus, dass Kinder Ansätze metasprachlicher Fähigkeiten entwickelt haben, um zu erkennen, dass diese Missverstehenssituationen aufgrund ihrer Äußerungen zustande kommen und sie sie beheben können.

3. Metasprachliches Reflektieren: Schrift

Die Schrift ist besonders geeignet, Gemeinsamkeiten und Unterschiede bei der Aussprache von Wörtern zu erfassen. Die Auseinandersetzung mit der Schrift kann Kindern helfen, Äußerungen unter formalen Gesichtspunkten zu betrachten. Schrift ist nicht so flüchtig wie die gesprochene Sprache. Gemeinsamkeiten und Unterschiede zwischen Wörtern sind über den Vergleich ihrer Schriftbilder möglich.

4. Einzelaspekte

Wörter sind die Einheiten, mit denen Kinder zu Beginn des Erwerbs des phonologischen Systems operieren. Die Ausspracheregeln ihrer Umgebungssprache vereinfachen sie systematisch und regelgeleitet. Kinder nähern ihre Aussprache der Umgebungssprache an, indem sie phonologische Prozesse überwinden. „Zu keinem Zeitpunkt werden Laute zu größeren Einheiten miteinander verschmolzen. Der bevorzugten Abfolge Laut-Silbe-Wort, wie sie in der herkömmlichen Therapie aussprachegestörter Kinder unspezifisch Anwendung findet, fehlt jede Entsprechung im normalen Erwerb." (Hacker 2002, S. 58)

Auf die Frage, ob es therapeutisch hilfreicher ist, Kindern eine Vielzahl oder nur eine begrenzte Anzahl an Wörtern anzubieten, gibt es nach Detlef Hacker keine befriedigende Antwort, was vermutlich mit den unterschiedlichen Erwerbsstrategien von Kindern zusammenhängt. Bei der Auswahl von Wörtern sollte die phonetische Umgebung betrachtet werden, denn sie kann das Überwinden von phonologischen Prozessen erleichtern oder erschweren. So sind Wörter zu vermeiden, die Gegenstand assimilatorischer Prozesse sein können. Liegt z. B. eine Alveolarisierung vor, sind Wörter wie „Traktor", „Katze" und „Kette" nicht geeignet.

Sollten phonologische Prozesse an unterschiedlichen Stellen im Wort auftreten (vgl. *Mirco:* Frikative sind am Wortanfang vorhanden, aber nicht in der Wortmitte und am Wortende), ist zu überlegen, ob gleichzeitig versucht werden sollte, sie therapeutisch wortinitial, wortmedial und wortfinal anzugehen. Da es im Deutschen für zahlreiche Laute eine Positionsbeschränkung gibt, stellt sich diese Frage bei einigen Konsonanten nicht. So gibt es z. B. im Deutschen fast keine stimmhaften Endkonsonanten. Einzelne Lautgruppen werden von Kindern in verschiedenen Wortpositionen entwicklungsgemäß nicht gleichzeitig realisiert. Die Therapie sollte sich nach Möglichkeit hieran orientieren (siehe Therapieverlauf von *Mirco*).

Bei den Substitutionsprozessen (Ersetzungsprozessen, vgl. Kap. 4.3) ist in der Regel nicht nur ein Laut, sondern eine Lautgruppe betroffen (vgl. das Beispiel *Mirco:* In der Wortmitte ersetzt er verschiedene Friktive durch /t/). Beim Herausgreifen eines Einzellautes besteht die Gefahr, dass Wörter mit diesen Einzellauten gespeichert werden, aber nicht das Phonem in seiner Funktion und seinen gemeinsamen Eigenschaft mit anderen Phonemen gesehen wird. Deshalb empfiehlt Hacker, eher an einer Lautgruppe anzusetzen.

Die Erweiterung des phonologischen Systems erfolgt in kleinen Schritten. Diese Veränderungen wahrzunehmen ist therapeutisch von Bedeutung. Phonologische Störungen beruhen zwar nicht auf sprechmotorischen Einschränkungen. Da jedoch koordinierte Bewegungsabläufe eine Voraussetzung für den Erwerb des phonologischen Systems darstellen, kann es für manche Kinder hilfreich sein, wenn sie in diesem Bereich ebenfalls eine Unterstützung erhalten: Kinder müssen bei der Aussprache die Übergänge von einem Laut zum nächsten leisten, und das erfordert Koartikulationen.

> Das Prinzip der Entwicklungsorientierung im therapeutischen Prozess beinhaltet eine Orientierung an Erwerbsphasen der Umgebungssprache und den Einsatz von Modellierungsformen.

Für Mirco war es wichtig, einen klar strukturierte Rahmen zu schaffen, der seinen Interessen entsprach und auf den er sich einlassen konnte (Füssenich/Heidtmann 1995), denn er neigte dazu, sich Situationen zu entziehen, die ihn sprachlich überforderten. Es wurden Spielformate wie Quartett-, Würfel- und Memory-Spiele gewählt. Da beim Quartett-Spiel mindestens drei Personen beteiligt sein müssen, war zunächst eine Praktikantin der Einrichtung die dritte Spielpartnerin. Es wurde absichtlich zunächst eine weitere Erwachsene hinzugezogen, die die Zielsetzung der Therapie kannte. So hatte Mirco zwei Spiel- und Sprachvorbilder, an denen er sich orientieren konnte. Mit gleichaltrigen Kindern kam es in vielen Situationen zu Konflikten, weil Mirco nicht verstanden, und er dann im Verhalten auffällig wurde. Weitere Kinder wurden erst zu einem späteren Zeitpunkt hinzugezogen.
Durch diesen vorgegebenen Rahmen sollten Schwächen und Unsicherheiten bei dem Kind aufgefangen und jene sprachlichen Merkmale betont werden, die der Junge benötigte, um seine Aussprache zu verbessern. Durch modellierende Äußerungen der Sprachtherapeutin und der Mitspielerin wurden sprachliche Modelle angeboten. Die Wörter wurden nach sprachstrukturellen Gesichtspunkten ausgewählt und basierten auf der Diagnose des Aussprachesystems des Kindes sowie auf seinen grammatischen Fähigkeiten bzw. Schwierigkeiten. Da der Junge über sehr gute semantische Fähigkeiten verfügte, konnte auch auf Minimalpaare zurückgegriffen werden, die speziell eingeführt wurden. Dabei stand die Opposition von Plosiv versus Frikativ in allen drei Wortpositionen im Vordergrund.

Die Therapie begann mit einem Quartett-Spiel, bei dem es um die Minimalpaare Tee – See; Schild – Schilf; Gold – Golf; Laub – Laus und Ampel – Amsel ging. Eine Alternative zu den Minimalpaaren wären folgende Wörter, die im Singular und im Plural angeboten worden wären: Haus – Häuser, Maus – Mäuse und Dach – Dächer. Da es schwieriger ist, mit diesen Wörtern Spielformate zu wählen, fiel die Entscheidung auf

die oben erwähnten Minimalpaare. Es wurden wenige Minimalpaare ausgewählt, um die Gemeinsamkeiten und Unterschiede zwischen den Wörtern zu vermitteln. Das methodische Vorgehen beruhte auf dem gehäuften Angebot, dem Provozieren von Missverständnissen durch die Wahl von Mimimalpaaren sowie die Bewusstmachung der Aussprache über Schrift.
Diese ausgewählten Wörter wurden über ein „Gezinktes Memory" eingeführt (vgl. Kap. 5). Auf der einen Seite sind die Wörter als Bilder abgedruckt und auf der Rückseite stehen die Wörter in großen Druckbuchstaben. Gespielt wird ein „Gezinktes Memory" wie ein normales Memory. Da die Schriftbilder auf der Rückseite stehen, können Spielerinnen, die sich an der Schrift orientieren, sofort die entsprechende zweite Memory-Karte entdecken.
Mirco zeigte Interesse an Schrift. Bei der Auswahl dieser Minimalpaare bestand das Problem, dass es im Deutschen die Auslautverhärtung bei den Plosiven gibt und somit die Wörter „Schild" und „Laub" am Wortende stimmlos ausgesprochen werden. Da sie in Opposition zu den Wörtern „Golf" und „Gold" stehen, wurde dieser Nachteil in Kauf genommen. Die Abbildungen über das Schriftbild einzuführen, hatte auch den Vorteil, dass die Zielwörter, „Golf" und „Schilf", besprochen wurden: Es handelte sich um ein besonderes Auto, den Golf, und das „Schilf" unterschied sich von „Gras". Die Auswahl dieser Wörter war nur möglich, weil das Kind über ein umfangreiches Sachwissen und einen differenzierten Wortschatz verfügte. Auf den Quartett-Karten befanden sich die Bilder und die Wörter in großen Druckbuchstaben.
Als ersten Therapieschritt wurde die Unterscheidung zwischen Plosiven und Frikativen festgelegt. Da Mirco diese Unterscheidung bereits initial beherrschte, wurde angenommen, dass er sie auch auf die Wortpositionen medial und final übertragen kann. Gleichzeitig wurden grammatische Äußerungen eingeführt, die sich auf Fähigkeiten, aber auch Schwierigkeiten von Mirco bezogen. In seinen spontanen Äußerungen war meist die Verbendstellung im Aussagesatz vorhanden. In der Grammatik wurde die Verbstellung in Aussagesätzen und bei Entscheidungsfragen in den Fokus gerückt. Während das finite Verb in Aussagesätzen an zweiter Stelle steht, muss bei Entscheidungsfragen die Inversion erfolgen: Das Verb steht dann an erster Stelle. Diese Gegenüberstellung ergibt sich automatisch beim Spielformat Quartett: „Hast du den Golf Nummer vier?" oder „Ja, ich habe den Golf Nummer vier": Durch den Wechsel von der ersten und zweiten Person Singular wurden ebenfalls die veränderten Subjekt-Verb-Kongruenzen deutlich.

Die Unterscheidung von Plosiven und Frikativen medial und final beherrschte Mirco schnell, und er achtete somit auch auf den damit verbundenen Bedeutungsunterschied zwischen den Minimalpaaren. Er äußerte in den Spielsituationen meist auch die korrekte Realisierung der Wörter, so dass der Prozess der Auslassung finaler Konsonanz und der Prozess der Plosivierung von Frikativen medial kaum noch auftraten. Diese Änderungen vollzogen sich über Entwicklungszwischenschritte. Ebenso traten Zwischenschritte auf, die als Fortschritte anzusehen sind. Ein wichtiger Indikator für diese Zwischenschritte sind Korrekturen, die Mirco gehäuft äußerte.

Der Junge hatte Gefallen an dem Spielformat Quartett und spielte konzentriert. Die Therapie fand zweimal wöchentlich über einen längeren Zeitraum statt. Die Begriffe der Abbildungen merkte er sich. Das Wort „Amsel" erfragte er in den ersten Sitzungen: M: „Wie noch mal heißen schwarzer?" In der 6. Sitzung sprach er diesen Tiernamen korrekt aus: „Sabine, du haben Amsel Nummer drei?" Er konnte ebenfalls die Wörter „Gold" und „Golf" unterscheiden und fragte nach beiden: „Sabine, du haben Gold Nummer drei?" und „Iris, du haben Golf Nummer vier?".

Nachdem Mirco der Unterschied zwischen Frikativen und Plosiven sowie den damit verbundenen Bedeutungsunterschied bewusst war, sprach er die ausgewählten Wörter korrekt aus. Hatte er Begriffe vergessen, setzte er die Strategie des Nachfragens ein:
M: Schild. Wie noch mal des heißen?
E: Schilf.
M: Schilf.
Als er die Karte mit dem Schilf haben wollte, aber „Schild" sagte, fand folgender Dialog statt, der zeigt, dass Mirco auch hier die korrekte Aussprache des Wortes übernahm.
M: Du haben Schild Nummer eins?
E: Ist das ein Schild?
M: Nein.
E: Wie heißt denn das?
M: Weiß nicht mehr.
E: Das ist Schilf.
M: Schilf.
Mirco sprach die Wörter zu Beginn nicht immer korrekt aus. Er konnte jedoch seine Aussprache durch Nachfragen verbessern:
M: Du haben die Karte Laub Nummer eins?
E: Laub?
M: Laus Nummer eins?

Obwohl in der Therapie an ausgewählten phonologischen Prozessen gearbeitet wurde, hatte Mirco nach kurzer Zeit sein System der Aussprache erweitert, auch in den Bereichen, die in der Therapie nicht aufgegriffen wurden. In sein Lautinventar hatte er bereits [ts], [x] und auch [ʃ] aufgenommen.

Die erneute Diagnose durch den AVAK-Test nach einem halben Jahr zeigte weitere Fortschritte: In der Therapie hatte nie die Überwindung des Prozesses der Reduktion von Mehrfachkonsonanz im Fokus gestanden, trotzdem hatte Mirco diesen Prozess fast vollständig überwunden. In wenigen Äußerungen wurde die Mehrfachkonsonanz /ʃ/K noch durch /s/K realisiert oder auf den zweiten Konsonanten reduziert. Es war insofern ein Fortschritt, als nun eine Markierung der Mehrfachkonsonanz vorgenommen wurde. Dies entspricht ebenfalls einem wichtigen Zwischenschritt. Mehrfachkonsonanz in Verbindung mit anderen Konsonanten war vorhanden. Das Phoninventar war vollständig. Nur in drei Äußerungen ersetzte er /ʃ/ durch /s/.

Vergleich der Zielstrukturen – medial: sechs Monate später

Zielkonsonant	Übereinstimmung	Ersetzung
-p-	*11/21/27*	
- t -	*13/18/44/64*	
-f-	*14/43/52/60*	
-s-	*25/28/30*	*t: 15*
-ʃ-	*16/58*	*s: 34*
-ç-	*57*	
-x-	*6/22/54*	
-z-	*37/49/50/63*	

Vergleich der Zielstrukturen – final: sechs Monate später

Zielkonsonant	Übereinstimmung	Ersetzung	Auslassung
-p	*103*		
-t	*80/84/94/95*		

-f	*78/92*		
-s	*75/88/96/101*		
-ʃ	*67/68/83*		
-ç	*47*		
-x	*81/89/97*		

5 Vom Sprechen zur Schrift: Blick auf Kinder – Blick auf Erwachsene

5.1 Zum Beispiel *Orfeas, Sarah, Adim* und andere Kinder

Orfeas (5;2) schreibt seiner pädagogischen Fachkraft einen Brief (Abb. 27):

Abb. 27: Orfeas schreibt: Darf ich gleich zu dir kommen zum Spielen.

David (5;6 Jahre) möchte das Wort „Pyramide“ schreiben, weil er sich eine Pyramide zum Geburtstag wünscht. Er denkt nach:„Mhm, Pyramide? Wie schreibt man denn Pyramide? Ich weiß gar nicht, wie man Pyramide schreibt. Da musst du mir helfen. Aber ich kann schon Oma und Opa schreiben.“

Die dreijährige Sarah sieht eine fremde Erwachsene am Flughafen ein Kinderbuch lesen. Sie setzt sich zu ihr und sagt: „Lies mir vor.“ Sie hört interessiert zu. Anschließend sprechen beide über das Vorgelesene. Danach geht Sarah wieder zu ihrer Mutter.

Abb. 28: Wunschzettel von Andy, 1. Klasse

Adim sagt kurz vor der Einschulung fehlerfrei das ABC auf und memoriert die Zahlen von 1 bis 20. Er hat noch nie ein Bilderbuch angeschaut. Die Familie hat zu Hause keine Bücher, weder Bilderbücher in ihrer Erstsprache Albanisch noch auf Deutsch.

Erol fragt beim Umblättern eines Bilderbuchs, ob nun das nächste Level kommt.

Andy besucht bereits seit vier Monaten die erste Klasse. Kurz vor Weihnachten schreiben die Kinder einen Wunschzettel. Andy wünscht sich Schlittschuhe, Knete und einen Tannenbaum (Abb. 28).

Verfügen *David, Orfeas* und *Sarah* bereits über Schriftkenntnisse? Haben *Adim* und *Erol* die Funktion von Schrift erkannt? Über welche Fähigkeiten verfügt das Schulkind *Andy?*

5.2 Sprachwissenschaftliche Grundlagen zur Schriftsprache

Die folgenden Ausführungen zu den sprachwissenschaftlichen Grundlagen stellen die Basis für die Ausführungen zur sprachlichen Bildung und zur Sprachförderung dar.

Kinder erwerben wesentliche Elemente der mündlichen Sprache ohne Schriftkenntnisse. Im Kapitel 4 wurde schon festgehalten: Wir sprechen Laute und schreiben Buchstaben! Da Erwachsene die Sprache verstärkt über den Filter der geschriebenen Sprache wahrnehmen, trennen sie oft nicht zwischen Lauten und Buchstaben. Wir hören dann Äußerungen wie: „Das Kind spricht alle Buchstaben." Oder beim Springen ihres Sohnes auf dem Trambolin meinte eine Mutter, es würden sich die Buchstaben im Kopf besser vermischen. Erwachsene glauben manchmal im Wort „Hund" am Ende ein [d] zu hören, obwohl es in der deutschen Sprache die Auslautverhärtung gibt: Zahlreiche stimmhafte Laute werden am Wortende stimmlos gesprochen. Kinder ohne Schriftkenntnisse nehmen Sprache über die mündliche Sprache wahr und hören selbstverständlich ein [t] am Ende von „Hund". Manchen Buchstaben werden unterschiedliche Laute zugeordnet, z. B. wird der Buchstabe <d> in dem Wort „Dose" als [d] gesprochen, doch in dem Wort „Hund" wird dieser Buchstabe als Laut [t] realisiert. Das Wort „Schaf" besteht aus fünf Buchstaben, aber nur aus drei Lauten [sch-a-f].

Die Betrachtung der sprachwissenschaftlichen Grundlagen zum Erwerb der Schrift hängt vom Verständnis des Lerngegenstands ab. Es gibt zwei Sichtweisen; die eine sieht den Erwerb von Teilleistungen als Vorläuferfähigkeit für den Erwerb der Schrift an, die andere betrachtet den Schrifterwerb als Teil der sprachlich-kognitiven Entwicklung.

Es gibt eine lange Tradition, den Schrifterwerb als Aneignung von Teilleistungen zu verstehen, z. B. von visuellen und motorischen Fähigkeiten. Dementsprechend wird die Förderung dieser Fähigkeiten als Vorbereitung für den Schriftspracherwerb gesehen. Vielfältige Veröffentlichungen, diagnostische Verfahren und Materialien lenken den Blick auf diese Sicht.

Weiterhin wird die phonologische Bewusstheit als eine wesentliche Vorläuferfähigkeit für das Lesen- und Schreibenlernen diskutiert. Zu Beginn der 90er-Jahre wurden Untersuchungen zur Früherkennung und Prävention von Lese- und Rechtschreibschwäche durchgeführt (z. B. Marx 1992). Als eine wesentliche Ursache für die fehlenden Voraussetzungen wurden Entwicklungsrückstände in der phonologischen Bewusstheit angesehen. Eine einheitliche Definition von phonologischer Bewusstheit liegt aber bis heute nicht vor.

Da die deutsche Schrift eine alphabetische Schrift ist, besteht jedoch Übereinstimmung in der grundlegenden Auffassung, dass es sich bei diesem Konstrukt um die Fähigkeit handelt, von der Bedeutung sprachlicher Einheiten zu abstrahieren und sich mit formalen Aspekten der lautlichen Struktur einer Sprache zu befassen. Erneut werden zahlreiche Programme entwickelt, um diese Vorläuferfähigkeit zu trainieren und zu fördern (z. B. Küspert/Schneider 2006). Der Erfolg derartiger Programme wird kontrovers diskutiert (Valtin 2010; Sandu 2009). Mittlerweile ist es Konsens, dass die Schrift hilfreich sein kann, Segmentierungen von Sprache zu erkennen.

Doch zahlreiche Materialien (z. B. Plume/Schneider 2004) führen Buchstaben über die Sinn-Laut-Methode ein, d. h., Buchstaben werden mit Bedeutungen eingeführt. So wird z. B. beim Buchstaben <m> die Geste, dass etwas sehr gut schmeckt, vermittelt, oder <ei> ist mit der Geste verbunden, jemanden zu streicheln. Bei der Sinn-Laut-Methode wird übersehen, dass es beim Schrifterwerb wichtig ist, zwischen der Inhalts- und der Formseite der Sprache zu unterscheiden. So ist z. B. das Rotkehlchen ein kleines Tier, jedoch ist das Wort länger als das Wort „Kuh“, doch dieses Tier ist größer als das Rotkehlchen.

Dass auch Erwachsene ohne Schriftkenntnisse Sprache nicht nach Form und Inhalt unterscheiden können, zeigt folgende Äußerung eines jungen Mannes, der dabei ist, erste Verschriftungen vorzunehmen. Er hat bereits gelernt, dass das Wort „Eis“ mit <Ei> geschrieben wird. Neben ihm liegt ein Bild mit einer Eistüte, die zwei Kugeln enthält. Er fragt: „Und wie wird ‚Eis‘ geschrieben, wenn es drei Kugeln sind?“

Schritspracherwerb als Teil der sprachlich-kognitiven Aneignung

Demgegenüber wird in der Fachdidaktik Deutsch und auch im Elementarbereich durch den Blick auf Literacy (Ulich 2003) der Schrifterwerb aus der Sicht der Lernenden betrachtet. Kinder befinden sich in unterschiedlichen Stufen beim Erwerb der Schrift. Dies betrifft ihre Zugriffsweise, ihre Vorstellungen von Schrift und ihr individuelles Lernverhalten. Aus dieser Sicht gibt es auch keine Vorläuferfähigkeiten (Ramseger 2008). Sie existieren nur im Kopf von Erwachsenen. Im Leben kleiner Kinder gibt es keine „Vor-Erfahrungen“ und auch keine Voraussetzungen, sondern nur Erfahrungen, die in Wechselwirkung mit dem lernenden Subjekt stehen. Im Folgenden wird auf diese Sicht weiter eingegangen.

Die mündliche Sprache findet in der Regel zwischen mindestens zwei Personen statt und ist eingebunden in gemeinsame Handlungskontexte. Die Sprecherinnen können ebenso durch außersprachliche Mittel wie Gestik und Mimik kommunikative Absichten äußern (vgl. Kap. 2). Da es einen gemeinsamen Handlungsrahmen gibt, auf den sich die Kommunikationspartnerinnen beziehen, müssen sie nicht in grammatisch korrekten Sätzen kommunizieren. Treten Missverständnisse auf, können Gesprächspartnerinnen direkt nachfragen.

Ein Kennzeichen der geschriebenen Sprache ist das Fehlen einer Gesprächspartnerin. Die Schriftsprache muss fast ohne außersprachliche Ausdrucksmittel auskommen. Schreiber müssen sich in Gedanken diejenigen vorstellen, an die sie sich wenden. So muss die Schriftsprache ausführlicher und grammatisch korrekt sein, damit sie von Leserinnen verstanden wird. Ein weiteres Merkmal der gesprochenen Sprache ist ihr hoher Abstraktionsgrad.
Die deutsche Sprache als alphabetische Schrift ist von der Lautsprache abgeleitet. Die Lautsprache gilt als erste Symbolstufe, denn sie symbolisiert die Wirklichkeit. Die Buchstaben symbolisieren die Lautsprache, deshalb wird die Schrift auch als zweite Symbolstufe betrachtet. Die Schrift erfordert, von der sinnlichen Seite der Sprache zu abstrahieren und zu einer Sprache überzugehen, die nur gedacht und vorgestellt wird. Sie braucht nicht Wörter, sondern Vorstellungen von Wörtern.

Schriftzeichen

Die deutsche Schrift als alphabetische Schrift hat eine besondere Beziehung zur Lautsprache. Das lateinische Alphabet hat sich über Jahrtausende entwickelt und ist uns vertraut. Es ist die Basis, mit dem wir Laute einer spezifischen Sprache in Buchstaben auf Papier notieren. Das lateinische Alphabet gilt für die meisten europäischen Sprachen. Daneben gibt es z. B. auch das kyrillische und das neugriechische Alphabet sowie die arabische Schrift.

Dehn weist darauf hin, dass es für uns leichter ist, das lateinische Alphabet zu lernen, als z. B. chinesische Zeichen. Im Deutschen gibt es ungefähr zwei Dutzend Zeichen. „Diese bestehen aus wenigen Formelementen: A, H: zwei Lange und ein Kurzer; E, F, I, L, T: ein Langer und kein, ein oder zwei, drei kurze Striche; K, M, N, V, W, X, Y, Z: die Schrägen; O, C, S, U: die Runden; B, D, G, P, R, Q: die Runden und Geraden." (Dehn 2007, S. 56) Dabei ist darauf zu achten, dass es auf die genaue Beziehung der Formelemente bei den Zeichen ankommt, denn „durch Spiegelung und Drehung wird aus einem Buchstaben ein ganz anderer; aus dem d wird ein b oder sogar ein p, aus dem n wird u, aus W wird M und umgekehrt. Und das hat für das gemeinte Wort gravierende Auswirkungen. Ein **M**ahl ist etwas anderes als eine **W**ahl …

Mahl – **W**ahl
dringen – **b**ringen
paddeln – **d**addeln
Nacken – **Z**acken." (Ebd.)

Laut-Buchstaben-Beziehungen

In der deutschen Sprache gibt es ungefähr 40 Laute und nur 26 Buchstaben. Einige Laute werden durch das Zusammenfügen von mehreren Buchstaben repräsentiert, z. B. sch, au, ei, eu. Trotzdem kommen alle Buchstaben auch einzeln vor. So werden z. B. Vokale kurz oder lang gesprochen und in vielen Fällen durch dieselben Buchstaben verschriftet, z. B. Ton und Tonne. Weiterhin sind unterschiedliche Schreibweisen für einen Laut möglich, z. B. /eu/ in „Feuer" und „Häuser" oder /f/ in „Fahne" und „Vater".

Schriftkonventionen
Zu jeder Schrift gehören Schreibkonventionen, die für kompetente Leserinnen und Schreiberinnen selbstverständlich sind, die allerdings von nicht kompetenten Schriftnutzern erst erworben werden. Im Buch „Das ist ein Buch!“ (Smith 2010) stellt ein Esel folgende Fragen an sein Gegenüber, der ein Buch in der Hand hat: „Und wie scrollst du vor und zurück?“, „Brauchst du ein Password?“, „Und wo ist die Maus?“. Jedes Mal erhält er dieselbe Antwort, was für diesen Sprecher selbstverständlich ist, denn er kennt sich im Unterschied zum Esel mit Büchern aus: „Das ist ein Buch.“

Die Lese- und Schreibrichtung der deutschen Sprache verläuft von links nach rechts und von oben nach unten. Dass es kulturelle Unterschiede gibt, fällt erst auf, wenn wir Schriftkonventionen anderer Sprachen betrachten. In Arabisch ist beispielsweise die Schreibrichtung von rechts nach links und sowohl die chinesische als auch die japanische Schreibrichtung ist traditionellerweise von oben nach unten. Die einzelnen Spalten werden dann von rechts nach links gelesen. Vielfach findet sich heutzutage im chinesichen und japanischen Schriftalltag eine westlich orientierte links nach rechts und von oben nach unten Schreibrichtung, wenngleich in manchen Büchern und Zeitschriften beide Schreibarten nebeneinander auftauchen.

Zu den Konventionen gehört es auch, das Konzept von einem Buch kennen zu lernen. Wie herum wird ein Buch aufgeschlagen? In welcher Richtung wird gelesen und umgeblättert? Welche Unterschiede und Gemeinsamkeiten bestehen zwischen Text und Bild? Welche Funktion haben Überschriften, Absätze, Zeilen, Seitenzahlen usw.? Die Bedeutung der Zwischenräume zwischen den Wörtern und die Funktion von Satzzeichen gehören ebenso dazu.

Exkurs

Zur Bedeutung der Schrift in Kindertageseinrichtungen
In den Siebzigerjahren des letzten Jahrhunderts entstanden im funktionsorientierten Ansatz der Pädagogik der Kindertageseinrichtungen Übungen und Trainingsprogramme zur vorschulischen Erziehung, um die kognitive und vor allem auch die sprachliche Entwicklung von Kindern zu fördern. Ausgehend von den Studien Basil Bernsteins, der die Unterschiede in der sprachlichen Entwicklung von Kindern auf deren schichtspezifische Sozialisation zurückführte, wurden kompensatorische Sprachförderprogramme entwickelt, von denen eine Verbesserung der sprachlichen Fähigkeit von Kindern erhofft wurde. Zahlreiche Untersuchungen belegen, dass sich kaum langfristige Lernerfolge zeigten und ein isoliertes Training sprachlich-kognitiver Fähigkeiten zu keinem Lernerfolg führte (Valtin 2006; 1974). Als Konsequenz aus diesen negativen Erfahrungen entstand der situationsorientierte Ansatz, der sich stärker an den Erfahrungsbereichen der Kinder und ihrer Eltern orientierte. Die Aufgabe der pädagogischen Fachkräfte besteht danach in der Schaffung von Rahmenbedingungen, in denen kindliche Lern- und Entwicklungsprozesse unterstützt werden. Sprachförderung findet nicht in isolierten Übungen statt, sondern in für

Kinder bedeutsamen Handlungskontexten. Der Kindergarten sollte nicht mehr Zulieferer für die Schule sein und die pädagogischen Fachkräfte wehrten sich gegen die Aufgabe, eine schulvorbereitende Einrichtung zu sein.
Seitdem der Elementarbereich als eine eigenständige Bildungsstufe verstanden wird, werden Begriffe wie „Vorschulkind“ oder „Vorschulerziehung“ kritisiert. Die Schrift wurde aus den Kindergärten verbannt, weil sie vermeintlich zu den schulischen Inhalten zählte. Zumindest in Deutschland haben Generationen von Kindern ihre Jacken nicht an einem Haken aufgehängt, an dem ihr Name stand, sondern sie mussten sich meist an Tierbildern orientieren, um ihren Kleiderhaken zu erkennen. Lange Zeit hatte somit die Schrift im Elementarbereich keine Bedeutung. Eine junge Frau erzählt, dass sie nach fast 20 Jahren einen Spielkameraden aus dem Kindergarten getroffen habe. Ihr fiel noch ein, dass sie ihn damals „Tim Igel“ nannten, denn er hatte das Bild vom Igel an seinem Kleiderhaken.
Im Alltagsverständnis beginnt der Schriftspracherwerb erst in der Schule und ist unmittelbar mit dem schulischen Lehren verbunden. Immer wieder sind Eltern verunsichert, wenn sich Kinder bereits vor der Einschulung für Schrift interessieren und lesen und schreiben können, denn sie befürchten, dass sich ihre Kinder später in der Schule langweilen. Andererseits überschwemmen „Vorschulmappen“ und Trainingsprogramme den Markt und sollen Kindern den Übergang vom Kindergarten in die Schule erleichtern.
Dass die Schrift im Elementarbereich wichtig ist, wird heute nicht mehr geleugnet. Es ist offensichtlich, dass Kinder, bevor sie in die Schule kommen, in eine Welt der Schriftlichkeit eintauchen. Schrift im Elementarbereich fasst Ulich (2003) mit dem Begriff „Literacy“ zusammen. Für den aus dem anglo-amerikanischen Raum stammenden Begriff gibt es keine deutsche Übersetzung. Ulich definiert den Begriff als ein Konzept, das sich auf die frühe Kindheit bezieht und kindliche Erfahrungen rund um Buch-, Erzähl-, Reim- und Schriftkultur umfasst. Ein ähnlicher Begriff ist „Literalität“.

5.3 Sprachliche Bildung auf der Ebene der Schriftsprache

Die fast zweijährige Carina blättert ihr Bilderbuch von vorne nach hinten. Dabei zeigt sie auf die Bilder und benennt sie: „Ball“, „Wauwau“ etc. Thomas, fünf Jahre alt, entdeckt ständig neue Reimwörter: „Haus – Maus“ und „Kanne – Tanne“.

Kinder wachsen von Anfang an in einer Literacy-Kultur auf. „Mit Literacy sind über die bloße Lese- und Schreibkompetenz hinaus auch Text- und Sinnverständnis gemeint, sprachliche Abstraktionsfähigkeit, Lesefreude und die Vertrautheit mit Büchern.“ (Bauer 2011 a, S. 8) Erfahrungen im Bereich Literacy sammeln Kinder bereits sehr früh in ihren Familien: Dazu gehört neben der täglichen Gute-Nacht-Geschichte, dem gemeinsamen Bilderbuchbetrachten mit den Eltern auch das Entdecken von Symbolen und Schriftzeichen auf Lebensmitteln, Spielsachen und am Bildschirm. Ebenso sammeln Kinder Literacy-Erfahrungen, wenn sie die Eltern beim Lesen beobachten (Abb. 29) oder sehen, wie diese am Computer oder mit einem Stift schreiben (ebd.). Andererseits gibt es auch Kinder, die diese Erfahrungen nicht machen.

Abb. 29: *Linus* und sein Vater lesen die Zeitung.

Kinder beschäftigen sich bereits vor der Einschulung mit Schrift. Viele entdecken dabei auch Regeln der Sprache, eine für den Schrifterwerb unverzichtbare Fähigkeit. Diese Erfahrungen und Aktivitäten der Kinder werden oft fälschlicherweise als Vorläuferfähigkeiten verstanden; sie sind jedoch **erste Erfahrungen mit Schrift**. Die verschiedenen Sichtweisen, wie Schrift erworben wird, führen zu Unsicherheit bei Eltern, pädagogischen Fachkräften im Elementarbereich und auch bei Lehrkräften.

Um die sprachliche Bildung und den Übergang vom Sprechen zur Schrift von Kindern zu verstehen, ist es erforderlich, als Erwachsener die kindliche Perspektive einzunehmen. Pädagogische Fachkräfte sind bei Fortbildungen immer wieder über die kognitiven Leistungen von Kindern bei der sprachlichen Bildung erstaunt. Ihnen wird meist erst dann bewusst, dass Kinder wichtige Fähigkeiten der Sprache zunächst nur mündlich erwerben. Aufgrund fehlender Schriftkenntnisse im frühen Alter kennen Kinder beispielsweise keine Wortgrenzen und hören sie auch nicht. Dies zeigt sich oft auch bei den ersten Verschriftungen von Kindern.

Literacy und die frühkindliche Bildung

Literacy-Erfahrungen von Kindern im Elementarbereich sind sehr unterschiedlich und hängen vor allem vom familiären Umfeld ab. Mehrsprachige Handreichungen mit Empfehlungen für den häuslichen Umgang zum Thema Literacy sind bei Füssenich/Merkel-Wörner/Kensy (2011) zu finden. Der Film „Wie Kinder zur Schrift kommen" (2013) enthält Empfehlungen für Eltern und pädagogische Fachkräfte zu diesem Thema. Manche Kinder begegnen der Schrift bereits in den ersten Lebensmonaten, und andere haben nur wenig Schrifterfahrung sammeln können, wenn sie in die Schule kommen. Manche Kinder erleben, wie mit ihnen schon sehr früh Bücher angeschaut werden, und es werden ihnen Geschichten erzählt. Sie sehen, wie Eltern oder ältere Geschwister lesen, und sie erleben, wie sie sich über das Gelesene unterhalten. Kinder bekommen Bilderbücher geschenkt und nehmen sich selbst Bücher, um sie anzuschauen. Sie können sich auf Fiktionales einlassen, ahmen ihre Vorbilder nach, imitieren und verändern sie im Rollenspiel, indem sie z. B. Prinzessin und König spielen. Sie erwerben dabei literarische Muster wie „Es war einmal ...". Ihre Übernahme zeigt sich bereits im mündlichen Sprachgebrauch, bevor sie selbst schreiben. Sie treten im Rollenspiel auf und auch beim Diktieren. Dabei erwerben Kinder bereits Muster, die für das Schriftliche typisch sind, wie z. B. die Verwendung des Präteritums. Diese Fähigkeiten zeigen sich dann später in den Texten der Kinder.

Andere Kinder wachsen in einer weitgehend schriftlosen Umgebung auf. Sie haben keine Bilderbücher bzw. keine Bilderbücher in ihren Erstsprachen. Ihnen wird weder vorgelesen, noch werden ihnen Geschichten erzählt. Ihre Erzählungen beziehen sich deshalb vor allem auf die erlebte Realität und nicht auf Fiktionales. Sie verbinden mit Schrift vor allem das schulische Üben der Geschwister. Schrift spielt in ihrem familiären Umfeld eine geringe Rolle. Auch dies zeigt sich häufig später im Schulalter in den selbstverfassten Texten von Kindern. Sie verwenden wenig literarische Muster wie „Es war einmal ..." oder Redewendungen wie „Ihm standen die Nackenhaare zu Berge!", um ihre Texte lebendig zu gestalten. Häufig greifen sie auf ihre Erfahrungen aus der Medienwelt zurück und erhalten nicht selten von den Lehrkräften deswegen eine negative Rückmeldung.

Fabio (9;8 Jahre) ist ein Junge, der im Elementaralter in einem schriftarmen Umfeld aufwuchs und der aufgrund von mehreren Umzügen der Eltern nur sporadisch eine Elementareinrichtung besuchte. Er schreibt in der vierten Klasse folgende Geschichte: „Ich ging ins Internet und spielte Minecraft. Ich baute und baute. Ich musste auf die Toilette. Ich guckte durch das Schlüsselloch von der Toilette. Aber es war nicht die Toilette. Es war die Welt von Minecraft. Ich ging rein. Ich habe ein Haus aus Steinen und Holz und eine Tür gebaut. Ich hab in meinem Haus geschlafen. Es kamen Zombies, Spinnen und das gefährlichste: ein Creeper."

Sein Klassenkamerad Emil (9;5 Jahre) stammt aus einem Elternhaus, in dem Bücher und das Vorlesen schon von Anfang an eine wichtige Rolle spielten. Bis zum gegenwärtigen Zeitpunkt nimmt sich Emils Vater jeden Abend Zeit, um mit ihm gemeinsam zu lesen. Emil kann auf seine Erfahrungen in seinen Geschichten zurückgreifen und literarische Muster verwenden. Er schreibt als Viertklässler: „Die verzauberten Früchte. Eines Tages kam ein Junge namens Alex zu dem Garten. Er sah Früchte. Er pflückte eine Frucht und aß sie auf. Er fiel um und war ohnmächtig. Dadurch bemerkte er nicht, dass sich eine Hexe näherte. Die Hexe verzauberte ihn in einen Frosch …"

Kinder mit umfangreichen Erfahrungen erweitern im Elementaralter ihre Fähigkeiten im Bereich Literacy. Sie wollen ihren Namen und Einkaufslisten schreiben, entdecken Schrift in ihrer Umgebung und können sie entziffern. Julian (3;11 Jahre) sieht, wie seine Mutter einen Erinnerungszettel verfasst und schreibt selbst auch einen (Abb. 30). Einen Monat später malt er ein Geburtstagsbild für seine Oma und schreibt auf die Rückseite seinen Namen (Abb. 31):

Abb. 30: *Julian* schreibt einen Erinnerungszettel

Kinder werden in den Elementareinrichtung mit Schrift konfrontiert, nehmen sie – mehr oder weniger – wahr und machen ihre ganz eigenen Überlegungen, weshalb und wozu die Erwachsenen diese sonderbaren (Schrift-)Zeichen gebrauchen. Bald fangen sie an, die Zeichen selbst zu verwenden, wenn auch vor dem Hintergrund von – für die Erwachsenen manchmal etwas eigenwilligen – Schreib- und Leseversuchen. Sie bilden dabei ihre Fähigkeiten in verschiedenen Bereichen weiter (Füssenich/Geisel 2008, S. 31).

Erweiterung der Wahrnehmung von Schrift: Kinder entdecken die Schrift im Alltag auf Türschildern, in Büchern und Zeitungen, auf Spielsachen, Kleidungen, Lebensmittelverpackungen usw. Dazu gehört auch das Entdecken von Emblemen wie Markennamen, Verkehrsschilder, Türbeschriftungen (z. B. für Toiletten). Mit dem Lesen von Emblemen zeigen Kinder, dass sie bereits über ein Symbolverständnis verfügen. Sie haben begriffen, dass es Symbole gibt, die für etwas stehen, nichts anderes sind Schriftzeichen. (Wildermann/Tenta 2008a)

Erweiterung des Wissens über die Funktion von Schrift: Nicht nur die Wahrnehmung von (Schrift-)Zeichen im Alltag, sondern auch die Wahrnehmung von Schrift als kommunikatives Mittel gehört zur Bildung im Bereich der Schriftsprache dazu. Kinder entdecken allmählich, dass es einen Grund gibt, warum Papa einen Einkaufszettel schreibt und weshalb Mama die Zeitung liest. Mit den Symbolen der Schrift teilen kompetente Leserinnen und Schreiberinnen anderen etwas mit und halten Wichtiges zur Erinnerung fest.

Erwerb von Kenntnissen von Begriffen wie Buchstabe, Zahl und Wort: Es zeigt sich, dass Schulanfängerinnen mit ganz unterschiedlichem Wissen über Begriffe in die

Schule starten (Füssenich 2009). Lehrkräfte können keinesfalls davon ausgehen, dass alle Kinder den Begriff „Buchstabe" kennen oder alle Schulanfänger das Gleiche verstehen, wenn von den Tätigkeitsbegriffen „schreiben" oder „lesen" die Rede ist. Und dennoch werden diese Begriffe beim Schulanfang häufig als gegeben vorausgesetzt. Sie bilden sich bereits bei vielen Kindern im Elementaralter aus, der vollständige Erwerb ist jedoch mit Eintritt in die Schule nicht abgeschlossen.

David (5;6 Jahre) kennt bereits den Begriff „Buchstabe". Auf die Frage der pädagogischen Fachkraft „Was ist das für ein Buchstabe?" bei einer gemeinsamen Bilderbuchbetrachtung sagt der Junge: „Das weiß ich eigentlich nicht, ich sag es dir nicht, sondern ich zeig's dir." Er nimmt ein Blatt und einen Stift und malt ein A und dann noch weitere Buchstaben, die er kennt.

Erweiterung des Wissens von Kenntnissen über Konventionen: Hierzu zählt beispielsweise das Wissen um die Schreib- und Leserichtung, die nicht in allen Teilen der Welt von links nach rechts verläuft. Hinter der Schriftsprache verbirgt sich eine Vielzahl an Konventionen, viele davon lernt das Schulkind im Deutschunterricht, einen Teil jedoch eignen sich Kinder bereits im Elementaralter an, indem sie die Erwachsenen beim Umgang mit der Schrift beobachten und selbst erste Lese- und Schreibversuche unternehmen. Dabei sind nicht alle Konventionen gleich von Anfang an vorhanden. Kinder entwickeln manchmal unkonventionelle Lösungen. Julian schreibt seinen Namen. Als das Blatt zu Ende ist, schreibt er einfach unten weiter (Abb. 31).

Abb. 31: *Julian* schreibt seinen Namen.

Erweiterung der metasprachlichen Fähigkeiten und Dekontextualisierung: Die Schriftsprache unterscheidet sich von der mündlichen Sprache. In der Auseinandersetzung mit der geschriebenen Sprache entwickelt sich die mündliche Sprache weiter. Mit der Dekontextualisierung ist die Sprache nicht mehr an die konkrete Handlung gebunden, die sprachlichen Inhalte sind losgelöst von einer Handlung, z. B. erzählt ein Kind der Mutter vom Zoobesuch, bei dem sie nicht dabei war. Damit sind Kinder zunehmend in der Lage, ihre Sprache dem Kontext anzupassen, und ihre Äußerungen ähneln schriftlichen Texten, denn sie erzählen hörerbezogen. Sie entwickeln im Rahmen der Loslösung von Kontexten eine literale Sprache (Füssenich 2011 a, S. 17; Winner 2009; Lurija 1986).

Erweiterung bei der Einsicht in den Aufbau von Schrift: Die Fähigkeit, über Sprache nachzudenken, Sprache dekontextualisiert zu verwenden und mit Sprache zu spielen, geht Hand in Hand mit der Einsicht in den Aufbau von Schrift. Kinder entdecken, dass es einen Zusammenhang zwischen den von ihnen gehörten/gesprochenen Lauten und den Schriftzeichen gibt. Hierzu gehört auch die Fähigkeit, von der Inhaltsebene zu abstrahieren und die Aufmerksamkeit auf die Form zu lenken: „Eichhörnchen" ist ein langes Wort, aber ein kleines Tier, ganz im Gegenteil zu „Wal". Die Fähigkeiten, Reime zu bilden, Silben zu segmentieren und die Laute zu hören, sind Ausdruck der Erweiterungen von Kindern bei der Einsicht vom Aufbau der Schrift.

Alles in allem zeigen Kinder, dass sie ihre Fähigkeiten in den oben genannten Bereichen erweitern – oft mit **ersten Schreib- und Leseversuchen** (Abb. 33-36). Die Erweiterungen werden häufig in verschiedenen Phasen beschrieben: Zunächst beginnen die Kinder zu kritzeln, worauf sie allmählich einzelne Buchstaben und später auswendig gelernte Wörter wie ihren Namen oder „Mama und Papa" in ihre Schreibproben einbeziehen. Und schließlich verschriften sie nicht selten im Elementaralter schon einzelne Laute oder Lautelemente wie *Orfeas* (auf den weiter unten noch eingegangen wird), die wie ein Gerüst (oder Skelett) von normgerechten Wörtern wirken. Auch im Bereich Lesen werden die Erweiterungen ihrer Fähigkeiten sichtbar, indem sich Kinder zunehmend mehr für Bücher und die darin enthaltenen Schriftzeichen interessieren. Sie beginnen für sich zu lesen, und möchten ihren Bezugspersonen, Geschwistern oder gleichaltrigen Freunden aus Büchern vorlesen (Abb. 32). Auch bei der Leseentwicklung verfügen manche Kinder im Elementaralter über die Fähigkeit, einzelne Wörter oder gar Sätze bereits synthetisierend zu erlesen (die Entwicklungsschritte ausführlich bei Bauer 2011 a; Bürgin/Menz 2008, Füssenich/Geisel 2008; Valtin 1996).

Abb. 32: Linus (1;5 Jahre) liest.

Abb. 33: Kind schreibt Wörter.

Abb. 34: Kind imitiert die Erwachsenenschrift (Kritzelschrift).

Abb. 36: Kind schreibt Zahlen.

Abb. 35: Kind schreibt seinen Namen und Buchstaben.

Eine pädagogische Fachkraft schaut mit Orfeas (5;2 Jahre) und anderen Kindern ein mehrsprachiges, griechisch-deutsches Kinderbuch an. Sie betrachten zunächst die Bilder ohne Schrift und überlegen, was die Kinder in dem Buch erleben. Erst später ist die Schrift zu sehen. Orfeas kann im letzten Kindergartenjahr bereits ein wenig lesen und schreiben. Er besucht die griechische Schule. Er liest ein paar Wörter auf Griechisch und entscheidet sich dann, auf Deutsch weiterzulesen. Der Junge ist begeistert von dem Buch und schreibt am nächsten Tag einen Brief an seine pädagogische Fachkraft (Abb.37):

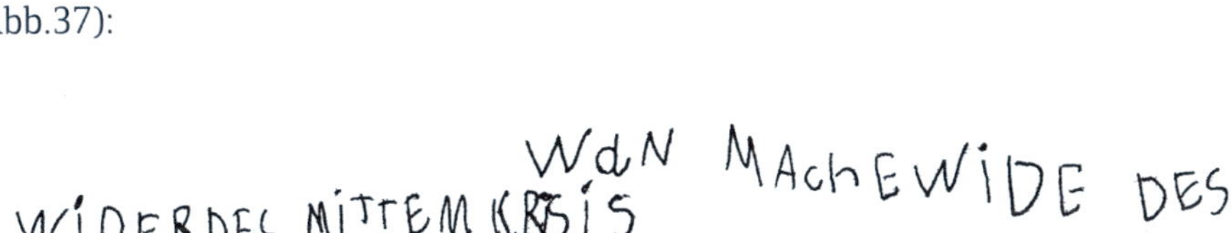

Abb. 37: Brief von Orfeas: Wann machen wir des wieder des mit dem Griechisch?

Der Text von Orfeas zeigt, dass er den Zusammenhang zwischen der mündlichen Sprache und der Schrift herstellen kann, auch wenn sein Text nicht den Schreibkonventionen von Erwachsenen entspricht: Orfeas beherrscht zahlreiche Laut-Buchstaben-Beziehungen, was sich z. B. bei „W", „M", „i" und „E" zeigt. Einige Laut-Buchstaben-Beziehungen, die nicht der Norm der Erwachsenschrift entsprechen, verdeutlichen, dass er seinen Fähigkeiten entsprechend seine gesprochene Sprache in Schrift umsetzt: DEM (TEM), Griechisch (KRIsIS). Der Junge setzt sich sogar schon mit Wortgrenzen auseinander. Die pädagogische Fachkraft weiß aufgrund des gemeinsamen Bilderbuchlesens (vgl. Kap. 5.4.2), dass er mit der Formulierung „des da mit dem Griechisch" diese Situation meint. Für fremde Leserinnen wird nicht deutlich, was Orfeas meint, für den Jungen ist dies selbstverständlich. Wenn er die Freude an der geschriebenen Sprache nicht verliert, wird er erkennen, dass schriftliche Texte expliziter sein müssen als Äußerungen in der mündlichen Sprache, denn bei Geschriebenem ist der Rückgriff auf den Kontext sowie Gestik und Mimik nicht möglich. Wenn ein Kind diese Schreibkompetenz schon vor der Einschulung aufweist, verfügt es über sprachliche Fähigkeiten, die sich auch auf anderen Sprachebenen zeigen.

Kinder erweitern im Elementarbereich ihre schriftsprachlichen Fähigkeiten in den oben beschriebenen Bereichen. Es passiert nicht selten, dass manche von ihnen bereits über beeindruckende Fähigkeiten verfügen, an denen im Alltag und in der Förderung angeknüpft werden kann, wie bei dem Jungen *Orfeas* oder *Wassilios* (vgl. Kap. 5.5).

5.4 Sprachförderung auf der Ebene der Schriftsprache

Die frühe schriftsprachliche Bildung, die Kompetenzen im Bereich Literacy, können auf unterschiedliche Art und Weise in elementarpädagogischen Einrichtungen angeregt werden. In vielen Einrichtungen sind mittlerweile Schreib- und Leseecken fester Bestandteil der Raumgestaltung. In Leseecken finden Kinder unterschiedliche Sach-, Bilder- und Geschichtenbücher, im Idealfall in mehreren Sprachen. Und in Schreibecken stehen ihnen ein vielfältiges Repertoire an Stiften, Scheren, Linealen und anderen Schreibutensilien sowie Hefte und Papiere in unterschiedlichen Formen und Farben zur Verfügung. Eine Tafel bietet sich häufig an, da die Kinder gerne Schule spielen, und zur Tafel gehört neben Kreide auch ein Magnetset mit Buchstaben und Zahlen. Nicht selten hängt in den Einrichtungen eine Anlauttabelle, und manche Kinder beginnen schon, auf dieser die Buchstaben ihres Namens oder andere zu entdecken.

Die folgende Darstellung enthält einen Überblick mit Anregungen zur Förderung der Fähigkeiten, die im Kapitel 5.3 beschrieben wurden.

	Anregung zur Sprachförderung
Erweiterung der Wahrnehmung von Schrift	Entdeckungsspaziergang (Wildermann/Tenta 2008 b): Bei einem Spaziergang durch die Einrichtung oder durch den Wohnort entdecken Kinder Symbole und Embleme. Diese können sie in einem Schreibblock aufschreiben. „Gezinktes Memory" (zu finden bei Füssenich/Löffler 2009; 2008): Ein Memory-Spiel, auf dessen Rückseite die Wörter der Abbildungen stehen, eignet sich, um das Spielformat Memory zur Anregung der Wahrnehmung von Schrift zu verwenden.
Erweiterung des Wissens über die Funktion von Schrift	Schreib- und Leseanlässe, bei denen die Funktion von Schrift deutlich wird, lassen sich in verschiedene Rollenspiele integrieren: Post-Spiel, Einkaufsspiel mit Einkaufszettel, Restaurant-Spiel mit Bestellblock, Arztspiel mit Rezept u. v. m. (Bauer 2011 b).
Erwerb von Kenntnissen von Begriffen wie Buchstabe, Zahl, Wort	Ein Quartettspiel mit Tätigkeitsbegriffen (malen, schreiben, lesen) sowie Buchstaben, Wörtern und Zahlen fördert die Begriffsbildung (Menz 2009 b).
Erweiterung des Wissens von Kenntnissen über Konventionen	Bei der gemeinsamen Bilderbuchbetrachtung entdecken Kinder die Leserichtung und Blätterrichtung von Büchern (vgl. Kap. 5.4.2). Eine weitere Möglichkeit zur Förderung des Wissens über Konventionen ist das Kinderdiktat, bei dem Kinder erfundene Geschichten oder Lerngeschichten über sich selbst den pädagogischen Fachkräften diktieren (Andresen 2011; Merklinger 2008).
Erweiterung der metasprachlichen Fähigkeiten zur Dekontextualisierung	Um anzuregen, dass sich Kinder vom Inhalt der Sprache lösen und auf die Form einlassen, eignen sich Reimspiele, bei denen ein semantischer Ablenker zu einem Reimpaar präsentiert wird (Haus, Maus, Katze oder Wal, Mütze, Schal) (Füssenich/Löffler 2009; 2008). Die Förderung der literalen Sprache, die sich in Schriftkontexten von der Sprache in anderen mündlichen Kontexten unterscheidet, wird ebenso durch das Diktieren der Kinder angeregt. Ferner fördert auch jegliches Erzählen (v.a. Geflechterzählungen) die Fähigkeit zur Dekontextualisierung, da beim gemeinsamen Erzählen des Erlebten, der Geschichten, des Märchens usw. überlegt werden kann, welche Informationen Zuhörerinnen brauchen, um dem Inhalt der Erzählung folgen zu können (Winner 2009, vgl. Kap. 2.2 und 2.3.1). Für das schriftliche Erzählen ist dies eine notwendige Kompetenz.
Erweiterung bei der Einsicht in den Aufbau von Schrift	Silbenspiele, Abzählverse, Reime und andere Sprachspiele fördern die Einsicht in den Aufbau von Schrift.

„Es geht also nicht darum, die Kinder im Lesen- und Schreibenlernen im traditionellen Sinne zu unterrichten, sondern sie auf dem Weg in die Schrift zu begleiten und zu unterstützen. Der Kindergarten sollte sich hierbei als ein Ort verstehen, der eine anregende Lernumgebung bereitstellt, in der die Forscher- und Entdeckerlust der Kinder aufgegriffen und in nachhaltige Lernszenarien überführt wird." (Wildermann/Tenta 2008 a, S. 34)

5.4.1 Vom Sprechen zur Schrift: Fähigkeiten erkennen

Veröffentlichungen widmen sich der Frage, wie die frühen schriftsprachlichen Fähigkeiten der Kinder beobachtet und dokumentiert werden können. Nicht selten werden in diesem Zusammenhang die Vorläuferfertigkeiten benannt, um später zu verhindern, dass Kinder eine Lese-Rechtschreib-Schwäche entwickeln. Da es jedoch keine Teilleistungen sind, aus denen sich der Schriftspracherwerb zusammensetzt, sondern dieser als sprachlich-kognitiver Lernprozess zu verstehen ist, sind es auch keine Teilleistungen, die diagnostiziert werden müssen. „Kinder befinden sich in unterschiedlichen Stufen auf dem Weg zur Schrift. Dies betrifft ihre Zugriffsweisen, ihre Vorstellungen von Schrift und ihr individuelles Lernverhalten." (Füssenich 2012 a, S. 8)

Bei Iris Füssenich und Carolin Geisel (2008) sind Beobachtungsbögen zu finden, mit denen eine pädagogische Fachkräfte die frühen Zugriffsweisen und Vorstellungen der Kinder von Schrift beobachten können. Mithilfe des Bilderbuches „Toni feiert Geburtstag" findet die pädagogische Fachkraft bei der gemeinsamen Betrachtung mit dem Kind Anhaltspunkte, ob das Kind sich für die Schrift interessiert, ein Buch von der richtigen Seite aufschlägt, Fragen zum Text oder gar zur Schrift stellt und ob es konzentriert zuhören kann. Außerdem kann im Beobachtungsbogen das Wissen eines Kindes über Schrift festgehalten werden, auch hier bietet „Toni feiert Geburtstag" Anregungen, Zahlen und Buchstaben zu entdecken. Im Anschluss soll ein Kind einen eigenen Wunschzettel schreiben. Die Beobachtungen während dieser Situation kann die pädagogische Fachkraft in einem weiteren Beobachtungsbogen festhalten. Mit dieser Beobachtungsaufgabe von Iris Füssenich und Carolin Geisel (2008) sollen keinesfalls Risikokinder für spätere Lese-Rechtschreib-Probleme identifiziert werden, sondern vielmehr gibt die Beobachtungsaufgabe den pädagogischen Fachkräften Einblicke in die Fähigkeiten und Interessen von Kindern im Bereich der frühen sprachlichen Bildung.

Der Beobachtungsbogen „Literacy und Sprache in Kindertageseinrichtungen (LiSKit)" (Mayr/Hofbauer/Kofler/Simic 2012) hilft pädagogischen Fachkräften, die Qualität ihrer sprachlichen Anregungen in den Einrichtungen einzuschätzen. Im Bogen sind explizit einige Literacy-Aspekte enthalten, die die Selbstreflexion über eine schriftsprachliche Anregung unterstützen, so zum Beispiel, welche Rolle Bücher in der Einrichtung spielen, welche Inhalte die Bücher haben und wie diese genutzt werden. Auch das Vorhandensein von Medien und Technik wird zum Reflexionsthema ebenso wie Fragen zum Schreiben und der Schriftkultur: Gibt es Bereiche, in denen Kinder schreiben können? Wie ist der Geräuschpegel in der Schreibecke? Finden die Kinder Hilfsmittel, um Buchstaben zu schreiben? Gibt es eine Tafel, Anlauttabelle, Wortkarten u. v. m.? Neben Fragen, die sich eher mit der (räumlichen) Ausstattung der Einrichtung befassen, beinhaltet der Beobachtungsbogen Impulsfragen für Literacy-Aktivitäten der Fachkräfte zum Thema „Lieder, Reime, Spiele“, „Bilderbuchbetrachtung, Vorlesen, Hörbücher“, „Rund ums Buch“ sowie „Schriftkultur“. Alles in allem können pädagogische Fachkräfte LiSKit als Reflexionsgrundlage für ihr pädagogisches Angebot und die vorhandene Ausstattung zur Anregung der Schriftsprache nutzen. Dabei ist sowohl die Selbst- als auch die Fremdevaluation möglich.

5.4.2 Der Einsatz von Bilderbüchern in der Förderung

Die Förderung im Bereich Literacy richtet sich – wie die Förderung in den anderen sprachlichen Bereichen – stets auf die Fähigkeiten und Interessen von einzelnen Kindern. Hat ein Kind beispielsweise Interesse am Entdecken von Buchstaben und Zahlen, kann durch das Bereitstellen von geeignetem Material in einer Schreibecke das Kind dazu angeregt werden, seine Fähigkeiten zu erweitern. Und wenn Kinder wie *Orfeas* bereits erste Worte schreiben und lesen können, wird diese Fähigkeit in unterschiedliche Alltags- und Spielformate integriert. Das Format des Bilderbuchlesens eignet sich hierfür besonders und ist ebenso zur Förderung von sprachlichen Fähigkeiten auf pragmatisch-semantischer Ebene hilfreich. Das folgende Kapitel vertieft daher die Verwendung von Bilderbüchern zur (schrift)sprachlichen Förderung.

Bruner (2002), der schon die Bedeutung von Formaten insgesamt hervorhob, betont die Relevanz des Formats „Bücher lesen“ als anregende Situation im Sprachlernprozess. Er verdeutlicht dies am Beispiel des kleinen Richard, den er im Alter von 0;8 – 1;6 Monaten beim „Bücherlesen“ mit seiner Mutter beobachtete. Er fand heraus, dass die Anforderung der Mutter an ihren Sohn mit dessen zunehmenden Kompetenzen stieg. Beispielsweise änderte sich die Art ihres Fragestils, als sie merkte, dass Richard bestimmte Begriffe bezeichnen konnte. Richard konnte im sicheren Dialog mit der Mutter die Sprache entdecken und ausprobieren. Er hatte somit die „Möglichkeit, in formatierten, von der Mutter geführten Dialogen kommunikative Routineabläufe zu üben und damit zu perfektionieren“. (Bruner 2002, S. 72)

Ulich (2003) spricht von Lern- und Bildungschancen für Kinder durch Bilderbücher. Dabei sind es weniger die pädagogisch-wertvollen Inhalte, die in vielen Kinderbilderbüchern thematisiert werden, sondern es ist vielmehr die dialogische Vorlesesituation, die den sprachförderlichen Nutzen von Bilderbüchern ausmacht. Die Bilderbuchsituation ist eine besondere Form des Dialogs, bei der nicht nur Dinge benannt werden, sondern definiert, umschrieben und erweitert werden. Bedeutungen werden hergestellt, Abfolgen von Handlungen thematisiert und darüber hinaus Bezüge zur Lebenswelt der Kinder gemacht (Ulich 2003, S. 111). Im Mittelpunkt stehen die Freude am gemeinsamen Miteinander und der Dialog über das Bilderbuch. Fuchs (2006, S. 231 ff.) hebt drei Aspekte hervor, die den sprachförderlichen Nutzen von Bilderbüchern ausmachen:

Übernahme von sprachlichen Routinen: Bei Bilderbüchern, die nach immer gleichbleibendem Schema ablaufen und die sich wiederholende Textstellen enthalten, wie etwa die bekannte kleine Raupe Nimmersatt (Carle 2012), übernehmen Kinder bei der wiederholten Betrachtung diese Textstellen als sprachliche Routinen. Durch diese Imitation kann sich ein Kind als kompetente Sprecherin erleben. „Gerade sprachlich schwächeren Kindern ermöglicht dieses Ritual den kommunikativen aktiven Einstieg in das Bilderbuch." (Schönauer-Schneider 2012, S. 256)

Unterstützung und Vernetzung des Wortschatzes: Der Wortschatz wird erweitert, indem neue Begriffe eingeführt oder auf Details bereits vorhandener hingewiesen und semantische Bezüge hergestellt werden. Die Bilder geben zusätzliche Hilfen, so dass sich Kinder leichter an Bedeutungen erinnern und diese reaktivieren können.

Bedeutung des Perspektivwechselns und der Partnerorientierung: Die Perspektiven des Protagonisten werden thematisiert und reflektiert. Im Gespräch mit einem Kind über die Handlung der Geschichte muss sich ein Kind in die Protagonisten hineindenken („Warum macht er das wohl?" oder „Was glaubst du, wie es ihm gerade geht?").

Bilderbücher bieten einen weiteren förderlichen Aspekt, indem sie Kinder mit schriftsprachlichen Aspekten vertraut machen. Kinder entdecken ihnen bekannte Buchstaben, Wörter und Zahlen, und sie freuen sich, wenn sie diese an anderen Stellen wiederfinden. Es gibt einige Bilderbücher, die explizit Schrift bzw. Schreiben und Lesen zum Thema haben. Unter diesem Aspekt haben auch zweisprachige Bilderbücher, die die Kinder an die Schriftsprache ihrer Erstsprache heranführen, eine Bedeutung.
Und es geht auch anders! Einige Bilderbücher verzichten (fast ganz) auf die Schriftsprache und erzählen Geschichte und Abenteuer mit fantastischen Bildern, die die Kinder gemeinsam mit den pädagogischen Fachkräften zum Erzählen einladen

Zwei- und mehrsprachige Bilderbücher: interkulturelles Lernen

Gerade in Bilderbüchern kann interkulturelles Lernen angeregt werden. Rösch (1997) hat sich ausführlich mit diesem Thema beschäftigt. Interkulturelles Lernen kann auf zwei Arten angeregt werden: mithilfe von zweisprachigen Bilderbüchern als auch mit Büchern, die Zweisprachigkeit und/oder Migration zum Thema haben). (Anregungen für Bilderbücher in mehreren Sprachen sind zu finden in der Broschüre „Mehrsprachige Kinderbücher", einer Gemeinschaftsproduktion verschiedener Verlage, zu beziehen zum Beispiel über Edition bi:libri unter http://www.edition-bilibri.com/)

Mit zweisprachigen Bilderbüchern können Kinder direkt mit der Schriftsprache ihrer Erstsprache konfrontiert und die Schrift kann verglichen werden. Ein Kind kann entdecken, wie unterschiedlich das Schriftbild eines Wortes in verschiedenen Sprachen aussieht. Leider ist häufig die Aussprache ein schwieriges Problem. In einigen Einrichtungen gibt es hierfür die Einbindung von „Vorlese-Paten" (Eltern, Großeltern usw.), welche die Einrichtung besuchen und in ihrer Erstsprache vorlesen können. Nicht selten werden auch die mehrsprachigen Kompetenzen der pädagogischen Fachkräfte genutzt. Zu einigen zweisprachigen Büchern gibt es ergänzend zweisprachige Hörspiele.

Innerhalb der zweisprachigen Bilderbücher gibt es verschiedene Unterscheidungskategorien:

- **Zweisprachig gedruckte Bilderbücher:** Bilderbücher, die sowohl in Deutsch als auch einer weiteren Sprache gedruckt wurden. Beide Sprachen stehen nebeneinander im Buch.
- **Bestseller in anderen Sprachen:** Einige Kinderbuchklassiker gibt es mittlerweile in einer Vielzahl anderer Sprache.
- **Traditionelle Bilderbücher aus den Kulturen der Kinder:** Darunter sind Bücher zu verstehen, die traditionelle Märchen und Geschichten aus anderen Ländern enthalten.
- **Lexika:** Nachschlagewerke und Wörterbücher für Kinder; in mehreren Sprachen verfasst.

In zahlreichen Büchern wird auf kindgerechte Weise das Thema Migration aufgegriffen. „Sich fremd fühlen", „Freunde finden" und „in einer fremden Umgebung leben" kann im Bilderbuch thematisiert werden, ohne dass dabei eine bestimmte Kultur im Mittelpunkt stehen. Innerhalb der Bilderbücher, die Zweisprachigkeit (Migration) thematisieren, unterscheidet Rösch (1997, S. 17 ff.) zwischen Bilderbüchern **über** andere Länder, Bilderbüchern **aus** anderen Ländern und Bilderbüchern aus der Migrationsliteratur.

Vor allem die letzte Gruppe bietet sich besonders für interkulturelle Erziehung an. „Franco Biondi betonte Anfang der 80er-Jahre gemeinsam mit Rafik Schami, was sie heute getrennt voneinander wiederholen, dass die ... ‚Kinderliteratur der Fremde'... eine eigenständige von einheimischen Autoren getrennt zu sehende Literatur ist." (Rösch 1997, S. 22) Einheimische Autorinnen kennen die Lage, die Ängste und Träume der Kinder ethnischer Minderheiten nicht wirklich. Die Migrationsliteratur bearbeitet dabei Themen nicht mit der Zeigefingermoral der einheimischen Autoren, sondern sie erzählt „... von einer multikulturellen Welt, von erfolgreichen interkulturellen Lern- und Begegnungsprozessen und bearbeitet Themen wie Minderheitenmehrsprachigkeit oder Migrationssozialisation emanzipatorisch" (Rösch 1997, S. 23).

Förderung mit Bilderbüchern auf allen sprachlichen Ebenen

Bilderbücher erweitern nicht nur die Fähigkeiten im Bereich Literacy und machen die Kinder auf Bücher und die Schriftsprache neugierig, sondern eignen sich zum Einsatz in der Förderung auf allen sprachlichen Ebenen. Dies beschreibt Schönauer-Schneider für die einzelnen sprachlichen Bereiche:

Für die Förderung auf der **pragmatisch-semantischen Ebene** hebt Bruner (2002) hervor, wie mit dem Format Bilderbücher und den auf die Fähigkeiten des Kindes abgestimmten Äußerungen der Bezugspersonen der Erwerb neuer Begriffe erweitert wird. Er beschreibt dabei vier Schlüsseltypen von förderlichen Äußerungen der Bezugspersonen: der Aufruf („Schau!"), die Frage („Was ist das?"), die Bezeichnung („Dort ist eine Kuh!") und die Rückmeldung („Nein, das ist ein Pferd, keine Kuh!").

In der **Aussprache** kann je nach Thema des Buches ein bestimmter Laut fokussiert werden, wie beispielsweise das /sch/ im bekannten Regenbogenfisch (Carl 2007). Coen (2000) zeigt dies in der Ausspracheförderung mit einem Jungen. Als Minimalpaar diente Schuppe – Suppe.

Im Bereich der **Grammatik** lassen sich mithilfe von unterschiedlichen Bilderbüchern bestimmte Wortarten thematisieren. Mithilfe von routinierten Äußerungen können bestimmte grammatische Apekte gehäuft angeboten werden.

Und schließlich sind Bilderbücher förderlich für den Einsatz im Bereich **Literacy**, da sie die Entwicklung der dekontextualisierten Sprache fördern und den Kindern ein Gefühl für die Erzählstruktur von (schriftlichen) Geschichten vermitteln (Schönauer-Schneider 2012, S. 246).

5.5 Sprachtherapie auf der Ebene der Schriftsprache

Schrift als Teil der Sprache hat in unterschiedlicher Art und Weise einen festen Platz in der Elementarpädagogik. Kinder interessieren sich nicht nur für Schrift, sondern so wie in allen sprachlichen Ebenen erweitern sie ihre Fähigkeiten auch in der Schriftsprache. In der Sprachförderung ist der Einsatz von Schrift vielfältig möglich; Gleiches gilt für die Sprachtherapie. Und dennoch ist an dieser Stelle zu erwähnen, dass es im Folgenden nicht um die Therapie der Schriftsprache im Sinne einer Lese-Rechtschreib-Therapie im Schulalter geht. Ebenso wenig geht es um die Therapie von nicht vorhandenen Vorläuferfertigkeiten sowie das Training der phonologischen Bewusstheit zur Prävention von Lese- und Rechtschreibschwierigkeiten. Die schriftsprachliche Bildung ist keine Aneignung von Teilleistungen, die es präventiv zu therapieren gilt (Füssenich 2012 a). Vielmehr wird im folgenden Kontext eine Möglichkeit aufgezeigt, wie Schrift vielfältig und kreativ in die Therapie einfließen kann, um Kindern die Erweiterung ihrer sprachlichen Fähigkeiten auf den Ebenen Pragmatik und Semantik (vgl. Kap. 2), Grammatik (vgl. Kap. 3) und Aussprache (vgl. Kap. 4) zu ermöglichen. Der folgende junge Lerner Wassilios, der wie *Orfeas* bereits im Elementaralter ein wenig schreiben und lesen konnte, erhielt demnach keine Therapie in der Schriftsprache, sondern die Schrift wurde als metasprachliche Unterstützung in der Therapie hinzugezogen.

Wassilios erweitert seine Fähigkeiten durch ein zweisprachiges Bilderbuch
Wassilios wächst mit den Sprachen Griechisch und Deutsch auf. Im Jahr vor der Einschulung kann Wassilios bereits ein wenig lesen und schreiben. Er besucht die griechische Schule. Auf der pragmatisch-semantischen Ebene hat Wassilios Schwierigkeiten. Probleme bei der Erweiterung seiner Fähigkeiten werden vor allem beim Wortschatz und beim Sprachverständnis deutlich. Er versteht viele Begriffe nicht, weicht aus und fällt im Alltag in der Einrichtung häufig durch negatives Verhalten auf. In der Gramma-

tik hat Wassilios Schwierigkeiten, seine Fähigkeiten zu erweitern. In vielen Äußerungen stimmen seine Verbflexionen nicht:

„Der Gute hat den Bösen so nach oben **gezieht.**"
„Dann ist die bei mir so **raufgespringt.**"
„Vielleicht wenn wir sie **streichelt.**"

Aufgrund seiner Schwierigkeiten auf den Ebenen Pragmatik und Semantik sowie in der Grammatik erkannten die pädagogischen Fachkräfte gemeinsam mit den Eltern die Notwendigkeit einer Sprachtherapie, damit der Junge seine Fähigkeiten erweitern kann. In der Therapie stand das zweisprachiges Bilderbuch „Arthur und Anton" (Hammer 2009) im Mittelpunkt, um an Wassilios mehrsprachigen Kompetenzen anzuknüpfen. Es ist in mehreren Sprachen veröffentlicht und wird mit einer Hörspiel-CD in den verschiedenen Sprachen geliefert. Wassilios hatte großes Interesse an Schrift. Um seinem Interesse gerecht zu werden, schrieben Wassilios und die pädagogische Fachkraft ein eigenes Bilderbuch, in dem sie zu den Bildern aus „Arthur und Anton" einen eigenen Text verfassten, den Wassilios diktierte. Teilweise nahm er sogar eigene Tippversuche zu den Bildern am Computer vor (Abb.38). Durch Wassilios' Diktieren konnten mithilfe von modellierenden Äußerungen (vgl. Kap. 2.4) gezielt grammatisch richtige Verbflexionen hervorgehoben werden.

W (diktiert): Manfred zu Arthur sagen.
E (tippt und spricht dabei): Manfred sagt zu Arthur.
W (diktiert): Du noch lerne müsse, dass kräftig wirst, du Fremde.
E (tippt und spricht dabei): Du musst noch lernen, dass du kräftig wirst, du Fremder.

Aus der Sprachtherapie mit Wassilios

Das Buch Arthur und Anton	Zunächst ist die Schrift im Bilderbuch abgedeckt. Die pädagogsiche Fachkraft und Wassilios schauen sich gemeinsam nur die Bilder an und überlegen, was „Arthur und Anton" wohl erlebt haben. Wassilios erzählt viel zu den Bildern, und er kann sich lange konzentrieren. Erst später ist die Schrift zu sehen. Er liest ein paar Worte auf Griechisch und entscheidet sich dann auf Deutsch weiter zu lesen. Nachdem er die erste Seite gelesen hat, kann er den Inhalt noch nicht wiedergeben.
Das griechische Hörspiel	Gemeinsam hören die pädagogische Fachkraft und Wassilios das griechische Hörspiel von „Arthur und Anton" an. Dabei muss er immer wieder sagen, an welcher Stelle im Buch das Hörspiel gerade ist, da die pädagogische Fachkraft kein Griechisch versteht. Wassilios reagiert öfter auf griechische Schlüsselwörter, übersetzte diese (z.B. Ketchup, Pommes, Haus) und zeigt sie im griechischen und deutschen Text. Er scheint sehr fasziniert zu sein, hört konzentriert zu und kann sich lange konzentrieren.

Ein eigenes Buch entsteht	Bei diesem und den darauf folgenden Treffen gestaltet sich der Ablauf wie folgt: Die pädaggische Fachkraft und Wassilios hören gemeinsam eine Seite des griechischen Hörspiels an. Anschließend schreiben sie einen Text auf dem Computer zum Buch. Den Text konnte Wassilios entweder selbst schreiben oder aber diktieren. Bei den letzten Treffen fertigten Wassilios und die pädagogische Fachkraft aus dem Geschriebenen ein Buch an, das Wassilios mit nach Hause nehmen durfte. Im Buch ist stets gekennzeichnet, was Wassilios erzählt hat (also diktiert hat) und was er selbst tippte. Seine Tippversuche sind unverändert, jedoch mit einer ‚Übersetzung' versehen (Abb. 39).

Abb. 38: Ablauf der Sprachtherapie mit Wassilios

Wassili erzählt:	Der Khan will die Maus fressen.
Wassili schreibt:	**und dimaus wel nicht gefesen** UND DIE MAUS WILL NICHT GEFRESSEN WERDEN.
Wassili erzählt:	Und die Maus rennt so schnell, wie ein Hopplehäschen.

Abb. 39: Auszug aus dem in der Therapie erstellten Buch mit Wassilios

Nicht nur für Kinder wie *Wassilios,* der Schwierigkeiten auf der pragmatisch-semantische Ebene hat und der bereits über beeindruckende schriftsprachliche Fähigkeiten im Elementaralter verfügt, kann die Schrift in die Therapie mit einfließen. Gerade für Kinder mit Schwierigkeiten bei der Aussprache hat sich gezeigt, dass die Schrift zur Verdeutlichung der Unterscheidung der Phoneme für Kinder ein wichtiges Medium ist, und für manche Kinder kann dies schon im Elementaralter hilfreich sein (Osburg 2000). Neben Bilderbüchern kann die Schrift auch in anderen Formaten in der Sprachtherapie einfließen.

Im Rollenspiel zum semantischen Feld „Pizzeria" mit dem fünfjährigen Noel waren der Notizblock des Kellners und eine Speisekarte fester Bestandteil und halfen, dem an Buchstaben interessierten Jungen Begriffe aufzubauen und diese in seinem Wortschatz vernetzt anzuwenden.

Generell ist bei der Verwendung von Schrift in der Therapie bei Kindern im Elementaralter zu bedenken, dass die Schrift einerseits ein geeignetes Medium ist, das in viele Alltags- und Spielformate in der Therapie so integriert werden kann, dass sie die Erweiterung der Fähigkeiten unterstützt. Andererseits steht bei der Verwendung der Schrift das Interesse der Kinder im Vordergrund. Schrift darf auf keinen Fall im verschulten Sinn eingesetzt werden.

Abbildungsverzeichnis

Literatur

Akyün, Hatice (2005): Einmal Hans mit scharfer Soße. Leben in zwei Welten. München: Goldmann

Andresen, Helga (2011): Erzählen und Rollenspiel von Kindern zwischen drei und sechs Jahren. München: Deutsches Jugendinstitut (WiFF Expertisen, Band 10) http://www.weiterbildungs-initiative.de/uploads/media/WiFF_Expertise_10_Andresen_Internet.pdf

Andresen, Helga (2002 a): Interaktion Sprache & Spiel. Zur Funktion des Rollenspiels für die Sprachentwicklung im Vorschulalter. Tübingen: Narr

Andresen, Helga (2002 b): Spiele, Interaktion und Dekontextualisierung von Sprache vor Schulbeginn. In: Der Deutschunterricht, Heft 3, S. 39–46

Augst, Gerhard / Bauer, Andrea / Stein, Anette (1977): Grundwortschatz und Idiolekt. Empirische Untersuchung zur semantischen und lexikalischen Struktur des kindlichen Wortschatzes. Tübingen: Niemeyer

Bauer, Edith (2011 a): Wie Kinder ins Schreiben kommen. Zur Funktion von Bildern, Worten, Zeichen und Schrift in der frühen Kindheit. In: TPS Leben, Lernen und Arbeiten in der Kita, Heft 6, S. 6–12

Bauer, Edith (2011 b): Die Literacy-förderliche Umgebung. Begegnung mit Schrift Schreiben in der Kita. In: TPS Leben, Lernen und Arbeiten in der Kita, Heft 6, S. 13–15

Bauer, Simone / Endres, Rosemarie (1999): Kindliche Sprachverständnisstörungen. Der Umgang im Alltag und in spezifischen Fördersituationen. In: Die Sprachheilarbeit, Heft 6, S. 318–328

Baumgartner, Stephan (2008): Kindersprachtherapie. Eine integrative Grundlegung. München: Reinhardt

Baumgartner, Stephan / Füssenich, Iris (Hrsg.) (2002): Sprachtherapie mit Kindern. Grundlagen und Verfahren. 5. völlig überarbeitete und erweiterte Auflage. München: UTB/Reinhardt

Best, Petra / Laier, Mechthild / Jampert, Karin / Sens, Andrea / Leuckefeld, Kerstin (2011): Dialoge mit Kindern führen. Hrsg. von der Baden-Württemberg Stiftung. Berlin/Weimar: das netz

Borke, Jörn / Döge, Paula / Kärtner, Joscha (2011): Kulturelle Vielfalt bei Kindern in den ersten drei Lebensjahren. München: Deutsches Jugendinstitut (WiFF Expertisen, Band 16) http://www.weiterbildungsinitiative.de/publikationen/unter-dreijaehrige/details-kinder-unter-3/artikel/kulturelle-vielfalt-bei-kindern-in-den-ersten-drei-lebensjahren.html?PHPSESSID=d925b08b5b058bf95c2dc175564d2b01

Boueke, Dietrich / Klein, Wolfgang (Hrsg.) (1983): Untersuchungen zur Dialogfähigkeit von Kindern. Tübingen: Narr

Bremer, Katharina (2009): Spracherwerb – Vielfältige Perspektiven gefragt. In: Sprache. Heidelberger Jahrbücher, Volume 53, Hamburg: Springer, S. 341–361

Bruner, Jerome (2002): Wie das Kind sprechen lernt. 2. ergänzte Auflage. Bern: Hans Huber

Bürgin, Tanja / Menz, Matthias (2008): OIAASCHATAN! Wie Kindergartenkinder schreiben. In: Grundschule, Heft 5, S. 10–13

Bürki, Dominique (2000): Einfach nur spielen? Symbolspiele in der Therapie. In: Zollinger, Barbara (Hrsg.): Wenn Kinder die Sprache nicht entdecken. Einblicke in die Praxis der Sprachtherapie. Bern/Stuttgart/Wien: Haupt, S. 23–32

Carle, Eric (2012): Die kleine Raupe Nimmersatt. 38. Auflage. Hildesheim: Gerstenberg

Carr, Margaret (2001): Assessment in Early Childhood Settings. Learning Stories. London: SAGE Publications

Chilla, Solveig / Rothweiler, Monika / Babur, Ezel (2010): Kindliche Mehrsprachigkeit. Grundlagen – Störungen – Diagnostik. München/Basel: Reinhardt

Chomsky, Noam (1959): Review of Verbal Behaviour by B. F. Skinner. Language, Heft 35, S. 26–58
Clahsen, Harald (1986): Die Profilanalyse. Berlin: Carl Marhold
Coen (2000): Integrative Sprachförderung am Beispiel des Bilderbuchs „Der Regenbogenfisch". In: Die Sprachheilarbeit, Heft 45, S. 260–264
Crystal, David (1982): Profiling Linguistic Disability. London: Edward Arnold
Dannenbauer, Frieder M. (2002): Grammatik. In: Baumgartner, Stephan / Füssenich, Iris (Hrsg.): Sprachtherapie mit Kindern. Grundlagen und Verfahren. 5. völlig überarbeitete und erweiterte Auflage. München: UTB/Reinhardt, S. 105–161
Dehn, Mechthild (2007): Kinder & Lesen und Schreiben. Was Erwachsene wissen sollten. Seelze-Velber: Klett/Kallmeyer
Dehn, Mechthild / Hüttis-Graff, Petra / Kruse, Norbert (Hrsg.) (1996): Elementare Schriftkultur. Schwierige Lernentwicklung und Unterrichtskonzept. Seelze: Kallmeyer
Die Bundesregierung (2007): Der Nationale Integrationsplan. Neue Wege – neue Chancen. Berlin
Drieschner, Elmar (2011): Bindung und kognitive Entwicklung – ein Zusammenspiel. Ergebnisse der Bindungsforschung für eine frühpädagogische Beziehungsdidaktik. München: Deutsches Jugendinstitut (WiFF Expertisen, Band 13) http://www.weiterbildungsinitiative.de/publikationen/elementardidaktik/details-elementardidaktik/artikel/bindung-und-kognitive-entwicklung-ein-zusammenspiel.html?tx_ttnews[year]=2011&tx_ttnews[month]=05&tx_ttnews[day]=05&cHash=a65ca703f0dec296b660a49703c850fd
Ehlich, Konrad (2009): Sprachaneignung – Was man weiß und was man wissen müsste. In: Lengyel, Droit / Reich, Hans / Roth, Hans-Joachim / Döll, Marion (Hrsg.): Von der Sprachdiagnose zur Sprachförderung. Münster: Waxmann, S. 25–34
Ehlich, Konrad (2005): Radio-Baby – oder von kindlicher Erzählfähigkeit. In: Butulussi, Eleni / Karagiannidou, Evagelia / Zachu, Katerina (Hrsg.): Sprache und Multikulturalität. Festschrift für Professor Käthi Dorfmüller-Karpusa. Thessaloniki: University Studio Press, S. 117–133.
Einsiedler, Wolfgang (1999): Das Spiel der Kinder. Zur Pädagogik und Psychologie des Kinderspiels. 3. Auflage. Bad Heilbrunn: Klinkhardt
Eisenberg, Peter / Linke, Angelika (1996): Wörter. In: Praxis Deutsch, Heft 139, S. 20–30
Fonagy, Peter (2003): Das Verständnis für geistige Prozesse, die Mutter-Kind-Interaktion und die Entwicklung des Selbst. In: Fonagy, Peter / Target, Mary (Hrsg.) (2003): Frühe Bindung und psychische Entwicklung. Beiträge aus der Psychoanalyse und Bindungsforschung. 2. Auflage. Gießen: Psychosozial Verlag, S. 31–49
Frey, Gabriela / Reyser, Daniela (2008): Lernfortschritte von Mia. In: Füssenich, Iris / Geisel, Carolin: Literacy im Kindergarten. Vom Sprechen zur Schrift. München/Basel: Reinhardt, S. 24 f.
Fuchs, Andrea (2006): Möglichkeiten der Sprachförderung durch dialogisches Bilderbuchlesen am Beispiel der Spezifischen Sprachentwicklungsstörung. In: Bahr, Reiner / Iven, Claudia (Hrsg.): Sprache – Emotion – Bewusstheit. Beiträge zur Sprachtherapie in Schule, Praxis, Klinik. Idstein: Schulz-Kirchner, S. 227–237
Füssenich, Iris (2012 a): Gibt es Vorläuferfähigkeiten beim Schriftspracherwerb? Vom Sprechen zur Schrift beim Übergang von der Kita in die Schule. In: mitSprache, Heft 3, S. 5–16
Füssenich, Iris (2012 b): Entwicklungsbedingte Sprachstörungen. In: Braun, Otto / Lüdke, Ulrike (Hrsg.): Sprache und Kommunikation. Band 8. In: Beck, Iris / Feuser, Georg / Jantzen, Wolfgang / Wachel, Peter (Hrsg.): Behinderung, Bildung, Partizipation. Enzyklopädisches Handbuch der Behindertenpädagogik. Stuttgart: Kohlhammer, S. 331–337
Füssenich, Iris (2011 a): Vom Sprechen zur Schrift. Was Erwachsene über den Erwerb der Schrift im Elementarbereichwissen sollten. München: Deutsches Jugendinstitut (WiFF Expertisen, Band

9) http://www.weiterbildungsinitiative.de/publikationen/sprache/details-sprachfoerderung/artikel/vom-sprechen-zur-schrift.html

Füssenich, Iris (2011 b): Glossar zur sprachlichen Bildung. Von Spracherwerbstheorien bis zur Sprachförderung – eine Einführung. In: DJI Impulse, Heft 4, S. 25–28

Füssenich, Iris (2010): Den Sprachstand testen – aber wie? Ein Leitfaden kindlicher Sprachaneignung. In: Deutsch differenziert, Heft 2, S. 15 f., M1–M3b

Füssenich, Iris (2009): Wissenschaftliche Begleitung zur Implementierung des Orientierungsplans für Bildung und Erziehung für die baden-württembergischen Kindergärten, Schwerpunkt Frühförderung. Pädagogische Hochschule Ludwigsburg/Reutlingen (mit Beiträgen von Anneke Kensy, Mathias Menz, Ottilie Merkel-Wörner, Angela Müller, Tanja Rüttnauer und Christoph Schiefele)

Füssenich, Iris (2002): Semantik. In: Baumgartner, Stephan / Füssenich, Iris (Hrsg.): Sprachtherapie mit Kindern – Grundlagen und Verfahren. 5. völlig überarbeitete und erweiterte Auflage. München: UTB/Reinhardt, S.63–104

Füssenich, Iris (1992): Wider den schlechten Ruf von Sprachtherapie. Mirco erwirbt grammatische Strukturen des Deutschen. In: Grundschule, Heft 1, S. 36–38

Füssenich, Iris / Geisel, Carolin (2008): Literacy im Kindergarten. Vom Sprechen zur Schrift. München/Basel: Reinhardt (mit Bilderbuch ‚Toni feiert Geburtstag' und Spiel ‚Rategarten')

Füssenich, Iris / Heidtmann, Hildegard (1995): Formate und Korrekturen als zentrale Elemente in der Sprachtherapie: Das Beispiel Mirco. In: Wagner, Klaus R. (Hrsg.): Sprechhandlungserwerb. Essen: Eule, S. 102–122

Füssenich, Iris / Heidtmann, Hildegard (1984): Bedeutung und Anwendung der Gesprächsanalyse innerhalb von Sprach- und Kommunikationsdiagnostik. In: Sonderpädagogik, Heft 2, S. 49–62

Füssenich, Iris / Löffler, Cordula (2009): Materialheft Schriftspracherwerb. 2. überarbeitete Auflage. München/Basel: Reinhardt

Füssenich, Iris / Löffler, Cordula (2008): Schriftspracherwerb. Einschulung, erstes und zweites Schuljahr. 2. durchgesehene Auflage. München/Basel: Reinhardt

Füssenich, Iris / Merkel-Wörner, Ottilie / Kensy, Anneke (2011): Mein Kind kommt in die Schule. Eine Handreichung für Eltern, die ihre Kinder sprachlich fördern und unterstützen möchten. In: Grundschule, Heft 10, Beilage (auf Deutsch, Französisch, Kroatisch, Polnisch, Russisch, Spanisch, Türkisch)

Garvey, Catherine (1978): Spielen. Stuttgart: Klett-Cotta

Gemeinsamer Referenzrahmen für Sprachen lernen, lehren, beurteilen (2009), hrsg. vom Europarat. Berlin/München/Wien/Zürich/New York: Langenscheidt

Giel, Barbara / Tillmann-Karus, Monika (2006): Myofunktionelle Therapie. Hrsg. von der Deutschen Gesellschaft für Sprachheilpädagogik (dgs): Informationshefte über Sprachstörungen. Band 6. Zu bestellen bei: dgs, Goldhammerstraße 34, 12351 Berlin

Grice, Paul H. (1993): Logik und Konversation. In: Meggle, Georg (Hrsg.): Handlung, Kommunikation, Bedeutung. Mit einem Anhang zur Taschenbuchausgabe. Frankfurt am Main: Suhrkamp, S. 243–265

Grimm, Hannelore (2003/2012): Störungen der Sprachentwicklung. Grundalgen – Ursachen – Diagnose – Intervention – Prävention. 3. überarbeitete Auflage. Göttingen: Hogrefe

Guckelsberger, Susanne / Reich, Hans H. (2008): Diskursive Basisqualifikationen. In: Ehlich, Konrad / Bredel, Ursula / Reich, Hans H. (Hrsg): Referenzrahmen zur altersspezifischen Sprachaneignung. Bonn/Berlin: Bundesministerium für Bildung und Forschung, S. 83–92

Günec, Canan (2010): „Mein Kind kommt in die Schule" – Handreichung in türkischer und deutscher Sprache zur besonderen Förderung von Schulfähigkeit am Beispiel eines Kindes mit Türkisch als Erstsprache. Unveröffentlichte Wissenschaftliche Hausarbeit. Pädagogische Hochschule Ludwigsburg/Reutlingen

Hacker, Detlef (2002): Phonologie. In: Baumgartner, Stephan / Füssenich, Iris (Hrsg.): Sprachtherapie mit Kindern. Grundlagen und Verfahren. 5. völlig überarbeitete und erweiterte Auflage. München: UTB/Reinhardt, S. 13–62

Hacker, Detlef / Wilgermein, Herbert (Hrsg.) (2003): Bilderbuch zum AVAK-Test. München/Basel: Reinhardt

Hacker, Detlef / Wilgermein, Herbert (2002): AVAK-Test. Analyseverfahren zu Aussprachestörungen bei Kindern. 2. Auflage. München/Basel: Reinhardt

Hacker, Detlef / Wilgermein, Herbert (Hrsg.) (2001): Aussprachestörungen bei Kindern. Ein Arbeitsbuch für Logopäden und Sprachtherapeuten. 2. Auflage. München/Basel: Reinhardt

Hammer, Sibylle (2009): Arthur und Anton. 2. Auflage. München: edition bi:libri

Heimlich, Ulrich (2001): Einführung in die Spielpädagogik. Eine Orientierungshilfe für sozial-, schul- und heilpädagogische Arbeitsfelder. 2. überarbeitete und erweiterte Auflage. Bad Heilbrunn: Klinkhardt

Henne, Helmut / Rehbock, Helmut (2001): Einführung in die Gesprächsanalyse. 4. durchgesehene und bibliografisch ergänzte Auflage. Berlin/New York: de Gruyter

Iven, Claudia (2009): Sprache in der Sozialpädagogik. 2. Auflage. Troisdorf: Bildungsverlag EINS

Jampert, Karin / Thanner, Verena / Schattel, Diana / Sens, Andrea / Zehnbauer, Anne / Best, Petra / Laier, Mechthild (Hrsg.) (2011): Die Sprache der Jüngsten entdecken und begleiten. Sprachliche Bildung und Förderung für Kinder unter Drei. Weimar/Berlin: das netz

Kany, Werner / Schöler, Hermann (2010): Fokus: Sprachdiagnostik. Leitfaden zur Sprachstandsbestimmung im Kindergarten. 2. erweiterte Auflage. Berlin: Cornelsen

Kauschke, Christina (1999): Früher Wortschatzerwerb im Deutschen: Eine empirische Studie zum Entwicklungsverlauf und zur Komposition des kindlichen Lexikons. In: Meibauer, Jörg / Rothweiler, Monika (Hrsg.): Das Lexikon im Spracherwerb. Tübingen: Narr, 128–156

Kieferle, Christa (2008): Sprachstandsmessungen(en) – ein ordnender Blick auf vielfältige Realitäten. In: KiTa aktuell, Ausgabe Baden-Württemberg, Heft 1, S. 11 f.

Kittel, Anita M. (2011): Myofunktionelle Therapie. 10. überarbeitete Auflage. Idstein: Schulz-Kirchner

Knapp, Werner (2011): Pragmatik: Sprachliches Handeln. In: Knapp, Werner / Löffler, Cordula / Osburg, Claudia / Singer, Kristina: Sprechen, schreiben und verstehen. Sprachförderung in der Primarstufe. Unter Mitarbeit von Stefan Hellriegel. Stuttgart/Seelze-Velber: Klett/Kallmeyer, S. 36–47

Krallmann, Dieter / Ziemann, Andreas (Hrsg.) (2001): Grundkurs Kommunikationswissenschaft. Stuttgart: UTB

Krumm, Hans-Jürgen / Jenkins, Eva-Maria (Hrsg.) (2001): Kinder und ihre Sprachen – lebendige Mehrsprachigkeit. Wien: eviva

Küspert, Petra / Schneider, Wolfgang (2006): Hören, lauschen, lernen. Arbeitsbuch. 5. überarbeitete Auflage. Göttingen: Vandenhoeck & Ruprecht

Leu, Rudolf / Flämig, Katja / Frankenstein, Yvonne / Koch, Sandra / Pack, Irene / Schneider, Kornelia (2007): Bildungs- und Lerngeschichten. Bildungsprozesse in früher Kindheit beobachten, dokumentieren und unterstützen. Weimar/Berlin: das netz

Liebmann, Albert (1901): Agrammatismus infantilis. Archiv für Psychiatrie und Nervenkrankheiten 34, Heft 1, S. 240–252

List, Gudula (2011): Spracherwerb und die Ausbildung kognitiver und sozialer Kompetenzen. Folgerungen für die Entwicklungsförderung. München: Deutsches Jugendinstitut (WiFF Expertisen,

Band 11) http://www.weiterbildungsinitiative.de/publikationen/sprache/details-sprachfoerderung/artikel/spracherwerb-und-die-ausbildung-kognitiver-und-sozialer-kompetenzen.html

Luchtenberg, Sigrid (1995): Interkulturelle Sprachliche Bildung. Zur Bedeutung von Zwei- und Mehrsprachigkeit für Schule und Unterricht. Münster: Waxmann

Luchtenberg, Sigrid (1989): Überlegungen zur Bedeutung von Fachsprache für Migrantenkinder in Vorschule und Schule: Möglichkeiten und Schwierigkeiten. In: Fachsprache: International Journal of Specialized, Heft 11, S. 153–171

Lurija, Alexander R. (1986): Sprache und Bewusstheit. 2. durchgearbeitete Auflage. Köln: Pahl Rugenstein

Marx, Harald (1992): Vorhersage von Lese-Recht-Schreib-Schwierigkeiten in Theorie und Anwendung. Habilitationsschrift. Universität Bielefeld

Mast, Anika (2012): Förderdiagnostisches Vorgehen und Sprachförderung im Elementarbereich. Begleitung eines mehrsprachig aufwachsenden Mädchens im Jahr vor der Einschulung. Unveröffentlichte wissenschaftliche Hausarbeit. Pädagogische Hochschule Ludwigsburg/Reutlingen

Mathieu, Susanne (2008 a): „Mein Kind versteht alles, aber ..." Therapie des Sprachverständnisses. In: Zollinger, Barbara (Hrsg): Wenn Kinder die Sprache nicht entdecken. 3. Auflage. Bern: Haupt, S. 45–54

Mathieu, Susanne (2008 b): Entwicklung und Abklärung des Sprachverständnisses. In: Zollinger, Barbara (Hrsg.): Kinder im Vorschulalter – Erkenntnisse, Beobachtungen und Ideen zur Welt der Drei- bis Siebenjährigen. Bern: Haupt, S. 83–132

Mayr, Toni / Hofbauer, Christiane / Kofler, Anita / Simic, Mirjama (2012) LiSKiT. Literacy und Sprache in Kindertageseinrichtungen (Schwerpunkt: Kinder von 3 bis 6 Jahren). Freiburg im Breisgau: Herder

Meibauer, Jörg / Rothweiler, Monika (1999): Das Lexikon im Spracherwerb – Ein Überblick. In: Meibauer, Jörg / Rothweiler, Monika (Hrsg.): Das Lexikon im Spracherwerb. Tübingen/Basel: Francke, S. 9–31

Meng, Katharina (1991): Kommunikation im Kindergarten. Studien zur Aneignung der kommunikativen Kompetenz. Berlin: Akademie

Menz, Mathias (2009 a): Biografie eines jungen Lerners. In: Wissenschaftliche Begleitung zur Implementierung des Orientierungsplans für Bildung und Erziehung für die baden-württembergischen Kindergärten, Schwerpunkt Frühförderung. Pädagogische Hochschule Ludwigsburg/Reutlingen

Menz, Mathias (2009 b): Den Schriftspracherwerb im Spiel fördern. In: FörderMagazin, Heft 6, S. 11–13

Menz, Mathias (2008): Bedeutungserwerb und Spielentwicklung: Förderung von ein- und mehrsprachigen Kindern im Elementarbereich. Unveröffentlichte Diplomarbeit. Pädagogische Hochschule Ludwigsburg/Reutlingen

Menz, Mathias (2007): Vernetzung semantischer Fähigkeiten – Förderung der Begriffsbildung im Elementarbereich. Unveröffentlichte wissenschaftliche Hausarbeit. Pädagogische Hochschule Ludwigsburg/Reutlingen (/http://opus.bsz-bw.de/hsrt/volltexte/2008/14/pdf/menz_mathias.pdf)

Merklinger, Daniela (2008): Das Nilpferd sieht die Frau lesen. In: Die Grundschulzeitschrift, Heft 7, S. 34–35

Meumann (1902): Die Entstehung der ersten Wortbedeutung beim Kinde. Leipzig: Wilhelm Engelmann

Möllmanns, Angela / Rodenwaldt, Heiko (1982): Methoden der Gewinnung von Daten bei sprachentwicklungsgehemmten Vorschulkindern. Versuch einer Kombination standardisierter Tests und informeller Beobachtungsverfahren. Diplomarbeit. Universität Dortmund

Motsch, Joachim (2010): Kontextoptimierung. Evidenzbasierte Intervention bei grammatischen Störungen in Therapie und Unterricht. 3. völlig überarbeitete und erweiterte Auflage. München/ Basel: Reinhardt

Motsch, Joachim (2009): ESGRAF-R. Modularisierte Diagnostik grammatischer Störungen. München/Basel: Reinhardt

Müller, Angela (2009): Förderung semantischer Fähigkeiten – dargestellt am Beispiel eines Mädchens mit Migrationshintergrund im Elementarbereich. Unveröffentlichte wissenschaftliche Hausarbeit. Pädagogische Hochschule Ludwigsburg/Reutlingen

Orientierungsplan für Bildung und Erziehung in baden-württembergischen Kindergärten und weiteren Kindertageseinrichtungen (2011). Hrsg. vom Ministerium für Kultus, Jugend und Sport, Baden-Württemberg. Fassung vom 15.3.2011, in: Kultus und Unterricht vom 2. Mai 2011 http://www.bildungsserver.de/db/mlesen.html?Id=45366

Osburg, Claudia (2000): Gesprochene und geschriebene Sprache. Aussprachestörungen und Schriftspracherwerb. 2. Auflage. Hohengehren: Schneider

Plume, Ellen / Schneider, Wolfgang (2004): Hören, lauschen, lernen. 2. Spiele mit Buchstaben und Lauten für Kinder im Vorschulalter. Göttingen: Vandenhoeck & Ruprecht

Rabkin, Gabriele / Arntzen, Helga / Zingel, Antje / Wolgast, Katharina (2001): Fantasien von Kindern aus aller Welt. Stuttgart: Klett

Ramseger, Jörg (2008): „Richtig" lesen lernen erst in der Schule? In: Die Grundschulzeitschrift, Heft 211, S. 15–8

Rategarten. Ich sehe was, was du nicht siehst (1989): Ravensburg: Otto Maier

Reichert-Garschhammer, Eva / Kieferle, Christa (Hrsg.) (2011): Sprachliche Bildung in Kindertageseinrichtungen. Freiburg/Basel/Wien: Herder

Reimann, Bernd (2009): Im Dialog von Anfang an. Die Entwicklung der Kommunikations- und Sprachfähigkeit in den ersten Lebensjahren. Berlin: Cornelsen Scriptor

Remsperger, Regina (2012): Kindliches Sprachhandeln feinfühlig begleiten. In: KiTa Baden Württemberg, Heft 6, S. 154–156

Remsperger, Regina (2011): Sensitive Responsivität. Zur Qualität pädagogischen Handelns im Kindergarten. Wiesbaden: VS Verlag

Remsperger, Regina (2007): Mit Kindern im Dialog. „Teaching Stories" – Die Lerngeschichten der Erzieherinnen. In: kindergarten heute, Heft 2, S. 6–13

Rösch, Heidi (1997): Bilderbücher zum interkulturellen Lernen. Hohengehren: Schneider

Rothweiler, Monika (2001): Wortschatz und Störungen des lexikalischen Erwerbs bei spezifisch sprachentwicklungsgestörten Kindern. Heidelberg: Winter

Sandu, Annika (2009): Ein Wort ist ein Klotz. Zum Training sprachlicher Fähigkeiten aus der Sicht von Kindern. In: Grundschule, Heft 4, S. 28–30

Schiefele, Christoph (2012): Die Bedeutung von Alltags- und Spielformaten für die Erweiterung sprachlich-kommunikativer Fähigkeiten. Eine empirische Vergleichsstudie über vier Kinder. Freiburg im Breisgau: Centaurus

Schiefele, Christoph (2009): Beispielkind Nico. In: Füssenich, Iris: Wissenschaftliche Begleitung zur Implementierung des Orientierungsplans für Bildung und Erziehung für die baden-württembergischen Kindergärten, Schwerpunkt Frühförderung. Pädagogische Hochschule Ludwigsburg/ Reutlingen

Schiefele, Christoph (2008): Die Förderung von Alltags- und Spielformaten am Beispiel eines Kindes zu Beginn des Kindergartenalters. Wissenschaftliche Hausarbeit. Pädagogische Hochschule Ludwigsburg/Reutlingen

Schlenker-Schulte, Christa / Schulte, Klaus (1996): Stammlertherapie auf phonetischer Grundlage. In: Grohnfeldt, Manfred (Hrsg.): Handbuch der Sprachtherapie, Band 2: Störungen der Aussprache. 2. Auflage. Berlin: Marhold, S. 21–61

Schlesiger, Claudia / Mühlhaus, Melanie (2011): Late Talker. Späte Sprecher – Wenn zweijährige Kinder noch nicht sprechen. Idstein: Schulz-Kirchner

Schnoor, Heike (1997): Die sozialisierende Funktion früher Dialoge zwischen Mutter und Kind. In: Frühförderung interdisziplinär, Heft 2, S. 66–74

Schönauer-Schneider, Wilma (2012): Sprachförderung durch dialogisches Bilderbuchlesen. In: Günther, Herbert / Bindel, Walter Rolf (Hrsg.): Deutsche Sprache in Kindergarten und Vorschule. Band 1, S. 238–266

Schrecker, Michael / Henninghausen, Klaus / Christmann, Gabriele / Kohls, Gregor / Maas, Verena / Rinker, Tanja / Zachau, Swantje (2007): Spezifische Sprachentwicklungsstörungen. In: Schöler, Hermann / Welling, Alfons (Hrsg): Sonderpädagogik der Sprache, Band 1: Handbuch der Sonderpädagogik. Göttingen: Hogrefe, S. 190–212

Schu, Josef (1994): Kinder als Erzähler, Erwachsene als Zuhörer. Frankfurt am Main/New York: Peter Lang

Schümer, Gundel (2006): Schule und soziale Ungleichheit. Zum Umgang mit unterschiedlichen Lernvoraussetzungen in Deutschland und anderen OECD-Ländern. In: Sasse, Ada / Valtin, Renate (Hrsg.): Schriftspracherwerb und soziale Ungleichheit. Berlin: Deutsche Gesellschaft für Lesen und Schreiben, S. 78–105

Schulz, Petra / Tracy, Rosemarie (2011): LiSe-DaZ. Linguistische Sprachstandserhebung – Deutsch als Zweitsprache. Stuttgart: Hogrefe

Singer, Kristina (2011): Aussprache: Laute sprechen und gebrauchen. In: Knapp, Werner / Löffler, Cordula / Osburg, Claudia / Singer, Kristina: Sprechen, schreiben und verstehen. Sprachförderung in der Primarstufe. Stuttgart/Seelze-Velber: Klett/Kallmeyer, S. 130–179

Smilansky, Sara (1978): Wirkungen des sozialen Rollenspiels auf benachteiligte Vorschulkinder. In: Flitner, Andreas (Hrsg.): Das Kinderspiel. 4. völlig neu bearbeitete Auflage. München: Piper, S. 184–202

Smith, Lane (2010): Das ist ein Buch! München: Carl Hanser

Szagun, Gisela (2006): Sprachentwicklung beim Kind. Völlig überarbeitete Neuausgabe. Weinheim/Basel: Beltz

Tomasello, Michael (2011): Die Ursprünge der menschlichen Kommunikation. Berlin: Suhrkamp

Tomasello, Michael (2006): Die kulturelle Entwicklung des menschlichen Denkens. Erste Auflage der deutschen Ausgabe von 2002. Frankfurt am Main: Suhrkamp

Tracy, Rosemarie (2007): Wie Kinder Sprachen lernen und wie wir sie dabei unterstützen können. Tübingen: Francke

Trim, John / North, Brain / Cos, Daniel (2001): Gemeinsamer Referenzrahmen für Sprachen: lernen, lehren, beurteilen. Berlin: Langenscheidt

Ulich, Michaela (2003): Literacy und sprachliche Bildung im Elementarbereich. In: Weber, Sigrid (Hrsg.): Die Bildungsbereiche im Kindergarten. Basiswissen für Ausbildung und Praxis. Freiburg: Herder, S. 106–124

Valtin, Renate (2010): Phonologische Bewusstheit. Eine notwendige Voraissetzung beim Lesen- und Schreibenlernen? In: L.O.G.O.S. INTERDISZIPLINÄR, Heft 1, S. 4–10

Valtin, Renate (2006): Das Reformprojekt der kompensatorischen Erziehung: Nostalgie oder Notwendigkeit? In. Sasse, Ada / Valtin, Renate (Hrsg).: Schriftspracherwerb und soziale Ungleichheit. Zwischen kompensatorischer und Familiy Literacy. Berlin: Deutsche Gesellschaft für Lesen und Schreiben, S. 44–75

Valtin, Renate (1975): Analyse von Sprachförderprogrammen im Bereich der Eingangsstufe. In: Deutscher Bildungsrat (Hrsg.): Gutachten und Studien der Bildungskommission. Die Eingangsstufe des Primarbereichs. Band 2/2: Soziales Lernen und Sprache. Stuttgart: Klett

Völkel, Petra (2010): Wie und was Kinder von- und miteinander lernen. Die Bedeutung der Interaktion zwischen Kindern. In: Kindergarten heute, Heft 8, S. 8–13

Wacker, Stephanie (2010): Sprachtherapie und Förderung des Zweitspracherwerbs am Beispiel eines amerikanischen Jungen im Elementarbereich. Unveröffentlichte wissenschaftliche Hausarbeit. Pädagogische Hochschule Ludwigsburg/Reutlingen

Wagner, Klaus R. (1986): Erzähl-Erwerb und Erzählungs-Typen. In: Wirkendes Wort, Heft 2, S.142–156

Weiterbildungsinitiative Frühpädagogische Fachkräfte (WiFF) 2011): Sprachliche Bildung · WiFF Wegweiser Nr. 1. München

Weltgesundheitsorganisation (WHO) (2005): Internationale Klassifikation psychischer Störungen. 5. durchgesehene und ergänzte Auflage. Bern/Göttingen/Toronto/Seattle: Hans Huber

„Wie Kinder zur Schrift kommen" (2013). Ein Film von Kurt Gerwig. Fachliche Begleitung von Prof'in Iris Füssenich. AV1 Pädagogik Filme (www.paedagogikfilme.de).

Wildermann, Anja / Tenta, Heike (2008 a): Zeichen und Symbole um uns herum. Auf Entdeckungsreise zur Schrift. In: Praxis klein & groß, Heft 4, S. 34–37

Wildermann, Anja / Tenta, Heike (2008 b): Spielerische Auseinandersetzung mit Sprache. Literacy im Kindergarten. In: Praxis klein & groß, Heft 4, S. 25–28

Winner, Anna (Hrsg.) (2009): Sprache & Literacy. Berlin/Düsseldorf: Cornelsen Scriptor (Kindliche Sprachkompetenz richtig einschätzen; Sprachfähigkeiten in der Praxis optimal entwickeln; Projektideen für Krippe und Kindergarten; mit vielen Beispielen aus der Praxis)

Winner, Anna (2007): Kleinkinder ergreifen das Wort. Sprachförderung mit Kindern von 0 bis 4 Jahren. Berlin: Cornelsen Scriptor

Winner, Anna (1996): Stichwort: Sprachförderung. Als Erzieherin ununterbrochen reden? Mit dem Kind sprachliche Formen üben? Dauernd Bilderbücher anschauen? Nein! Zuhören! In: klein & groß 49, Heft 2, S. 18–19

Zimmer, Dieter E. (2004): Die Mythen des Bilingualismus. In: Zimmer, Dieter E.: Deutsch und anders – Sprache im Modernisierungsfiber. 4. Auflage. Reinbek: Rowohlt, S. 215–225

Zollinger, Barbara (2011): Zur Bedeutung des Wörtchens „nein". In: Jampert, Karin / Zehnbauer, Anne / Best, Petra / Sens, Andrea / Leuckefeld, Kerstin / Laier, Mechthild (Hrsg.): Kinder-Sprache stärken! Sprachliche Förderung in der Kita: das Praxismaterial. Weimar/Berlin: das netz, S. 39–40

Zollinger, Barbara (2008): Spracherwerbsstörungen. Grundlagen zur Früherfassung und Frühtherapie. 8. Auflage. Bern/Stuttgart/Wien: Haupt (5. Beiheft zur Vierteljahresschrift für Heilpädagogik und ihre Nachbargebiete)